チャクラ・リチュアルズ

Chakra Rituals

〝ほんとうのわたし〟で生きるための
7つのチャクラ【実践】ワークブック

クリスティ・クリステンセン
Cristi Christensen
田元明日菜 訳

ヒカルランド

チャクラ・リチュアルズ　称賛の声

「クリスティは、古代から伝わるチャクラの科学に新しいアプローチをもたらしました。ときに神秘的なこのテーマに対する、彼女の明るいエネルギーとクリアな視点は、現代の女性にも応用できるもので、女性たちを元気づけてくれます」

――キノ・マクレガー（作家、Omstars 創設者）

「クリスティは、女性が自らの火のエネルギーを再発見し、解放できるようになる『エイジレス・ウィズダム』を紹介しています。これは、チャクラシステム、ムドラー、ヨーガ、長い年月をかけて受け継がれてきた魂を解放するメソッドなどの意味を正しく理解することで実現可能です。この本を読んで、あなたの内なる輝きを解放してください！」

――REV マイケル・バーナード・ベックウィスの創設者、アガペ・インターナショナル・スピリチュアル・センターのスピリチュアル・ディレクター、『Life Visioning and Spiritual Liberation』の著者

「クリスティは、チャクラだけでなく、自分自身をも探究するパワフルな旅に読者を連れて行ってくれます。この本を読んでいると、クリスティが同じ部屋にいて、情熱的に手取り足取り教えてくれているように感じます。あなたは自分の旅を肯定できるようになるでしょう。クリスティは、あなたが積極的に学び、儀式やワークを通じて知識と意識を統合してほしいと考えています。この本は、エネルギー、そしてチャクラの神秘的な世界に飛び込む準備ができている人にとっては必携の書です」

――ジル・ウィンタースティーン（Spirit Daughter 創設者）

「クリスティは、灰色の世界に散らされた深紅色のような存在です。彼女の生き生きとしたアプローチは、

伝統的なやり方を現代的な方法で照らし出します」

――キャサリン・ブディグ（『Aim True』の著者、グローバル・ヨーガ・ティーチャー）

「すべての女性に伝えたい！　そして『チャクラ・リチュアルズ』と著者クリスティ・クリステンセンに心からの賛辞を贈りたい！

この本は、顕在化した女性性の知恵をそっと照らしてくれます。クリスティは、実践的な探究と神聖な光を巧みに織り交ぜながら、体内にある7つのエネルギーセンターを巡る旅へと私たちを導いてくれます。彼女は自らの生活の中でホールネス（全体性）の教えを実践し、そのプロセスを熟知しているのです。また、『The Radiance Sutras』の美しい詩には深い驚きと畏敬の念を覚えます。このガイドブックは、あなたの人生が展開していくのに合わせて、何度でも読み返すことができるし、そのたびに深い意義を見いだすことができるでしょう。想像してみてください。地球上のすべての女性が、生まれながらにして持っている自由、パワー、喜びを取り戻す姿を。今こそ私たちの時代、あなたの時代が到来したのです。これは『チャクラ・リチュアルズ』がくれる愛、祈り、ギフトなのです」

――カミール・モーリン（『Meditation Secrets for Women: Discovering Your Passion, Pleasure, and Inner Peace』の著者）

「クリスティ・クリステンセンは、あなたの人生を変えるでしょう。彼女の作品は、どんなバックグラウンドの人にとってもすばらしい教えであり、実用的かつ理解しやすいものです。今まで読んだチャクラに関する本の中でも最高の1冊です。『チャクラ・リチュアルズ』はまさに女性たちのための本ですが、男性である私も、この本を隅から隅まで読むことができました。そして、自分の体内でとても多くの目覚めが起こったことに驚きました。クリスティの声は、この暗い時代における詩的な光です。私たちは、この地球上で聖なる女性性のエネルギーを目覚めさせることを切実に必要としています。今こそ、あなたの真の力と輝きに目覚め、すべての人に恵みをもたらす時です。クリスティがその道標となってくれるでしょう」

――ジャスティン・マイケル・ウィリアムズ（世界的な講演家、ミュージシャン、『Stay Woke』の著者）

「『チャクラ・リチュアルズ』は、リトリートや自然の中への冒険のような効果がある本です。クリスティ・クリステンセンは、難解でとらえどころのないように見えるものを、私のような〝ワイルドウーマンとはいえない女性〟でも完全に理解し、取り組めるようなワークにしてくれました」

——アンドレア・マーカム（『Close to Om』の著者）

「『チャクラ・リチュアルズ』は、私たちがまさに今、必要としている本です。クリスティ・クリステンセンは、親友を励ますかのように、あなたの元へとやってきます。ですが、ただの親友ではありません。『チャクラ・リチュアルズ』は実際に体験するための魔法のガイドブックなのです。読むだけではなく（今すぐ読んでください！）、実践し、祈りを捧げ、彼女が紹介している瞑想を行い、日記を書き、目覚めてください。それから、自分自身のシャクティ（自分自身の活力とエネルギー）のエクスタシーに浸ってみてください」

——フェリシア・トマスコ（『LA YOGA Magazine』編集長）

「この本は、現代を生きる女性にとって、すばらしいギフトです。世界中の女性たちが解き放たれ、翼を広げ、あらゆる境界線を超えていこうとしているときに、クリスティはあるがままに生きながらも地に足をつけ、さらには豊かさと集中力を両立させるパワーを美しいやり方で授けてくれます。この本は、私たちが自由でありながらも、より意義のある、喜びに満ちた人生を送るためのコアを見つける手助けをしてくれる完璧なガイドブックです」

——シェリー・タイジェルスキー（作家、活動家、Pandemic of Love 創設者）

「私たちは皆、生き生きとした輝きのある人生を求めて旅をしていますが、地図を持っていないこともよくあります。クリスティは、膨大な経験から得た知恵をもとに、私たちが本来生まれ持った性質にアクセスするための完璧なシステムを解き明かしました。そのシステムこそが、私たちの中にある『チャクラ』です。クリスティの新刊『チャクラ・リチュアルズ』は、私たちの生命力であるプラーナを解き放ち、活力と創造性に満ちた人生を送るための知識と実践法を授けてくれます。この本はただ読むためだけのものではありません。生きていくための本です！」

——ジェフ・クラスノ（OneCommune のCEO兼創設者、Wanderlust の創設者）

「毎日簡単に実践できるチャクラの儀式に取り組み、本来の内なる〝あるがままの自分〟を探究した結果、私の第4チャクラは喜びであふれています。心に響く読み物というだけではなく、この本は、もっとも自分らしく活気に満ちた〝自分自身への入り口〟なのです」

——エリス・ジョーン（Beachbody on Demand のスーパートレーナー、Barre Blend のクリエーター、グローバル・ウェルネス・リーダー）

「変容を起こすハートフルな体験談、パワフルなヨーガの神話、時を超えて強力に作用する〝7つのチャクラのサイクル〟を通過するための丁寧なガイド。これらを上手に組み合わせながら、クリスティはあなたに『行動を起こそう！』と促してくれます。そして、あなたは本来あるべき最高の姿に進化していくことができるのです」

——アニー・カーペンター（世界的に名高いヨーガインストラクター、SmartFLOW の創設者）

「私はすべての女性の真なる解放を提唱していますが、深く持続する変容は、心、体、魂の完全な統合によってのみ起こると理解しています。しかし、日々の生活の中で私たちは、それがどのようなものであるかつかめずにいます。クリステンセンは『チャクラ・リチュアルズ』を通じて、チャクラとつながり、内なるワイルドウーマンを目覚めさせる方法を、シンプルでありながらも深遠なガイドとして見事に提供してくれました」

——シェラ・マリー（Curvy, Curly, Conscious Movement 創設者）

「クリスティ・クリステンセンは、今日、世界でもっとも優れたヨーガインストラクターの1人です。この本で、クリスティは解放、活力、ホールネス（全体性）に着目し、愛、自信、勇気を顕在化するためのワクワクするようなロードマップを女性たちに提供してくれています」

――セバスチャン・シーゲル（著者、監督、作家）

「クリスティ・クリステンセンの存在が、1つの自然のパワーです。彼女は指導者として、燃えるような愛に満ちたエネルギーで、生徒たちにパワフルな喜びを灯しています。彼女の新しい本は、セルフヒーリング、女性のエンパワーメント、個人の変容など、活気に満ちたメッセージであふれています。とても美しくエレガントなスタイルで、地に足のついた実践法や自らに栄養を行き渡らせるような儀式を教えてくれるのです。チャクラシステムを学ぶのが初めての方でも、クリスティは自分のパワーを解き放ち、ワイルドウーマンを目覚めさせ、人生を全うするためのわかりやすい地図と本能にアクセスする鍵を授けてくれます」

――トニ・ベルギンズ（JourneyDance のクリエーター、Embodied Transformation Method Coaching）

「チャクラは私たちの心身の健康に欠かせないものです。精神、肉体、そして魂の調和を生み出すのです。読者の皆さんは、彼女ならではの深い知性に導かれ、チャクラを理解できるようになるでしょう。そして、私たち1人ひとりの中に存在している〝炎〟を見いだす〝女性性の力〟によって、あなたが生き生きと過ごす手助けをしてくれるのです！　彼女のガイダンスに従えば、生まれ変わったように感じ、人生を最大限に生きることができるでしょう!!」

――エリザベート・ハーフパップ（CoreBarreFit オーナー、Exhale 創設チーム）

「クリスティはすばらしい指導者であり、国際的な先駆者です。彼女は長年にわたり研究や指導を行い、多くの人々に影響を与えました。私は彼女のチャクラシステムや儀式の考え方が大好きです。彼女は、深い癒しにつながる知恵を親しみやすいやり方で伝えてくれます。古代から伝わる体系を活用しやすくして、皆をサポートしてくれているのです！」

――ミラナ・スノー（統合エネルギーヒーラー、Wellness Official の創設者）

「『チャクラ・リチュアルズ』のページをめくること

は、クリスティの20年におよぶ個人的な進化の旅（すばらしいスキルを用いて世界中で運動や瞑想を教えてきたことに根ざしている）を一緒に歩いているようなものです。彼女は純粋な愛、深い目的、完全な充足感、とどまることのない喜びのある人生を築くために実践できるシステムを作り上げました。クリスティは、皆さんの人生を変え、永続的な変化をもたらすためのツールを提供すると約束し、確かにそれを実現してくれました。『チャクラ・リチュアルズ』は、一度読んで終わりではなく、インスピレーションを得るためにいつでも戻ることのできる源なのです」

——キラ・ストークス（フィットネス専門家、The Stoked Method および The Kira Stokes Fit app のクリエーター）

元気いっぱいの小さな天使の戦士、姪のクイーン・キャラリンへ
あなたがいつも、その強さ、勇気、本来の姿、
そして、魂の真の美しさを覚えていられますように。
愛を込めて。

目次

第2章　儀式（リチュアル）を実践し、体験しよう

第2部　エンパワーメントのための毎日の儀式（デイリーリチュアル）

第4章　私の愛おしい場所　第2チャクラ

第9章　クラウンジュエル　第7チャクラ

カバーデザイン　重原　隆
翻訳協力
第1・第2・第7チャクラ　川喜田桃子
第6チャクラ　小林　敦
第4・第5・第7チャクラ　平澤貴大
校正　麦秋アートセンター
本文仮名書体　文麗仮名（キャップス）

イントロダクション

「人は皆、人生の意味を求めていると言いますが、私はそうは思いません。私たちが本当に探し求めているのは、生きることのこの上ない喜びです」

——ジョセフ・キャンベル

この20年間、私は20か国で何万人もの女性たちに運動、ヨーガ、瞑想を教えてきましたが、そうした中で多くの女性が、同じようなものを探し求めていることに気がつきました。喜びが欲しい。情熱が欲しい。愛が欲しい。自信が欲しい。パワーが欲しい。安心感や自由が欲しい。自らの肌の心地よさを感じ、自らの本質的な性質に触れたい。真の力を表現したいし、自分自身を超えた大いなる存在とつながりたい……。

つまりは、誰もが、もっと生き生きとした自分になりたいのです。しかし、ほとんどの女性が、自分の内側に完璧なシステムが存在し、その鍵が開けられようとしていることを知らないのです。

このシステムは、人生の本質と結びついています。そして、統合と癒しに向かう道しるべとなり、力、愛、喜び、創造、つながり、生きる目的に根付いた人生を送る手助けをしてくれるのです。

今こそチャクラシステムを使いこなそう

本書では、7つのチャクラの活性化とチャクラを開く方法について解説していきます。今日のヨーガ文化において、チャクラは〝トレンディ〟、〝セクシー〟、〝クール〟、〝スピリチュアル〟などと表現されています。今や至るところでTシャツ、ジュエリー、キャンドル、ステッカーなどに描かれたチャクラのマークを目にします。おそらく、ほとんどの人が一度は「チャクラ」という言葉を耳にしたことがあるのではないでしょうか？

しかし、チャクラの使い方を知っている人はほとんどいません。深い変容をもたらすこの強力なエネルギーシステムをいったいどのように活性させたらよいのか、ほとんどの人はわかっていないのです。チャクラは、肉体、精神、感情、霊体を1つのマップに統合させることができる唯一のシステムです。肉体を超越することに焦点を当てた古典的なヨーガ、心の在り方や魂を重視した仏教、肉体のみに焦点を当てた西洋医学とは異なり、チャクラでは自己のすべてを統合します。本書では、チャクラシステムの使い方、活性化の方法、そして7週間のエンパワーメントの旅を通して、自らの能力を目覚めさせる方法をお伝えしていきます。

一緒に、一歩ずつ旅を続けながら、内なる自分を探っていきましょう。シャクティや、女性としての力、あなたの王冠に飾られることになるすばらしい宝石を発掘することで、あるがままの自分を取り戻しましょう。あなたは、失われた内なるつながりを目覚めさせることができるのです。自分の本質を再認識すれば、〝自分らしさ〟や〝女性性〟といった自らの一部を捨てる必要がないことに気がつくでしょう。最終的に私が目指しているのは、皆さんが生まれながらに持っている「完全さ」を取り戻すことです。

本書では、無関係と片付けられてしまうこともある古代の科学を、探求心あふれる読者の女性たちが応用できる形にしました。変容に向かうロードマップとしてチャクラを活用できるように、毎日取り組めるセルフ・エンパワーメントの旅をガイドします。しかし、本当の変容は、肉体、精神、魂が完全に統合されたときに起こります。そのため、考えるだけではなく、行動も起こさなければなりません。本書で紹介している儀式（リチュアル）や実践法（プラクティス）は、私たちが望むような内面と外面の深い変容を起こす〝燃料〟となるものです。ダイナミックに体を使ったプログラムでは、チャクラの教えを頭で理解するのではなく、あらゆる感覚を使って体験することができます。

なぜ本書は女性に向けて書かれているのでしょうか？　簡単に言うと、「今がチャンス」だからです。女性が本当の自分を思い出し、取り戻すのに、これほどふさわしい時期はありません。私たちは、ワイルドウーマン（あるがままの女性）として生まれましたが、いつの間にか忘れてしまったのです。あるがままの性質は、環境やトラウマに覆い隠されてしまったり、さまざまな責務の中で失われたりします。あるがままの姿を取り戻すということは、自分の体に帰還すること、官能的な能力に火をつけること、感情の流れを最大限に感じること、尊厳を持って立ち上がること、自分の力を発揮すること、ハートに従うこと、声をあげて主張すること、直感のギフトを受け取ること、そして、最終的にはあなた自身の女王となることです。

これがチャクラシステムの役割であり、チャクラシステムは、私たちが持つ神聖さ、あるがままの姿、そして生き生きとした自分を取り戻すためのマップとなります。本書は、すべての女性を喜んで迎え入れます。白、黒、緑、紫、黄の肌の人、すべての民族、すべての年齢、すべての宗教、自分を女性と認識している人なら誰でも歓迎します。私たちの時代が来たのです！私たち1人ひとりがワークを実践することで、内なるワイルドウーマンを癒し、目覚めさせましょう。本書は世界中にいる、ワイルドウーマンである姉妹、娘、母、祖母、曾祖母に向けて書かれています。

『チャクラ・リチュアルズ』は2部構成になっています。それぞれの章のはじめには、私の師であり、メンターであるローリン・ローシュ博士の著書から、紀元後800年に作られた古代ヨーガのテキスト『ヴィジュナナ・バイラヴァ・タントラ』の詩的な翻案を引用しています。

この聖典は、生命を宿し、息をしており、生命の全エネルギーを見事なまでに称えています。それぞれの詩は、「私たちの内側と外側が奏でるすばらしいシンフォニーに目覚めるための招待状」（※1）であり、神聖なる女性、つまり、ワイルドウーマンたちに捧ぐものです。それぞれの詩をしっかりと感じてください。一行一行、自分に向かって、あるいは声に出して読むことで、目覚めを促してください。これらのスートラは、続く章で展開される魔法へとつながっていきます。

※1　Roche, The Radiance Sutras, 206.

第1部の「エッセンシャルズ」では、チャクラシステムの全体像を十分に解説した上で、それぞれのチャクラと活性化の方法を紹介していきます。第2章では、チャクラ、タントラ、ムクティ、ブクティなどの重要な用語を定義し、サトルボディやエネルギーボディ、チャクラの起源、チャクラシステムがどのように変容をもたらすかといったトピックを取り上げています。

第2部では、各チャクラに焦点を当てた7つの章ごとに、ステップ・バイ・ステップで構成された「エンパワーメントのための毎日の儀式（デイリーリチュアル）」を紹介します。各章には、ラディアンス・スートラの教え、チャクラの解説、チャクラの聖なる特徴、チャクラの構造、早見表、女神の物語、私自身の物語、逸話、イラスト、そしてエンパワーメントの旅の中心となる儀式（リチュアル）の実践が含まれています。

今回は、忙しい皆様でも、日常生活の中で取り入れられるような実践方法を考案しました。通常は、トレーニングやリトリートに参加してもらうことで、この深い教えを体感してもらっているのですが、『チャクラ・リチュアルズ』では、いつでもどこでも、これらのエンパワーメント・テクニックを実践することができます。

私が提供するすべては、過去20年間にわたって指導してきたことの集大成であり、私自身の師、魂の研究、チャクラシステムの追究と献身を通じて形になったものです。熟達したヨギであっても、スピリチュアルな道を歩み始めたばかりの人であっても、本書は有益でしょう。

もしあなたが、あるがままの自分や、自分の夢や、自分を愛すること、そして、人生の楽しみを叶えるすべての魔法に「イエス」と言う準備ができているのなら……さあ、始めましょう。一緒にこの旅に出ましょう！　あなたのガイドとなれることをうれしく思います。私の人生に豊かさ、力強さ、美しさ、喜びをもたらしてくれたこのダイナミックなヒーリングシステムをお伝えできることに感謝します。決して当たり前のことではなく、とても光栄なことだと思っています。

さあ、チャクラ・リチュアルズへようこそ！

第1部

チャクラの基礎知識

足下の大地と、頭上の太陽の間には、
愛のエネルギーが流れています。
脊柱を通るセントラルチャンネルは川床です。
その流れは、繊細で力強く、
まるで、恋人たちの高ぶる心のよう。
中に入れば、
足下から頭上にかけて、輝きが弧を描く。
張り詰めた、ありとあらゆる緊張は、目に見えぬ領域に安息し、
脊柱の中心で振動し、
大地と太陽を結ぶ流れを辿り、
すべての世界とつながりあう磁力になるのです。

——『The Radiance Sutras』：スートラ12

第1章

私たちの覚醒の道のり

本書は、あなたの深淵部への招待状です。その場所はとても神聖で、愛に満ちていて、外側のいかなる力よりも強力です。あなたの中には7つのダイナミックなパワーと光り輝く宝石が眠っていて、発掘されるのを待っているのです。しかし、そこにアクセスするには、特別なスピリチュアルマップが必要になります。この地図こそが「チャクラシステム」なのです。

　チャクラとは、サンスクリット語で「車輪」「円盤」「輪」を意味します。チャクラは、光の輪、エネルギーの渦、知性の宝石、神への扉、エネルギー体の器官、顕在化の入り口などと表現されます。チャクラは、次のような手助けをしてくれます。

CONNECT（つながる）：私たちの外の世界と内の世界をつなぎ、

HONOR（尊重）：私たちが何者であるか、そして、地、水、火、風、空など、私たちを構成しているすべてを尊重し、

AWAKEN（目覚め）：私たちの意識を7つの異なる次元で目覚めさせ、

KINDLE（灯す）：変革の火を灯し、行動を呼びかけて、

RESTORE（復活）：すべての感覚と、内なるあるがままの姿を復活させ、

ALIGN（調整）：地球の叡智と星の魔法と神秘を、あなたの聖なる核（コア）の中で調和させる。

　一般的には7つの主要なチャクラが、7つの異なる体の領域に存在していると言われています。チャクラは骨盤の底から頭頂部にかけ、脊柱に沿って並んでいます。チャクラに上下関係はなく、それぞれに知性や能力、生命力を宿しています。この生命力のことを「プラーナシャクティ」と呼びます。プラーナとは、サンスクリット語で「力」「活力」「エネルギー」「スピリット」「生命力」のこと。シャクティとは、聖なる女性性の創造力、躍動感、ありのままの力、強さを意味します。zプラーナシャクティは、回転し、踊り、チャクラや生命に歌いかけ、躍動させる性質があります。

　さて、前置きはこれくらいにして、実際に体感してみましょう。チャクラのパワーに直接アクセスするには、体を動かすのがいちばんです。場所はどこでも構いません。ひと息ついて、足の裏をしっかりと地につけて、自分がいる大地を感じてみてください。足の指を広げ、ぼんやりと前を見るか、完全に目を閉じます。その場に調和し（感じることを無視するのではなく）、何を感じるかに意識を向けてください。どっしりと力強い、母なる偉大な地球に向かって呼吸を繰り返し、母なる地球の無限の愛に抱かれていることを感じてみてください。足の裏側から地球の叡智を引っ張り上げ、それが脚を伝い、骨盤の底へと流れていくイメージを思い描いてみましょう。両手を下腹部に当て、指先が恥骨に軽く触れるようにして、ゆっくりと深く息を吸って吐き出します。そして、ゆっくりと、急がずに5つ数えながら吸って5つ数えながら吐き出します。息を吸いながら、恥骨から尾骨にかけて骨盤の底面に息が満ちていくのを感じましょう。息を吐きながら、骨盤の底から息が光線のように広がっていくのをイメージしましょう。

　次に、両手を下腹部から仙骨の中心、つまり子宮に向かって優しく動かします。呼吸は、同じように5つ数えながら吸って5つ数えながら吐き出します。お腹の前面、背面、側面、腰に息を満たしていきましょう。息を吐くときは、仙骨の中心からさまざまな方向に息が広がっていくのをイメージしてみてください。

　続けて、体の上で愛情を込めて両手を動かしながら、残りの5つのパワーセンターに手を当てていきます。

このときには、それぞれのパワーセンターの中心から、1つずつゆっくりと深く息を吸って吐き出しましょう。次のページのイラストも参考にしながら、エネルギーセンターの位置を確認してみてください。

・太陽神経叢（そう）、へその上、胸骨の下のスペース
・心臓、胸の中心
・喉（手でそっと喉元を押さえても構いません）
・額の中心（手を頭蓋骨の前後に置いても構いません）
・頭頂部

それから、気づいたこと、感じたことに意識を向けてください。息をするたびに、命の息吹を各チャクラに送り込み、活力を与え、本来のパワーと生命力を目覚めさせていきましょう。最後に、足をさらに踏み込んで、天に向かって腕を伸ばします。大きく体を動かしてもらって構いません。頭上の大きな広がり、無限の世界、そしてあなたを見下ろす星の叡智とつながりましょう。あなたは大地と無限の世界をつなぎ、無限の世界を大地にもたらす仲介役です。それほどまでに、あなたは強力な存在なのです！　さらに深くゆっくりと息を吸い込み、このことを強く実感しましょう。

この旅では、チャクラを体系的に順に学んでいきます。チャクラは1つずつ解説していきますが、すべてのチャクラは互いにつながっていて、共にダンスをしていることを覚えておきましょう。

各チャクラについても詳しく解説していますが、本書はチャクラの百科事典ではなく、エンパワーメントの本であり、チャクラをマップとして実践的に活用しながら、潜在能力を開花させるものです。それぞれのチャクラは、非常に複雑で奥深いため、文字どおり、各チャクラについて1冊の本が書けるほどです。今回は、各チャクラの重要な要素のうち、あなたの人生にとりわけ大きな意義をもたらし、あなたの中にいるワイルドウーマンを目覚めさせるのに最適な3～5つの項目に絞って解説をしていきます！

そのため、チャクラシステムを初めて知った人も、以前に学んだことがある人も、ここでは同じく新しいことを学べるでしょう。チャクラを活性化し、このダイナミックな旅を一緒に体験しましょう。ここでは、私たちの覚醒の道のりをご紹介します。

第1チャクラ：ムーラダーラ：大地、土、闇、私たちの起源の根源、体という寺院、顕在化

第2チャクラ：スヴァディシュターナ：神聖な水の流れ、快楽と欲望の回復、主権、通過儀礼、神聖なセクシュアリティ

第3チャクラ：マニプーラ：力、意志、自信、揺るぎない信頼、健全な怒り

第4チャクラ：アナーハタ：生命の息吹とあらゆる形の愛、２つのハートの優しさと強さ、無防備さ、親密さ、とても強大な力

第5チャクラ：ヴィシュッダ：完全なる表現の振動、コミュニケーション、真の芸術、創造的な復興、自分の声を取り戻す

第6チャクラ：アージュニャー：内なる光、魔法、直感、自分のすべてを尊重する

第7チャクラ：サハスラーラ：神とつながる、スピリチュアルな力と識別力、感謝、奉仕、人生の祝福

ここでは、詳細な解説に移る前に、いくつかの言葉を定義しておきましょう。

2つの顕在化（体）の次元

あなたの体は、「グロス領域」と「サトル領域」という２つの次元に存在しています。体は、脂肪、筋肉、骨、血液、水分、そして地・水・火・風・空の５つの要素で構成されています。グロス領域を、肉体と捉えても構いません。肉体は、ハムストリング、手、上腕二頭筋、乳房、心臓などのように、手を当てて触れることができるものを指します。サトル領域とは、体のもっとも内側を指します。非常に繊細で、細かく、肉眼では捉えられないものです。つまり、身体的感覚では見ること、聞くこと、触れることができません。例えるなら、空気やプラーナのようなものです。空気やプラーナは手に乗せたり触れたりはできませんが、私たちの周りに存在しています。チャクラはサトルボディの次元に存在するものですが、グロスボディ（肉体）にも直接影響を与えています。

チャクラには2つの力の流れがある

チャクラには、上向きと下向きの2つの垂直方向の力の流れがあります。上向きの流れは、大地から第1チャクラを経由して、頭頂部に向かって上昇します。これは「ムクティ（解脱）への道」と呼ばれています。ムクティは、私たちを制限から解放し、純粋な可能性と高次の意識へと拡大します。ムクティがなければ、私たちは成長、進化、変容することなく、現世的な生活にとどまったままとなるでしょう。下向きの流れは、空、頭頂、または第7チャクラから、体の根に向かって降りてきます。これは、「ブクティ（顕在化、喜び、顕現）の道」として知られています。ブクティによって、物事が顕現し、夢とビジョンを現実にする能力が与えられます。また、物質界での喜びや、肉体を持ち、現世を生きるといった顕在化という贈り物についても教えてくれます。私たちが旅のすべてを経験するためには、両方の道が開かれ、解放され、よどみなく流れている必要があります。

3つのエネルギーの経路

サトルボディには、7万2000ものエネルギーの経路や運河、川が存在します。これらの川が体内のすべての細胞に生命力を運んでいます。サンスクリット語でこれらの経路は「ナーディー」と呼ばれますが、私たちのチャクラの旅において、知っておいていただきたい重要な経路が3つあります。

・**ピンガラー・ナーディー**：体の右側を司り、太陽の力と関係しています。色は赤で、熱烈さ、論理、実行、直線的思考、To－Doリストなど男性性と関連があります。本質的には行動のエネルギーです。

・**イダー・ナーディー**：体の左側を司り、月の光と知恵に関係しています。色は白で、冷静さ、直感、傾聴、慈しみ、創造性、自発性など女性性と関連があります。本質的には感情のエネルギーです。

・**スシュムナー・ナーディー**：「サトル」という意味

の「su」と、「輝く」という意味の「shumna」が語源。骨盤の底から頭頂部にかけて、体の中心部を通り、7つのチャクラを通行する光のセントラルチャンネルです。このスシュムナー・ナーディーにちなんだ、108種類の経路の名前があるということも言われていま す。ここでは、あなたが耳にするかもしれない代表的な名称をいくつか挙げておきましょう。「セントラルチャンネル」、「神のチャンネル」、「悟りへの道」、「ホーリーチューブ」、「グレイシャスチャンネル」などです。

ピンガラーとイダーはスシュムナーの周りを螺旋状に回り、各チャクラの上下を交差しながら、第三の目の中心で合流します。ピンガラー、イダー、スシュムナーのダンスは、DNAの螺旋や、現代医学のシンボルであるカドゥケウスの双子の蛇が絡み合っている様子に例えることができます。チャクラが回転するのは、正反対のエネルギーが反発しあうからです。第6チャクラの章では、このことを詳しく解説しています。

聖なる音の振動を奏でよう

マントラ（Mantra）という言葉は「manas」と「tra」という2つのサンスクリット語に由来します。Manasは「心」あるいは「思考」を意味します。traは「守ること」あるいは「ツール」、「装置」を意味します。しかるに、マントラは「心のツール」、「思考のツール」であり、心を守り、ハートと調和させるための音を使ったツールなのです。

すべてのマントラの始まりとなるマントラは、オーム（om）（またはオウム（aum））です。ヨーガのレッスンを受けたことがあれば、「オ〜〜〜〜ム」という神聖な音の振動を体感したことがあるかもしれません。しかし、ヨーガをするときに、なぜこのような音を発するのか、これが何を意味するのか、戸惑う方もいるのではないでしょうか？　オームとは創造の始まりの音であり、「宇宙全体を動かす喜びの声」なのです（※1）。

辞書では、オームを「イエス（YES）！」と定義しています。宇宙が絶えず創造、膨張、収縮、進化していることに対して「イエス！」と言って、歌って、喜びの声を上げているのです。オームを唱えることは、宇宙の「イエス」と個人の「イエス」を調和させることであり、祈りに「イエス」、夢に「イエス」、意図に「イエス」と言っていることになるのです。オームの後に唱えるものはすべて、宇宙の「イエス」によって増幅していきます。この後の章では、私が愛してやまないマントラを紹介していきます。また、第7チャクラの章では、マントラの瞑想法も紹介します。

※1　Roche, The Radiance Sutras, 206.

　ここで知っておいていただきたいのは、それぞれのチャクラには、それぞれの聖なる振動、ビージャ・マントラがあるということです。ビージャとは、サンスクリット語で「種子」を意味します。花や木の種子には、これから芽吹こうとするあらゆる知性が備わっているように、種子マントラには、それぞれのチャクラの知性と力が完全に備わっています。その知性を引き出すためには、種子に栄養を与えなければなりません。そのためには、聖なる音を声に出したり、心の中で静かに唱えたりする必要があります。

　種子マントラを、チャクラの順に並べると、ＬＡＭ（ラム）、ＶＡＭ（ヴァム）、ＲＡＭ（ラム）、ＹＡＭ（ヤム）、ＨＡＭ（ハム）、ＯＭ（オーム）となっています。第7チャクラの音は「静寂」、サンスクリット語でいう「シューニャ（shunya）」であるため、6つの音しかありません。また、それぞれのチャクラにはＵＨ（アー）、ＯＯ（ウー）、ＯＨ（オー）、ＡＨ（アー）、ＡＩ（アイ）、ＮＧ（ンー）、ＥＥ（イー）という、いわゆる母音があります。

　各チャクラの章のチャクラ早見表と巻末のチャクラ確認シートには、これらの音がそれぞれ記載されています。それぞれのチャクラの音は、それぞれの周波数で共鳴しているので、すべてのチャクラの音を奏でてみることをお勧めします。チャクラの音を使って話したり、歌ったり、踊ったりして、その音の振動が各チャクラの（肉眼では捉えられない微細な）構造や身体の各部位を目覚めさせることを想像してみてください。これは、内なる意識を呼び覚まし、開花させるための簡単で楽しい方法です。また今後の章では、さまざまな女神の種子マントラについても解説していきます。

タントラ／人生を肯定する哲学

チャクラシステムは４０００年以上前のタントラの時代、古代インドのヨギたちの間で生まれました。「タントラ」とは何なのかを考えて、眉をひそめたり、怒ったり、悩んだりする必要はありません。タントラを知ることは、自分の知見を増やしたり広げたりする良い機会です。タントラの定義は幅広いため、まずはタントラという言葉を分解してみましょう。

「タン」は「伸ばす」、「拡張する」という意味で、「トラ」は「道具」、「ツール」、「装置」という意味です。この道具とは、現実のさまざまな糸を、反対方向に伸ばしたり引っ張ったりして、新たな布やタペストリーを織り上げる、織り機のようなものです。この新しい布は、心／体、精神／物質、光／影、神／人間、天／地、男性／女性、聖／俗など、かつては別々だったものを統合し、１つの統合された芸術作品を作り出します。この芸術作品こそがあなたの人生です。タントラ、つまりチャクラシステムは、あなたの人生を広げるためのツールです。

タントラは、人生を肯定する哲学であり、人生に「イエス」、世界に「イエス」と言うことを促しています。そして、心、体、感情、呼吸、魂、個性、創造主といった、存在のすべてを神聖なものとして尊重し、祝福しています（※2）。古典的なヨーガやヒンドゥー教の宗派では、スピリチュアル的な学びは男性だけのものでしたが、タントラは性別を問わないだけでなく、シャクティ、聖なる女性性、女神、すなわち「ワイルドウーマン（あるがままの女性）」をも歓迎しています（※3）。

※2　Roche, The Radiance Sutras, 6.

※3　Dawn Cartwright, http://www.dawncartwright.com/tantra.php.

ワイルドウーマン（あるがままの女性）として生きる

あなたの中のワイルドウーマン（あるがままの女性）は、ありのままの姿、自分が感じていることや望んでいるすべてを喜んで受け入れることで力を発揮します。子育てをする母親もセクシーな女性も、征服者も優しい友人も、働き者のビジネスウーマンも生意気な女性も、皆ワイルドウーマンなのです。歴史を振り返ると、女性は家族や社会、文化によって箱に入れられ、「こうあるべきだ」と決めつけられてきました。このような枠組みやシステムはもう古いのです。女性といっても人それぞれですし、あるべき姿に当てはめるべきではありません。

ベストセラー『Women Who Run With the Wolves』の著者であるクラリッサ・ピンコラ・エステス氏は、ワイルドウーマンを絶滅危惧種だと述べています。ワイルドウーマンを蘇らせるワークは、各チャクラを覚醒させるプロセスと本質的に結びついています。私たちはともに女性性を主張し、自分自身のあらゆる側面を抑圧、無視、否定することをやめ、唯一無二のパワフルな女性として、自分のすべてを歓迎し、祝福し、愛するようになります。今こそ、バラバラになってしまったあなたの一部を取り戻し、心から願い、称え、内なる叡智の歌声に耳を傾けましょう。

あなたは自然の力そのものであり、その力を持つべきときが来たのです！

ワイルドウーマンの7つの望みと歓迎

私は育ての母、愚者、そして冒険家を歓迎します。

私が何よりお伝えしたいのは、あなたはすべてを手に入れることができる、ということです。あなたは優秀なＣＥＯにも、傷つきやすい恋人にもなることができます。物質的な成功と精神的なつながり、開放的なハートや健全な境界線を保つことができます。これこそが自由を実現する道のりです。これこそが、ワイルドウーマンを解放する道です。それでは、スピリチュアルマップを手にして旅に出ましょう。儀式のパワーを学んでいきましょう。

	７つの望み	７つの歓迎
第７チャクラ 	私は、宇宙の中でくつろぐこと、自らの光を輝かせること、神とのつながりを**知る**ことを望みます。	私は、女王、女教皇、仲裁人を歓迎します。私は、知識と自由、広がりと平和を歓迎します。
第６チャクラ 	私は、幻想のベールを越えて**見る**こと、美と愛の目を通じて見ることを望みます。実際に起きていることを識別し判断することを望みます。	私は、先見者、賢者、魔術師、内なる賢明な女性、魔法使い、直感的な人物、夢想家、洞察者を歓迎します。
第５チャクラ 	私は真実を**伝え**、表現することを望みます。感じたことを話し、聞いてもらうことを望みます。	私は、芸術家、ダンサー、作家、歌手、演説者、詩人を歓迎します。 私は、本物の表現、声の力、言葉の潜在的な力を歓迎します。
第４チャクラ 	私は**愛する**こと、愛されること、抱きしめること、抱きしめられることを望みます。	私は、恋人、ヒーラー、妻、母、娘、友達を歓迎します。私はロマンス、愛、献身を歓迎します。
第３チャクラ 	私は、自分の**力**を感じることを望みます。私には価値があること、完全な存在であると知ることを望みます。	私は、反逆者、戦士、働き者の女性、女性の上司、性悪な女性を歓迎します。私は、独立、自律、エネルギー、成功を歓迎します。
第２チャクラ 	私は、官能的な**喜び**、生き生きとした輝き、自分の中のあらゆる秘部の高まりを感じることを望みます。私という肉体のギフトを祝福することを望みます。	私は、処女、セクシーな誘惑者、ふしだらな女、女帝を歓迎します。私は、欲望のダンス、感情の流れを歓迎します。
第１チャクラ 	私は、地に足をつけ、根を張り、自分の体とつながり、大地に抱かれることを望みます。私は、**くつろぐ**ことを望みます。	私は、本能的なもの、原始的なもの、加工されていないもの、自然のままのものを歓迎します。

花を供えることが〝崇拝〟ではありません。
崇拝とは、宇宙の広大な神秘に心を捧げることです。
すなわち、心臓を鼓動させ、
宇宙の生命とともに、
思考を挟まず、無条件で受け入れること、
恋に落ちることを意味します。

――『The Radiance Sutras』：スートラ１４７

第2章

儀式(リチュアル)を実践し、体験しよう

『チャクラ・リチュアルズ』は、ただ読んだり考えたりする本ではなく、体験する本です。「儀式（リチュアル）」を実践することで、自ら体験してもらうことが目的なのです。

儀式はチャクラと同じように、外側の世界と内側の世界をつなぐ架け橋となります。儀式とは心を捧げて行うものです。儀式は人生に方向性や目的を持って生きる自由を与えてくれますし、物事がたやすく覆い隠されてしまう今日の世界において、身の回りで起きていることの意味や魔法を知る手助けとなります。

さらに儀式（Ritual）には、次のような効果があります。

儀式を繰り返すことで、私たちが何者であるか、何とつながっているかを思い出し（**R**EMEMBER）、意図（**I**NTENTION）した結果……変容（**T**RANSFORMATIVE）が起きます。そして、自分自身への理解（**U**NDERSTANDING）を深め、真の力に目覚め（**A**WAKEN）ます。これらを動かすのがもっとも強力なエネルギーである愛（**L**OVE）です。

7週間かけて行われるこの旅では、小さな儀式から成る1つの大きな儀式を実践していきます。ここでは、これらの儀式を「エンパワーメントツール」または「リチュアル・プラクティス」と呼ぶことにします。各章では、祭壇作り、ムドラー、呼吸法、体の祈り、瞑想、顕在化、内観ワークという7つの方法でこれらを実践していきます。それぞれのエンパワーメントツールを詳しく見ていきましょう。

１．祭壇作り

祭壇について知るきっかけをくれたのは、私の最初の師であるシバ・レー氏でした。彼女は、ワークショップやリトリートが始まる前に、神聖な空間を整えるため、ヨーガルームに大小の祭壇を作っていました。それぞれの祭壇は、神の儀式を行う中で直感やサポート、つながりを受け取るために特別に作られていました。生花、キャンドル、色とりどりの布、お香、さまざまな神の像などが飾られた祭壇は、美しく、情熱にあふれていました。祭壇作りは、私がヨーガのスタジオで学び、愛するようになった習慣です。

毎週の儀式のはじめには祭壇を作ります。通常は「祭壇」と聞くと、教会を思い浮かべるかもしれませんし、宗教的な意味合いが強い言葉に聞こえるかもしれません。ですが、これから一緒に行うプラクティスは、宗教的なものではありませんし、どんな宗教的、精神的な信念にも抵触しません。祭壇を作ることは宗教的な行為ではなく、あなたが信じているものや愛しているものが詰まった〝自分だけの神聖な空間〟を家の中に作り出す方法なのです。祭壇作りは、心の中に生きるすべてのもの、そしてあなたが体現したいと思っているすべてのものを調和させ、祝福し、尊重する方法です。聖母マリア、女神ドゥルガー、大天使ガブリエル、その他の女神、神、我が子、家族、何でも自由に取り入れて構いません。そこにルールはありません。

また、各章では、各チャクラのエネルギーの特質に基づいたアイデアや、私自身が祭壇を作る際に使用しているアイテムを紹介していきます。取り入れたくないと思ったものは、使用する必要はありません。リストに載っているアイテムを持っていなくても、問題ありません。

祭壇の目的は、買い物リストを増やすことではありません。家の中のものを活用してみてください。窓辺やベッドサイドテーブル、ドレッサー、あるいは床の上など、家にあるものを使って祭壇を作ってみましょう（例えば前ページの写真を見てください）。祭壇は、各チャクラのエネルギーを視覚的に、生き生きと表現してくれます。あなたの中にあるものを反映するのです。祭壇を見るだけでも、エネルギーが癒され、インスピレーションが湧き、神聖なものに同調できるようになるでしょう。祭壇は毎日の儀式（デイリーリチュアル）を行うために帰る、家のような場所でもあるのです。

2. ムドラー

ムドラーとは、「しぐさ」、「印」、「印相」を意味します。馴染みのない言葉かもしれませんが、皆さんも気づかぬうちにムドラーを使っているかもしれません。例えば、遠くに知り合いが見えたときに使うジェスチャーや、すばらしい仕事を成し遂げた人を褒めるときに使うジェスチャーもムドラーです。

皆さんはピースサインをしたことがありますか？交通を遮るときにも、自然とジェスチャーを使っていたのではないでしょうか？　こうした手のジェスチャーがムドラーです。ムドラーとは、生きるという経験を強く感じ、引き立たせてくれるものです。

ムドラー（mudra）の語源は、「喜び」や「心地よさ」の「mud」、「引き出す」を意味する「dru」です。

皆さんの手は、ヒーリングができる強力なツールです。マッサージやレイキなどのエネルギーヒーリングを受けたことのある方なら、このことをご存知でしょう。意図や意識を用いて触れることで、体とエネルギーのバランスを整え、癒すことができます。ムドラーのサトル・プラクティスは、「手のヨーガ」と考えてもいいでしょう。体でさまざまな形を作ったり美しいアーサナ（ヨーガのポーズ）を表現したりすることで、体の反応を引き出すように、指や手を使っても同じことができるのです。

3. 呼吸法／プラーナヤーマ

プラーナヤーマとは、ヨーガの言葉で「呼吸法」を意味します。プラーナとは、生命体から発せられる生命力のことです。「プラ」は「満たす」、「ナ」は「生きる」、「ヤーマ」は「伸ばす」、「広げる」という意味です。プラーナヤーマの訓練によって、自らのエネルギーや生命エネルギーのつながりを拡張し、広げることができます。

私の師であるカミール・モーリン氏は、呼吸によって、自分自身の体と、生命、自然、宇宙の大きな体が相互に関係しあっていることを見事に説明しています。このつながりとは、与える・受け取るというダンスであり、生命にエネルギーを与えたり、生命からエネルギーを受け取ったりしています。

私たちは息を吸うたびに、酸素、精気、活力、聖なる生命力のエネルギーを吸い込んでいますが、私たちはこれらを天、宇宙、自然界のすべて、木々、そして成長するすべてのものから受け取っています。そして、息を吐くたびに二酸化炭素を放出し、自然界、森、海に生命の贈り物を返しているのです。

この関係性を認識すると、あなたはすべての生命と本質的に連動していることに気がつくでしょう。あなたは広大な宇宙と一体化しているのです。『チャクラ・リチュアルズ』では、あなた自身と生命の偉大な神秘、そしてすべてのチャクラエネルギーの関係性を深めるさまざまな呼吸法を学んでいきます。

4. 体の祈り

エンパワーメントや顕在化、目覚めの旅は、アーサナ（ヨーガのポーズ）やヨーガマットなしには語れません！　体を動かすことは、肉体を強化し、体の滞りやだるさを取り除き、聖なる体とあなた自身を結びつける療法でもあるのです。

「体の祈り」とは、短くてシンプルで、流れるような呼吸をベースとしたヴィンヤサヨーガを行うことでもあります。このヨーガは、ダイナミックで、楽しく、チャクラを活性化しながら癒しを得ることができます。

ヴィンヤサとは、「特別な、あるいは意識的な方法で、動いたりポーズを取ったりする」という意味で、例えるなら歌に音符を付けるようなものです。それぞれのチャクラに「体の祈り」があり、本書でもこれらを学んでいきます。意図的に意識して体を動かし、呼吸をすると、より大きな存在とつながることができます。そこから自然と祈りが生まれ、体を動かしながら集中力を維持することができるのです。

各章では、美しいヨーガのポーズの写真を1ステップごとに、わかりやすい解説とともに掲載しています。また、www.chakrarituals.com の無料オンラインコンテンツでは、私がそれぞれの「体の祈り」をガイドしています。ここで紹介している動きは、あらゆるレベル、あらゆる体型の方が安心して取り組めるものです。気をつけながら、できる範囲で行ってください。あなたの体やニーズに合うように自由に内容を変更していただいて構いません。

5. 瞑想

ヨギーニであり、スピリチュアルな道を歩む私にとって、瞑想はやるべきこと、得意でなければいけないことだと思っていました。しかし、私には難しいことでした。瞑想は退屈なものだったのです。何とか眠らずに済んでも、じっとしたまま、何秒かおきに時計を見ることがないようにするのに苦労しました。思考を止めようとすればするほど、頭の回転が速くなってしまうのです。こうした状況を一変させたのは、私の助言者であり師であるローリン・ローシュ博士との出会いでした。ローリンは世界有数の瞑想指導者であり、妻のカミール・モーリン氏とともに、瞑想に対する考え方や瞑想の方法に革命を起こしました。2人は7冊の本を出版し、世界中で指導を行い、「直感的瞑想」と呼ばれる独自の瞑想スタイルを生み出しました。

ローリンとの出会いは、私がカリフォルニア州ベニスでExhale Center for Sacred Movementというヨガスタジオを運営していた2007年でした。ある日、彼は私のオフィスに入ってきて、「君は瞑想をしているかい？」と尋ねてきました。私はどう答えていいのかわからず、しばらく沈黙していましたが、「ええ、もちろんです。というより、やろうと頑張っています」と答えました。すると彼は「どうやって瞑想するのか？」と聞いてきました。「どういうことなの？」と思いながら、私はローリンを見つめました。私の知っている瞑想の方法は1つしかありませんでした。そこで、その場であぐらをかき、目を閉じ、体をできるだけ真っ直ぐに伸ばし、瞑想の方法を知っていることを示しました。しかし、5秒も経たないうちに、彼は立ち上がるようにと言いました。

「クリスティ、君と知り合ってから、ぼくは君が一瞬でもジッと動かずにいる場面を見たことがないんだ」。私が答える前に、彼はこう付け加えました。「君が瞑想を楽しめないのは、他の人のやり方で瞑想をしているからだよ！」。そして彼は「次に瞑想をするときには、動きたい、揺れたいという自然な衝動に逆らうのではなく、完全に委ねてみてはどうかな？」と提案してくれました。そして、私の心が落ち着くと、こうも言いました。「別に座らなくたっていいんだ。踊ることもできるんだから」

ここで学んだ大きな教訓の1つが、瞑想には万人に共通するやり方などないということでした。だからこそ、『チャクラ・リチュアルズ』では、ビジュアライゼーション、タッチング、音や歌、振動、さらには木のように根を張ることまで、さまざまな瞑想を体験できるようにしました。

6．顕在化

スピリチュアルの世界では、肉体の重要性について多くの誤解が生じているようです。例えば、多くの伝統において、肉体は「すべての悪の根源」であり、真の解脱や自由を体験するには、肉体をこの世の現実とともに超越していかなければならないということが主張されています。しかし私は、人間らしさを超越することや、肉体を持ってここに存在しているという事実を無視し、現世で過ごす時間を無駄にしたくはありません。私は「顕在化」というギフトを喜んで受け取りたいのです。魂が私という女性の肉体に降りてきたこと、体に宿る知性を活用できることを喜んで楽しみたいのです。ヨギは、私たちに起こるすべてが細胞の記憶として保存されていると信じています。私たちは体の中にあるものが真実であると知っています。心が忘れても、体が覚えているのです。私にとって、「顕在化」とはヨーガを真に定義する言葉です。顕在化とは、心、体、感情、魂が一体となった聖なる集合体です。本書で紹介されている顕在化の儀式は、あなたの中にすでに息づいている各チャクラの知性が目覚めることをサポートし、あなたを自分の体に帰還させてくれます。

7．内観ワーク

内観は、この20年間、私の日常生活の一部となっています。私はペンを魔法の杖と考えているし、日記は直感的な知恵や導きが語りかけてくれる場所だと思っています。日記は、思考の整理、浄化、表現、そして堂々と自分らしくいられる安全な場所であり、インスピレーションや創造の源であり、思案し、自由になり、ありのままの真実を語る場所でもあります。本書では、各チャクラに関連した質問を毎日投げかけています。この質問に答えることで、自分自身とチャクラのエネルギーのつながりを深めることができます。扉を開くためには、自分らしく、ありのまま、現実を見つめることが大切です。あなたの言葉はノートに残るだけで、誰にも知られないので、できるだけ正直に振り返ってみてください。自分の言葉を検閲したり編集したり、文法や綴りを直したりしたい！　という衝動は抑えてください。そして、ただ綴るのです！

また、必須ではありませんが、昔ながらの方法で、紙にペンで書くことをお勧めします。すてきなノートを買いに行くのもよいでしょう。なぜ紙に書くのか？というと、テクノロジーから離れて、ゆっくりとした時間を過ごすことができるからです。ノートに書き出すことは、知恵を育み、創造性を発揮し、心を瞑想に近い状態にすることができるという研究結果も出ています！（※1）

※1　Nancy Olson "Three Ways That Handwriting with a Pen Positively Affects Your Brain," ForbesLife, May 15, 2016, https://www.forbes.com/sites/nancyolson/2016/05/15/three-ways-that-writingwith-a-pen-positively-affects-your-brain/?sh=4d5cec2c5705.

基本のリチュアル・プラクティス

ここでは、いくつかの基礎的なプラクティスをご紹介します。ゆっくりと時間をかけて、以下の基礎的なプラクティスを実践してみてください。これらは度々出てきますが、仮に忘れてしまっても、このページに戻ってきて復習することができるのでご安心ください。第1チャクラの章からは、祭壇作りや顕在化なども実践していきます。

基本のムドラー・プラクティス

ムドラーを使ったエネルギーのプラクティスは、サトルボディのトレーニングと言ってもいいでしょう。第1章で述べたように、「サトル」とは「もっともきめ細かく、微細なもの」を意味します。実践すればするほどに、エネルギーが活性化していくことを知っておいてください。このエネルギー回路に同調することができれば、指や手のひらに宿る巨大なパワーを体感することができるでしょう。辛抱強く、好奇心を持って行いましょう。

ここでは、２つの「スーパーチャージ・エクササイズ」をご紹介します。これらは座っていても立っていても実践できます。

ムドラー・ウォームアップ１：火を熾そう

1. 手のひらを合わせ、力強く、熱くなるまでこすり続けます。２本の棒をこすり合わせて火を熾(おこ)すように行いましょう。
2. 十分な熱がたまったら、手のひらを膝の上で空に向けて開きます。
3. ぼんやりと前を見るか、目を閉じて、微妙な変化や自身の感覚に意識を向けてみてください。ピリピリ、ザワザワ、ドキドキするような感覚、温度の変化、濃さや軽さ、あるいは色が見えることもあるかもしれません。
4. もし、何も感じなかったり見えなかったりしても、心配しないでください！　それはまったく普通のことです。これからサトル・エネルギーを目覚めさせ、感受性を高めようとしているところなのです。もう１、２回呼吸をしてください。その後、瞬きをして目を開けてください。

ムドラー・ウォームアップ２：手のチャクラを開こう

私が最初にこのエクササイズを学んだのは、作家でありセラピストであり、チャクラシステムを築いた偉大な賢者アノデア・ジュディス氏からでした。これは、ハスタ、あるいはハンドチャクラとして知られる手のひらのエネルギーチャンネルを開くように考案されています。

1. 両腕を肩の高さまで上げて伸ばします。
2. 右の手のひらを上に向け、左の手のひらを下に向けます。
3. 両手を握りこぶしのように閉じ、ギュッと握ってから指を伸ばします。

4．素早く手を閉じたり開いたりして、その都度、指を伸ばすことを10回繰り返します。
5．11回目以降は、左の手のひらを上に、右の手のひらを下に向けて、さらに10回繰り返します。
6．手のひらを向かい合わせにして、ほんの数センチ離します。
7．ぼんやりと前を見るか、目を閉じて、最後にもう一度、自分が感じていることに意識を向け、脈打ち、遊んでみましょう。手の中のチャクラが開き、光の輪がダイナミックに回転している様子を思い描き、感じ、想像してみてください。両手をくっつけようとする磁力を感じるかもしれませんし、両手を離そうとする力を使って遊んでみるのもいいでしょう。その間もずっと振動を感じるはずです。感じるもので遊んでみてください。もし何も感じなければ、そのままもう一度、手のエネルギーをチャージしてみてください。

毎週、ムドラー・プラクティスを行う前に、これらのウォームアップに少なくとも1回は取り組むことをお勧めします。

基本の呼吸法

呼吸法、瞑想、ムドラー・プラクティスの多くは、私が「栄養を行き渡らせる呼吸」と呼ぶテクニックから始まります。これは、エネルギッシュに浄化を行い、新鮮なプラーナを全身の細胞に送り込み、心を平穏にするための即効性がある簡単な方法です。ここで大事なことは、あらゆる方向から胴体に息を取り込み、お腹と背中の下、胸郭の前、横、後ろ、そして心臓の前と後ろを満たすことです。この方法で呼吸をすると、肺活量が65％増加し、エネルギーボディ全体が活性化し、元気になります。

1．楽な姿勢で座りましょう。骨盤を根付かせ、背骨をまっすぐ伸ばします。
2．両手を太ももの上に置きます。
3．息を一度完全に吐ききってから、鼻から深く息を吸い始め、4つ数えながら体の前面と背面全体に息を吹き込みます。
4．ポーズをとり、2つ数えながら、全方向への広がりを感じましょう。
5．口を開け、４つ数えながら息を吐ききります。
6．はじめに戻ります。息を吸って、お腹、腰、胸郭、心臓を全方向から満たし、広げ、全身を活性化します。
7．動きを止めて、２つ数えます。
8．今度は４つ数えながら、「空（くう）」「空」「空」と言いながら息を吐きましょう。
9．以上を５～10回、繰り返します。４つ数えながら、全方向から息を吸い、２カウントの間キープ、４つ数えながら吐き出しましょう。

注：このテクニックが初めての方は、まずは背面に呼気を送ることだけに集中してみてください。息を吐くときには、優しく解放してください。チャクラが体の前後に開くことで、エネルギーボディ全体が活性化するようになります。

基本の体の祈り

マットの前方にまっすぐ立ち、呼吸にしっかりと意識を向けながら、この基本的な流れを左右１～３回ずつ行います。これらは、他のすべての動作の基本であるため、時間をかけて体現していきましょう。

1

脚を腰幅に広げて立ち、胸の前で合掌します。

2

息を吸いながら、両腕を頭上に伸ばします。

3

息を吐きながら、お尻を頂点にして体を前に倒します（必要であれば膝を曲げてください）。息を吸いながら、胸を持ち上げて、背中を平らにします。

4

息を吐きながら、左足を後ろに踏み出して、前脚を90度に曲げます。ローランジのポーズ。

5

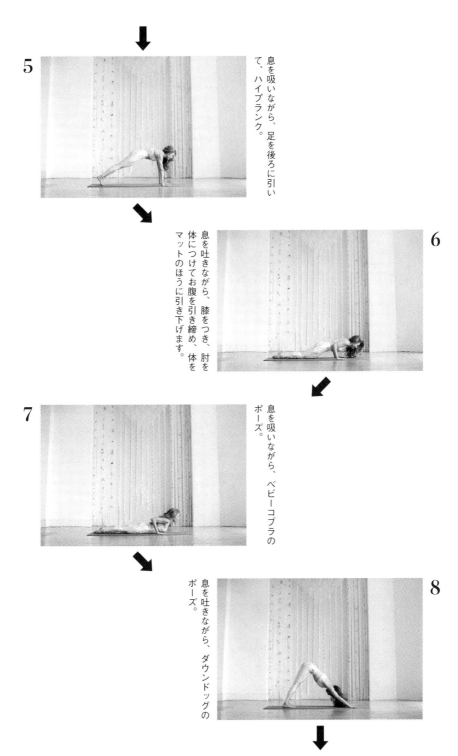

息を吸いながら、足を後ろに引いて、ハイプランク。

6

息を吐きながら、膝をつき、肘を体につけてお腹を引き締め、体をマットのほうに引き下げます。

7

息を吸いながら、ベビーコブラのポーズ。

8

息を吐きながら、ダウンドッグのポーズ。

9

マットの前方に向かって片足ずつ踏み出してください。

10

息を吸いながら背を伸ばし、息を吐きながら体を前に倒します。

11

息を吸いながら、ゆっくりとロールアップで起き上がりましょう。

12

息を吐きながら、合掌に戻ります。

次に、右足を後ろに踏み出して、４から同じ動作を繰り返します。

基本の瞑想：グラウンディングコード

本当の意味で、あるがまま自由でいるためには、強く、深く、安定した根を張る必要があります。安定した根とは、あなたが根を下ろし、成長し、自由に向かっていくための揺るがぬ基盤になるものです。しっかりとした基盤がなければ、「目的もなくフワフワとしてしまったり、人生の暴風や荒波に打撃を受けたりする危険性があります」（※２）

この瞑想法は、あなたの中心を地球の中心に結びつけます。そして、魂を成長させ、地球のサポートとつながるために必要な安定性とサポートを与えてくれます。その結果、強さ、ここに存在しているという感覚、真実の高まりを感じ、今のあなたに必要ないものを手放すことができるようになるでしょう。

※２　Anodea Judith, Eastern Body Western Mind (Berkeley, CA: Celestial Arts, 2004), 54.

1. 楽な姿勢で座りましょう。手のひらは膝か太ももの上に置きます。ぼんやりと前を見るか、目を閉じましょう。
2. お尻を左右に動かして、２つの座骨を見つけます。
3. 見つけたら、座骨で座り、背骨を伸ばします。
4. 〝栄養を行き渡らせる呼吸〟を3回行います。
5. 次に、骨盤の底に意識を向けて、想像力を働かせます。
6. 背骨の付け根から、木の幹が伸びているのをイメージします。幹は地面を突き破ってどんどん伸びていき、マグマやマントルを通り抜け、燃えたぎる地球のコアに到達します。
7. 深く息を吸って吐いて、地球のサポートとつながり、とどまり、根付いているのを感じます。このエネルギーのつながりが「グラウンディングコード」と呼ばれるものを作ります。
8. グラウンディングコードは、緊張、ストレス、不安、恐怖などの形で持っている余分なエネルギーを放出するバルブとして機能します。
9. 息を吐くたびに、グラウンディングコードを介して、不要なものを放出しましょう。

10. 息を吸うことに意識を向け、体が今必要としている適切な滋養を取り入れましょう。木のように、安定した根からこのエネルギーを受け取ってください。

11. 3回深い呼吸をしながら、木のイメージを思い浮かべ、座ってください。あなたは安定していること、強いこと、いつも偉大な体につながっていることを知ってください。

このプラクティスを深めるのに有効なもう1つの方法は、立ち上がって、2本の脚全体でグラウンディングをすることです。今後の章では、この動きを「グラウンディングコードを垂らす」という言葉で指示しています。

内観ワーク

1. 「ワイルドウーマン（あるがままの女性）」という言葉は、あなたにとってどのような意味やイメージを呼び覚ましますか？　この言葉にあなたはワクワクしますか？　それとも恐れを感じますか？

2. あなたは自分が「ワイルドウーマン」だと思いますか？　その理由を説明してください

3. あなたの中にある「あるがままの女性性」をどのように抑えつけていますか？

この本の使い方

『チャクラ・リチュアルズ』は、7つのチャクラを1週間ごとに1つずつ旅していくように構成されています。毎週のチャクラの解説とヨーガを中心にしたデイリーリチュアルの実践を通じて、新しいチャクラを活性化することができるでしょう。

本書の目的は、チャクラの専門家になることではなく、各チャクラを生き生きと体を使って体験し、何度も繰り返し取り組める実践法を提供することです。読み進めていくと、好きなやり方もあれば、すごく抵抗を感じるやり方もあるでしょう。それが普通です。抵抗があっても、そんな自分を受け入れて、ベストを尽くしてください。初めて読む場合は、1週間に1チャクラずつ、7週間かけて取り組むことをお勧めしますが、もちろん人生には忙しいときもありますし、そうすることが難しい場合もあるかもしれません。時間が必要であれば、14週間でも7か月でも、自分の生活に合ったゆっくりとしたペースで進めていただいて構いません。私がご紹介する進め方は下記のとおりです。

1日目：解説を読む＋祭壇を作る＋内観ワーク
2日目：ムドラーの実践＋内観ワーク
3日目：呼吸の実践＋内観ワーク
4日目：体の祈り＋内観ワーク
5日目：瞑想＋内観ワーク
6日目：顕在化＋内観ワーク
7日目：統合（これはほとんどの人が飛ばしてしまう部分ですが、いちばん重要な箇所です。つまり、振り返りを行い、新たな学びを自らのすばらしい経験と統合するための時間を作るのです。これまでに学んだ解説や儀式の復習にも最適です）

このプログラムをすべて学び、儀式を実践することで、あなたの人生は変化するでしょう。何よりすばらしいのは、とても神聖で重要なつながり、つまり、自分自身とのつながりを再構築できるようになることです。内なるワイルドウーマンを目覚めさせる準備はできていますか？　さあ、始めましょう！

第2部

エンパワーメントのための毎日の儀式（デイリーリチュアル）

稲妻のような閃光を体中に走らせて、生命力の道を辿りましょう。
脚の間で煌めく会陰に、頭蓋骨のてっぺんに、
そして頭上に輝く星座に、同時に心を向けてください。
自然のエネルギーが呼び覚まされるにつれて、
この生き生きとした流れが
ますます微かになっていることに注目してください。
朝日のように燦然と輝くエネルギーが、
頭頂から外に向かって流れ出てすべてを包み込み、
感謝の気持ちが生まれます。
そして、存在するすべての生命体と親密になるのです。

――『The Radiance Sutras』：スートラ5

第3章

自分のルーツへ帰る 第1チャクラ

私たちの真のエンパワーメントと顕在化への旅は、地球の暗く、肥沃な大地であり、第1チャクラの聖なるエレメントである、ムーラダーラから始まります。「ムーラ」は〝土台〟〝根〟〝起源〟〝始まり〟を意味し、「ダーラ」は〝土台〟を意味します。ムーラダーラは、活力みなぎる肉体とすべてのチャクラの根元となる土台であり、私たちのエネルギーそのものを支えるだけの強さと安定感が必要です。

第1チャクラはあなたに、膝をつけて汚し、自分自身の肉体や生命の成長を支えている土壌と蔓を調べるよう求めています。それはあなたの起源、肉体、所属意識のルーツであり、偉大な母なる大地とのつながりを示す根です。また生きていることや恐れ、生き抜くこと、あるがままの自分の根幹でもあります。根はそれぞれ、異なる種類の栄養、安心感、強さを与えてくれます。そして植物同様、手入れをすることで健康で強くなり、深く広く成長することができます。地面が揺れるようなことがあっても、根が張っていれば、あなたをしっかりと支えてくれるでしょう。強く固定された、揺らがない土台の上で、自分の根につながった状態でいられます。

この強固な土台があれば、解放と自由に向かって奮起し、この物理的な次元において夢を実現することができるようになります。第1チャクラは人間らしさの探究を望んでいます。「家」にいるということは、この地球に根差し、現実の世界で肉体を持った状態では何を意味するのか？　この問いを探究することで、私たちは生き延びることはもとより、豊かに生きられるようになります。

ルートチャクラの構造

ベーダと密教の哲学によれば、それぞれのチャクラにはヤントラと呼ばれるものがあります。ヤントラは幾何学的な形や模様で構成された視覚ツールで、それぞれの形には象徴的な意味が込められています。このツールを使うことで、各チャクラのエネルギーと叡智を解き放ち、理解を深めることができます。また、この形を見たり瞑想に使ったりすることで、ヤントラの叡智とつながり、体の中のチャクラを活性化することができます。

ルートチャクラのシンボルは、安定性、強さ、耐久性、聖なる女性性と男性性、そして自分の内なる力を解放し目覚めさせるために、避けては通れない旅のことを表しています。このシンボルは4枚の花びらがある赤い蓮の花で、赤はシャクティ、純粋な生命力、誕生、血を意味する色です。また4という数字は、構造と堅固さを表しています。4枚の花びらは4つの方向（北、南、東、西）に向いており、4大元素（地、火、風、水）と次元（縦、横、前、後）を表しています。蓮の内側には、すべての幾何学的な形の中でもっとも安定している正方形が描かれていて、私たちが土台を築くための安定した地面として存在しています。正方形の内側には下向きの三角形があり、これはシャクティと呼ばれるダイナミックで創造的な女性の力や、顕在化の道を表しています。三角形の内側には、男性の象徴であるシヴァ・リンガがあります。これは直立した男根を模しており、解放と自由の道を示しています。リンガの周りに3周半巻かれているのは、クンダリーニとして知られている蛇の女神です。彼女の霊的エネルギーは骨盤の底部に眠っており、それは野生の、あるがままのシャクティの力です。覚醒すると上に向かって移動し、チャクラを1つ1つ貫いていきます。ヤントラに描かれているように、覚醒したクンダリーニは、あなた本来の力と各チャクラのエネルギーを呼び覚ます能力を秘めています。だからこそ、体の根元であるムーラダーラから始める必要があるのです。

神聖な大地のエレメント

地のエレメントは、ルートチャクラに関連しています。これは、暗闇の力です。真夜中への回帰、すべては暗闇から始まるという記憶。第1チャクラという土の中に種を植え、栄養を与え、水を与え育てていくと、種は下へ下へと伸びる根を生やし、光に向かって上へ上へと上がっていきます。闇の中から光と生命が生まれ、やがて生命は枯れて土へ帰り、分解されて堆肥となり、土の栄養となります。それが、地球の循環なの

チャクラ早見表

名前	ムーラダーラ ムーラ（根）ダーラ （土台、サポート）	種子音	ラム（LAM）
意味	すべてのものを育てる根	母音	アー（UH）
体の部位	背骨の付け根、会陰	エネルギーの特質	地に足のついた、安全性、安定性、安心
エレメント	地	アファメーション	私は安全です。 私は安心です。 私は自分の体に安心しています。 私は自分の体が好きです。 私はここに属しています。 大地が私をサポートし、栄養を与えてくれます。 私は大地に根ざしているので、倒れません。
色	赤		
感覚	嗅覚		

関連する体の部位	体の中でもっとも密度の高い部位：歯、骨、とくに背骨、背骨の付け根、脚、足首、足、免疫系
欠乏している場合の影響	体と意識が切り離される、注意力が散漫になる、足をさらわれやすくなる、事故に遭いやすくなる、心に囚われる、怯える、心配する、体が軽くなる、じっと座っていられなくなる、境界線が曖昧になる
過剰な場合の影響	物理的にもエネルギー的にも体が重くなる 行き詰まる、停滞する、過度に強固な境界線を引く 無気力になる、うつ状態になる 物への執着 物事を手放せなくなる、過度にしがみつく
調和のとれた状態	生き生きとして健康 安全・安心を感じている、落ち着いている 自分自身を大事にできる、お金が稼げる、夢が現実化する 生きることへの強い欲求！ 自分の体を心地よく感じる、自分の肌を気持ちよいと感じる 今ここに存在することを感じられている 物事を手放すことを許可でき、リラックスしている

です。地球は私たちの血や骨に流れている、年長者や先祖といった先人たちの知恵とのつながりをもたらしてくれています。地球のパワーはあなたに、体という寺院の神聖さを取り戻し、肉体を癒し、偉大な女神であるあなた自身を、自分の目でよく見るように求めているのです！

家

先ほど、ムーラダーラにとっての「家」の重要性についてお話ししました。あなたにとって家とはどのようなものですか？　家という言葉を思い浮かべると、どのようなイメージや感覚が浮かんできますか？　あなたはどのように家でくつろぎ、何を感じたいですか？　安全・安心、あたたかさ、快適さ、愛情、安定感、守られている感じでしょうか。あるいは開放的になると同時に、ゆっくりと休め、リラックスできる場所でしょうか？　あなたの理想の家と、記憶の中にある家について考えてみてください。一方ではつながりや快適さがあり、他方では争いや苦労があるかもしれません。今あなたは家を、寝るときに頭を横たえる実際の建物として想像しているかもしれませんが、心の枠を広げて、あなたの美しい体という寺院や、母親や家族、そして私たちがつながっている地球も、家として考えてみましょう。安全・安心、安定、愛おしさ、すばらしさ——といった感情は、あなたが家でくつろぐときに感じたいものと同じではないでしょうか？　それを自分の肌で、この惑星で、感じたいのではないでしょうか？

ここでは、寺院としての体、母親や家族、そして地球——それぞれのつながりの土台と、私たちが根を下ろした土壌を見ていきましょう。

1. 体という寺院

先に進む前に、私と家との関係を変えたサンスクリット語のマントラについて、少しお話ししたいと思います。サンスクリット語はヨギの古代言語で、マントラは思考とハートをつなぐ言葉のツールです。私が初めて聞いたのは歌のようなマントラで、「ママ・ママ・マナ・マンディール、ママ・マナ・マンディール」でした。意味はまったくわからなかったのですが、それまで聞いた言葉の中でもっとも美しく感じたのです。自分でも歌ってみると、感動で涙がこみ上げてきたほどでした。深い感動を覚えながらも（少なくとも知的レベルでは）その言葉の意味はわかりませんでした。しかし、もっと深いところでは、体で感じることができました。私は何年もの間、「ママ・マナ・マンディール」というマントラを唱え続けました。寝ても覚めてもこの言葉を繰り返していましたが、本当の意味で理解することはできませんでした。

そんなある日、私は敬虔なキルタン歌手であるグァルヴァニという男性に出会いました。彼は私が経営するヨーガスタジオでワークショップを行っていたのですが、驚いたことにあのマントラを歌い始め、その意味を教えてくれたのです。私がずっと唱え続けてきた祈りは、英語で"My body is a temple, my body is a sacred place!"（私の体は寺院です。私の体は神聖な場所です！）という意味でした。

私たちの多くは、肉体を神聖なもの、ましてや寺院としてなど扱っていません。虐待を受け、10歳のころには自傷行為もするようになっていた私にとって、自分の体は神聖なものというより戦場のようでした。私は長年、過度なトレーニングに栄養不足、摂食障害を繰り返し、自分の脚の太さや筋肉の大きさ、膨らみ始めた胸を呪っていました。自分の価値や美しさはもちろんですが、体操と高飛び込みでオリンピックを目指していた私にとってこれらの能力は、体重計の数字や体脂肪率と切り離せないものでした。

この強迫観念はコーチや、自分が太ることを恐れていた母によって、さらに助長されました。子どものときは、「またお母さんが夕食に空気を食べていたよ」と、姉と冗談を言い合ったものです。また体操のコーチは、私のおでこをつねりながら「体のどこをつねっても、それ以上つねれないようにしなさい」と言いました。食べ物は私にとって栄養源ではなく、良い・悪いのどちらかに分類するものだったのです。悪いものリストにあるものを食べたときには、自分を罰するために、部屋の中で有酸素運動や腹筋、腕立て伏せを気が遠くなるほどするか、次の日は何も食べないようにしていました。

私が初めて「ママ・マナ・マンディール」という言葉を聞いたときには、数十年に及ぶ虐待は終わっていましたが、私の体が求める深い癒しはまだ始まったばかりでした。まったく新しいやり方で自分の体との関係を築くためには、新しい神経回路を作る必要がありました。マントラを唱えることは、私の体との関係の根が育ってきた土壌に養分を与え、「家」へ帰るための新しい道を開くことでした。

顕在化とは、家にいるような安心感を自分の肌で味わい、自分の肉体、自意識、そして世界全体とつながることです。それはこの体が持つ崇高な力、第1の本能、埋め込まれた知恵を認識することなのです。しかし残念なことに、私たちは体や物理的真実よりも、心や思考が重視される社会に生きているため、多くの人々はこうした生まれ持ったギフトから切り離されてしまっています。私たちはほとんどの時間を頭の中で過ごし、恐怖と空想、過去と未来に囚われ、現在や自分の望み、欲求、願望から切り離されているのです。

チャクラシステムの起源であるタントラでは、「神聖でないものは存在しない」と考えます。それゆえに、体は寺院なのです。この地上における現実の人間関係、責任、感情、感覚は私たちを制限するものではありません。むしろ顕在化の土台であり、1つ1つがより自分らしく生きるための入り口なのです。この哲学は、体と心、物質と精神、地と天の間にある分断を癒す可能性を秘めており、すべてのものを受け入れ、尊重するものです。豊かな人間であること、完全に目覚めていること、生き生きと自分らしく生きること以上にスピリチュアルなことがあるでしょうか？

私と一緒に、口に出してみましょう。「私の体と心は寺院です。私の体と心は神聖な場所です」と。本書では体、心、ハート、魂の錬金術的なつくりを称え、マントラの翻訳を少し修正しています。この章の終わりにある日々の儀式（デイリーリチュアル）の実践は、あなたをこの知識へと導き、家に帰ること、そして自分の肉体を感じることへの意識の目覚めを促します。そして全身にみなぎる活力を取り戻し、体中が揺れ動くことをお約束します！

私の体の祈り

力を得たワイルドウーマンは、あらゆる形の美しさがあることを知っています。もっとも美しくパワフルなのは、自分の体にしっかりと根を下ろし、安心して自分のすべてを所有している女性です。あなたも、その人が現れると目が離せなくなるような、そんな女性を知っているかもしれません。彼女の力強さとパワーは、遠くにいても伝わってきます。そういう女性は、自分のあるがままの女神が存在している寺院を崇め、敬意を払っているのです。

毎日鏡の前に立っては、自分自身を切り刻んでいた少女が、今では鏡を見て、自分の体を絶対的に愛し、褒め称えているということが信じられますか？　ほかでもない、この本の著者である私自身のことなのです。私は自分の体ができるすべてのことや、体そのものが持つエネルギーや力に、驚かずにはいられません。そのため毎日、儀式の一環として、自分の体に感謝をしています。肌に触れ、体のすべての曲線を愛情たっぷりに手でなぞり、何年もの間体を拒絶し、酷使し、殺しそうになっても、私を見捨てずにいてくれたことに感謝するのです。同時に謝罪し、すべての細胞、臓器、組織に許しを請います。実践していると、今までこの体という贈り物に気づかなかったことが信じられず、涙する日もあります。今こそ、体の状態に関わらず、体が自分にしてくれていることへの愛と感謝を深めるときです。自分自身に敬意を払うことで、あなたは癒されるでしょう。自分を受け入れることで、体との関係を変えることができるのです。これが最初の一歩です。

以下は、私が自分の体を祝福するときに使う言葉です。これを参考に、あなたも自分の体にかけたい言葉を自由に考えてみてください。

> 偉大なる母よ！
> あなたを愛しています。
> 私を愛してくれて
> 私を美しく作ってくれたことに感謝します。
> この体はすばらしいです！

私の足を祝福してください。そうすることで、私が一歩踏み出すたびに、あなたが支えになってくれていることを感じられます。

強く、どっしりと根ざした脚を祝福してください。私が自分自身の真の道を歩むことができるように。

ゆらゆらと揺れ、ワイルドに自由に振ることができる豊満なお尻を祝福してください。

私の子宮を祝福してください。ここでは生命そのものが創造され、私はただ喜びのために喜びを受け取ります。

私のお腹と、私の中にあるパワーを祝福してください。

小さくても美しく、ブラジャーのない胸を祝福してください。

私を愛し、癒し、許すことに疲れないように、私の心を祝福してください。

自分だけの本物の歌を歌うことができるように、私の喉を祝福してください。

聞いたり、聞こえたりできるように、私の耳を祝福してください。

微笑んだり、唸ったりできるように、私の唇を祝福してください。

私と私を取り巻く美と魔法を見ることができるように、私の目を祝福してください。

私にとって不完全ながらも完璧な、この女性らしい寺院の隅々まで祝福してください。


体は神聖だ、ということを覚えていてください。あなたのすべてが神聖なのです。聖なるものは、あなたという寺院の中の心の祭壇に眠っています。

2. 母なる根

ムーラは「根」を意味し、私たちの成長の根元は母の子宮にあることを覚えていますか？　母親は私たちの最初の家であり、自分という存在の根幹に関わる関係です。子宮の中で、胎児は文字通り母親の子宮壁に根を下ろし、へその緒が母と子を結びます。それは私たちを支え、養い、母親と結びつける、生存のための最初の生命線と考えてよいでしょう。子宮の中にいる間、私たちは母親が感じるすべてのことを感じます。

そこで発せられるストレス、恐怖、ホルモンをすべて体験するのです。もしも母親が妊娠中に安全、安心、そして愛されていると感じていたなら、私たちも同じように感じていたはずです。生まれたとき、私たちは無力であり目も見えないので、母親や養育者の肌の匂い（第1チャクラに関係する感覚）で感じます。私たちの肉体的な生存欲求である食料、水、シェルター、安全に加えて、感情的な生存欲求である相互のつながりや愛、愛情を世話してくれるのが母親（あるいは父親、その他の養育者）です。こうした最初の人間関係を通して、私たちは信頼という感覚の基本を学び、世界が安全な場所であるかどうかを判断し、本能的な帰属意識を形成するのです。

ムーラダーラ・チャクラの形成に、幼少期の体験は大きな影響を与えています。根の土台がつくられた土壌の周りを掘り下げていくことは、今の自分を深く理解するために役に立つかもしれません。あなたは、生みの親の妊娠がどのようなものだったか知っていますか？　望んだ妊娠だったのか、計画したものだったのか、それとも予想外の妊娠だったのか？　父親、あるいは母親のパートナーは、写真に写っていましたか？もし写っていたなら、彼らは献身的で、地に足のついた、安定した支えになっていたのでしょうか？

私たちの母親、祖母、曾祖母と3世代のDNAを通じて、私たちの祖先は生き続けており、一族の記憶やトラウマは、サトルボディに刻み込まれたままになっています。科学的には、母親の胎内には3世代前のDNAが存在していることが明らかになりつつあります（※1）。また興味深いことに、世代間トラウマは7世代前までさかのぼるという研究結果もあります（※2）。つまり私たちは、一族や血縁というものに肉体的につながっており、自分が思っているよりも深く、影響を受けているのです。自分の人生に責任を持ち、もつれてしまった家族間の原初のつながりを修復し、自分の起源となる傷、つまり血統のトラウマを癒すことが、自分が完全であり、地に根差し、安全で、愛されていると感じるために、私たちがするべきことなのです。

※1　C. E. Finch and J. C. Loehlin, "Environmental Influences That May Precede Fertilization: A First Examination of the Prezygotic Hypothesis from

Maternal Age Influences on Twins," Behavioral Genetics 28, no. 2 (March 1998): 101, https://doi.org/10.1023/a:1021415823234.

※2　2020年10月に開催されたJustin Michael Williamsのセッション「Collective shadow」のゲストティーチャー、Dr. Sará Kingによる講演「Collective shadow」

私自身の癒しの大きな一歩は、私の中の「小さなわたし」に対して、母親としての責任を持ったときから始まりました。私たちは皆どこかで、完璧ではない始まりと子育ての犠牲者なのです。だからこそ、何らかの理由で母親が与えることができなかったものを、自分自身に与えることを学ばなければなりません。感受性豊かで警戒心が強い小さなわたしを、愛情を持って気にかけるには、どうすればいいのでしょうか？　彼女が安心して守られていると感じ、捨てられる危険がないことを確信するために、何ができるでしょうか？　この子が耐えなければならなかった物事に対して、悲しく思っていることを伝え、あなたがここにいて何があっても彼女を守り、面倒を見て、見守り、めいっぱい愛することを保証してください。私たちが生きていけるかどうかは、文字通り母親が世話をしてくれるかどうかにかかっています。この役割を自分で担い、自分が欲しているものを自分で自分に与える必要があるのです。

自分が何を必要としているのかを理解し、それを自分に与えることとは、心を込めて自分の世話をするということです。それは食事による栄養補給、体を動かすことによって肉体をケアすること、そして自分を甘やかし、休ませ、満たすことにもつながります。自分自身を深く満たしてあげるために、日常でどんなことができるでしょうか？

3. 母なる大地に抱かれた家

私たちの故郷への旅は、この青い大理石のような母なる大地を抜きにしては語れません。母なる地球こそ、私たちの故郷です。地球は私たちの叡智そのものであり、地、水、火、風、空という、私たちのすべてを構成しています。母なる大地はグラウンディングの力であり、彼女だけが持つ生命力を利用して、私たちは自分の体を満たしているのです。そうして恐怖や心配、ストレスなど、私たちを体から切り離し、神経系に過剰な負担をかける余分な負荷を、地に預けます。大地に身を委ね、必要のないものを手放すと、心身を休ませ、再調整し、回復することができるのです。母なる大地は私たちを育み、面倒を見て、生きるうえで必要な安定と避難場所を与えてもくれます。急いだり急かしたりすることが一切なく、忍耐とは何かを教えてくれます。その中に根を下ろしていけばいくほど、より安全に、軽く、自由になっていくのです。私は、母なる大地の大きな愛につながることで、深い癒しが得られることを知りました。その頼もしい包容力は、いつまでも私たちに栄養を与え続け、実の母親から受けた傷を癒すサポートをしてくれます。

恐怖とその対処法／原初のワイルドウーマン、母なる女神カーリーに会う

恐怖心は、第1チャクラを支配する感情の1つであり、もっとも強力で本能的で、なおかつ自然な感情でもあります。恐怖は誰もが抱くもので、恐怖を感じることは間違いでも失敗でもありません。私たちが生きるために必要な感情ですが、同時に私たちが生き生きと生きることを妨げるものでもあります。また私たちを麻痺させ、足止めをさせる、闇の力となることもあります。恐怖は他者や自分自身、そして人生の流れに対する信頼を打ち砕くこともあります。胸部を圧迫し、深く息を吸えないようにしたり、魂や私たちを導くガ

イド、地球、そして源から私たちを切り離したりします。ここでは、ヒンドゥー教の神々の中でもっとも凶暴で野生的、手なずけられない姿をした、偉大なるシャクティの化身・母なるカーリーを呼び、私たちが恐れに立ち向かい、それを力に変える手助けをしてもらいます。カーリーを理解するために、ヒンドゥー教や宗教にこだわる必要はありません。一般的に考えられていることとは異なり、伝統的な神々や女神を敬うことは、外にある何かを崇拝することではないのです。今の自分の原型だとか、あるいは単に自分の力を思い出させてくれる、自分を映し出す鏡として、認識していればいいのです。

カーリーは、私たちが「女神」という言葉を使うときにイメージする女神とは、少し異なります。彼女の名前は「黒いもの」や「すべてを食い尽くすもの」を意味し、創造と破壊の両方を兼ね備えています。彼女は大地の暗黒の女神であり、肥沃な土壌であり、子宮であり、真夜中の闇です。

母なる大地とつながる方法

母なる大地は、私たちの健康と幸せにとって重要であるにもかかわらず、私たちの思いからは遠ざかり、行きすぎた社会により汚染されています。私たちは彼女の子どもであることを、またお互いに離れることのできない関係であることを、忘れてしまっているのです。大地とのつながりを築いたり、回復したりするためのもっとも簡単で速い方法は、外に出ることです。自然の中に身を置き、次のことを試しにやってみてください。

- 自然の中を散策する：ハイキングをする、サイクリングをする、散歩をする、木にもたれる、自然の音に耳をすます
- 朝日や夕日を見る
- シャバーサナ（屍のポーズ）で地面に横たわる：お腹を下にして地面に横になる
- 草や砂浜、泥、石の上を裸足で歩く
- 大地に向かって歌って踊る
- ガーデニングをする：土の中に手を入れて、木

を植える
・植物や木、花壇を利用して、自宅に地のエレメントを取り入れる

カーリーは神の保護者であり、表面的には非常に恐ろしい存在に見えますが、彼女のシンボルや図像をよく見ると、最上級の愛と自由の源であることがわかります。

彼女はさまざまな方法と形で描かれています。66ページのイラストは、彼女の獰猛さを表した現代のワイルドウーマンとして表現していますが、彼女の力の全容を知ってもらうために、古典的なカーリーの描写についても記しておきたいと思います。古典的な解釈では、カーリーは4本の腕を持っていることが多く、それはシャクティ・ロータスの4枚の花びらを連想させます。

カーリーは4本の手のうちの1本で、保護と平和を根付かせ、恐怖を取り除くアバヤ・ムドラーのポーズをしています。このポーズを通して、彼女は「恐れないで、私があなたを守ります」と言っているのです。カーリーは、私たちが常に恐れとともにあることを教えてくれています。目指すべきは、恐れを知らない人になることではなく、恐れに直面してもそれを克服し、むしろ祝福できるようになること。また自分が守られていることを知り、あらゆるものから解放され、立ち上がり、変容できるようになることです。

2つ目の手にあるカーリーの剣は、不要になった観念を断ち切ってくれます。自分を小さく感じさせる状況や人間関係、満たされなくなった仕事はもちろん、私たちを停滞させ、自分の中のワイルドウーマンの力を弱らせる自己満足からも解放してくれるのです。あなたの人生のどこにカーリーの剣が必要なのか、ご自身に問いかけてみてください。

3つ目の手は、古典的なバラダ・ムドラーのポーズをとっていて、これは恵みや祝福を表します。またこの手は、目覚めの転換期を迎えている私たちに対する、カーリーの広い慈悲と愛の象徴でもあるのです。

4つ目の手には切断された首が握られていますが、これは私たちを苦しめる心やエゴからの解放を示しています。私たち自身を滅ぼしかねない、否定的な考えや疑念、恥の感情から、守ってくれているのです。

彼女の髪は乱れたドレッドヘアで、体は裸。これは、本当の自分を象徴しています。口からぺろんと出ている舌は、人生で体験するすべてを余すところなく味わうことの大切さを、私たちに気づかせてくれています。彼女は他人に合わせたり、喜ばせたりするために存在しているのではありません。関心があるのは、あなたがもっとも恐れていることと、あなたが最大限の可能性を実現することを妨げているものに向き合うことを、手助けすることだけです。何といっても、彼女は最初のワイルドウーマンなのですから！　また彼女が持つ色は、生命のサイクルを表しています。赤は生命力と情熱、ルートチャクラそのものを、白は骨、死や終わりを、黒は地球、土、子宮の中の暗闇を、それぞれ示しています。

自分の無限の力を感じないようにして、本当に欲しいものからあなたを遠ざけているのは、あなたの中にある恐れかもしれません。その恐れを認めながら、カーリーに呼びかけてみてください。「ああ、偉大なる母よ。私の痛みを取り除き、あなたの優しさで私を満たすために、力を貸してください」と。そして、目の前にカーリーが立っているのを想像してください。あなたの恐れを彼女に捧げてください。正しいことも、間違っていることもないのです。悲しみ、痛み、喜び、陶酔も、カーリーに差し出すことができます。彼女はあなたを縛り付けているすべてのものから、優しく解放してくれます。恐れと引き換えに、カーリーは言葉やムドラー、シンボルなどの形で、すばらしい祝福を与えてくれるでしょう。この祝福を受け取るときは、第1チャクラの種子マントラ「クリム」（正確には「クリーーーンーーー」という発音）を7回唱えます。カーリーのマントラは多くあり、クリムはその中でもとくに穏やかなものです（※3）。

古典的な姿のカーリーと、この本に描かれている私たちのワイルドウーマンであるカーリーのエッセンスを混ぜ合わせることで、変容を生み出し、すべてのものを吸収する女神である彼女の力を、最大限に感じていただけたらうれしいです。

※3　Laura Amazzone, https://www.lauraamazzone.com

プラクティス：7日間のグラウンディング

1日目：祭壇作り

大地の祭壇は、グラウンディングの儀式をするために、あなたが毎日訪れる場所です。左記に、私が個人的に使用しているものを挙げているので、ご自身の祭壇を作る際の参考にしてください。祭壇は、あなたの個性の根幹を表すものです。つながりが断たれたと感じ迷ったときは、少しでもいいので、祭壇に目を向けてください。祭壇が錨の役割を果たし、あなたを土台へとつなぎ止め、家へと迎え入れてくれるでしょう。

大地の祭壇に必要なもの

・赤いもの（布、キャンドル、石など）
・地のエレメント（小枝、ドングリ、葉、花、土など、自然の中で見つけたもの）
・あなたにとって安定を象徴するもの

大地の祭壇のアイデア

・あなたの先祖や家族の写真、あなたが深いつながりを感じる自然の中にある場所
・大地の果物：りんご、洋梨、シナモンスティックなど
・形：四角
・お金（物質世界の象徴）
・紙に書いた、あなたのサンカルパ宣言（70ページの「内観ワーク」を参照）
・天然石：ガーネット、ヘマタイト、ブラックトルマリン
・オイル：ベチバー、ブラックスプルース、カシア
・タロットカード：「愚者」、「女帝」、「地のエース」、「地の10」

それぞれの天然石、オイル、タロットカードの意味については、巻末の一覧表をご参照ください。

内観ワーク

1. ヨーガには、サンカルパという美しい始まりの言葉があります。サンカルパは「意図」「願い」「目的」「祈り」と訳されます。
これから旅が始まるとして、あなたは何を意図し

ますか？　自分自身にどんな祈りを捧げますか？

今の目的や希望は何ですか？

言葉や文章で書き出してみてください。書き出したサンカルパを種に見立て、肥沃な土壌に植えましょう。毎日この言葉に立ち返ることが、最高の決意が花開くための、豊かな土壌を養うことになります。

2. あなたの「肉体的」な根が必要とするものを考えてみてください。健康、仕事、経済、食事、住んでいる家などの根本的な部分です。これらを1つずつ正直に検証し、より深く栄養を与えたり、世話をしたり、気を配ったりする必要があるものを探ってみてください。土台を強固にし、それぞれの分野での繁栄に必要な安定した体制を作るために、何にどのように取り組んでいきますか？

3. 私たちが人として、最初にこの現実世界へ入るのは、誕生するときです。少し時間を取って、自分がどのようにしてこの地球に生まれてきたのか、そのストーリーを書き出してみましょう。

世界でもっとも有名な助産師の1人であるアイナ・メイ・ガスキンは、「私たちの誕生の物語は重要です。なぜならそれは、私たちが源である母親の体の外に出て、どのように自分の人生を始めるかを示すものだからです」と書いています。もしあなたが自分の誕生のストーリーを知らない場合は、両親や保護者、お兄さんお姉さんにインタビューをして、物語の断片を拾い集めましょう。

2日目：ブミスパルシャ・ムドラー

今回実践するムドラーは、ブミスパルシャ・ムドラーと呼ばれるものです。「ブミ（Bhumi）」は「大地」、「スパルシャ（sparsha）」は「触る」という意味で、このムドラーはあなたを母なる大地という心強い支えへと連れ戻してくれます。自分は決して1人ではなく、常に地球という大きな体に支えられていることを思い出させてくれるのです。母なる大地の滋養に満ちた抱擁、知恵、そして薬を受け取るには、自分の根を大地に定着させるだけでよいのです。迷いが生じたり、つながりを感じられなくなったり、地に足のついた自己の感覚から切り離されたと感じたときには、このムドラーを実践することで、自分の中心へと戻ることができるでしょう。

ブミスパルシャ・ムドラーの手順

1. 楽な姿勢で座ってください。背骨を伸ばし、骨盤を大地に根付かせ、グラウンディングコードを垂らします。（49ページ参照）
2. 手にエネルギーを込めます。（43ページ参照）
3. 左手をハートに当て、右手を左手の上に置きます。
4. 深い、ゆっくりとした豊かな呼吸を1回行い、自分自身を体とハートへと迎え入れます。
5. 右手の力を抜き、下に下げて、地面に軽く触れます。
6. 5本の指をそっと伸ばし、それぞれの指先から大地に向かって、あなたをサポートする蔓が伸びていくのをイメージします。
7. リラックスしてぼんやりと前を見て、ゆっくりと10回、体中に栄養が行き渡るイメージで深呼吸をします。あなたを支える根の部分に息を吹き込み、母なる大地とのつながりを確認します。
8. 息を吸うたびに、偉大なる母の信頼できる、癒しとグラウンディングのエネルギーという薬が、あなたの体を満たしていきます。息を吐くたびに、彼女の胸により深く抱かれていき、安心して休めるようになります。あなたは安全であり、支えられ、愛されていることを知るのです。
9. 今、自分の鼓動が、母なる大地の鼓動と同期していることを想像してください。大地の知恵と愛のすべてがハートへと統合されていることを感じ、母なる大地もまた、あなたの家であることを再認識してください。

10. 準備ができたら目を開けて、ムドラーのポーズを解きます。すぐには動かず、少しの間余韻に浸り、自分が何を感じているか観察してください。礼をして、母なる大地に感謝を伝えましょう。

内観ワーク

1. あなたは母なる大地とどのような関係を築いていますか？　大地や自然を、どのように扱っていますか？　大地をより深く敬い、さらに良い関係を築いていくために、何ができるでしょうか？

2. 母なる大地や自然とつながり、関係を築く方法として、以下の文章を完成させてください。

母なる大地は私に＿＿＿＿＿＿＿＿を許してくれます。

母なる大地は私に＿＿＿＿＿＿＿＿を教えてくれます。

私は、自然の中で時間を過ごすときに＿＿＿＿＿＿＿＿。

自然は私に＿＿＿＿＿＿＿＿と語りかけてくれます。

3. 自然の中でも、あなたがリラックスできると感じるのはどんな場所ですか？　その場所や母なる大地でより多くの時間を過ごすために、あなたが難なく取り組めることは何でしょうか？

3日目：呼吸——下降の呼吸

肉体から切り離されると、私たちの根は文字通り地面から浮き上がり、エネルギーは上に飛び出して思考の中へと逃げ込み、恐怖、不安、心配、空想の中に閉じ込められてしまいます。こうして、心と体が分裂してしまうのです。第1チャクラのために行うプラーナヤーマは、地面や脚、足とつながるために、あなたのエネルギーを体の中に戻し、また支える根へと戻すよう意識的に働きかけます。私はこれを「下降の呼吸」と呼んでいます。これはアパナ・ヴァーユと呼ばれる下向きの動きやエネルギーの流れに沿ったものです。この呼吸は、身体的な老廃物（尿、便、月経、二酸化炭素）やエネルギー的な老廃物（恐怖、心配、不安）を体外に排出する働きがあります。ゆるみ、手放し、解放していい、という合図が神経系へと伝達され、安心感や安定感、自分には力があることを感じられるようになります。

では、実践してみましょう。手順は次のとおりです。

1. 心地よいと感じる場所に座ります。手のひらを下向きにして足の上に置き、グラウンディングコードを垂らします。こうすることで地球と、また自分自身の肉体と、瞬時につながります。
2. 目を閉じるか、ぼんやりと１点を見つめ、心身に栄養を行き渡らせるイメージで深呼吸を１回します。
3. ３つ数えながら鼻から息を深く吸い、下腹部、腰、骨盤、骨盤底、そして回転するルビー色のルートチャクラの輪に向けて息を吸い込みます。
4. お尻、脚、ふくらはぎ、足首、そして足の裏を通るイメージで、６つ数えながら息を吐き出します。実際には息はここまで届きませんが、エネルギーは届きます。
5. 下腹部、腰、尾骨、恥骨に向けて、３つ数えながら息を吸い込みます。６つ数えながら脚から足の先を通って、息を吐き出します。脚、とくに足の裏を流れるプラーナの微細な振動を感じ取りましょう。
6. ５～７回ほど、自分で呼吸を続けましょう。息を吸うたびに、自分の息とエネルギーが体内にある寺院へと戻り、下降していくのを感じてください。また息を吐くたびに、力を少しゆるめ、重力の流れに乗って地球のサポートに身を任せます。

内観ワーク

1. 「家」の定義を広げていく中で、あなたがもっとも落ち着く場所はどこですか？　また、誰と一緒にいるときがいちばん落ち着くでしょうか？

2. あなたの意識を「今」から引き離しているものは何ですか？　どんなことに気を取られているでしょうか？　SNS、テレビ、食べ物、アルコール、セックス、ドラッグなどでしょうか？　今この瞬間に、肉体そのものを通じて、感じることに抵抗がありますか？　あなたの気をそらすものは、物事への対処や癒しにどのように役立っていますか？　それは、本当に望んでいるものへとあなたを近づけていますか？　それとも、遠ざけていますか？

3. ここまで、あなたの身体的な欲求の源となる部分を見てきたので、次は非身体的（原始的）な欲求に目を向けてみましょう。例えば、安心感、帰属意識、地に足のついた感覚、交友関係などです。安全で、地に足がつき、支えられていると感じるために必要なものは何ですか？

4日目：ムーラダーラの体の祈り

大地に根を張れば張るほど、根はあなたの肉体へと食い込んできます。これこそが、ヨーガの実践がグラウンディングに非常に役立つ理由なのです。ルートチャクラに捧げる体の祈りは、ゆっくりとした一定のペースで行われます。すべてのポーズで、呼吸と土台（地に触れているものすべて）に集中しましょう。この動作は、脚と腰の流れを良くし、収縮性を高め、あなたが立っている地面とのつながりを強化します。必要があればご自身の体に合わせて内容を変更しながら、無理のない範囲で実践してみてください。

推奨される実践方法：写真を参考に、次の動作を左右それぞれ1〜3回ずつ繰り返します。また、www.chakrarituals.com. では、動画を見ることもできます。

立ち上がり、脚を腰幅に広げ、腕は横におろし、手のひらを前に向けてください。

1

息を吸いながら、膝を曲げ、両手を腰の上まで上げます。息を吐きながら、手のひらを下に向け、腕を力強く押し下げて、膝をまっすぐ伸ばします。これを3回繰り返します。

2

足を外側に45度開きます。息を吸いながら、両手を胸に当てます。息を吐きながらスクワットをして、手のひらを押し出すように腕を伸ばします。これを7回繰り返します。

3

息を吸いながら、腕を頭上に伸ばします。息を吐きながら、花輪のポーズ（マーラーサナ）。それから息を吸います。

4

息を吐きながら足を平行にし、脚をまっすぐ伸ばしたまま上半身を前に倒します。

5

左脚を後ろに伸ばし、左膝を床につけます。息を吸いながら、ローランジのポーズ。

6

息を吐きながら、お尻を後ろにずらし、前脚をまっすぐ伸ばします。息を吸いながら、伸ばした膝をもう一度曲げ、ローランジのポーズに戻ります。5と6をさらに3回繰り返します。

7

四つん這いになり、息を吐きながら背骨を丸め、猫のポーズをします。

8

息を吸いながら背骨を伸ばし、牛のポーズをします。7~8の猫のポーズと牛のポーズを、さらに3回繰り返します。

9

息を吐きながら、ダウンドッグのポーズ。

10

マットの前方まで移動します。

11

息を吸いながら、ゆっくりとロールアップで起き上がります。

12

息を吐きながら、胸の前で合掌します。

5と6の動作は、反対の脚でも行ってください。両脚で1セットとなります。

内観ワーク

1. 第1チャクラの体の祈りの体験はいかがでしたか？　このように体を動かすことを、どのように感じましたか？　また、体はどのように感じたでしょうか？　強く、安定していると感じましたか？　それとも、きついと感じましたか？　開放的、あるいは不安でしたか？
あなたは、今日いた場所で自分自身を満たすことができましたか？
2. 現在のあなたと体との関係は、どのようなものでしょうか？　自分の体を愛し、尊重し、大切に育てていますか？　それとも、体を罰したり、酷使したり、無視したりしていますか？　体との関係は、これまでの年月の中でどのように変化してきましたか？
3. 自分の体をサポートするために、今日できる3つのことは何ですか？

5日目：瞑想――あなたのルーツを癒す

「あなたのルーツを癒す瞑想」は、あなたの始まりに敬意を払い、創造的に視覚化します。先祖代々のルーツを大切にすることで、私たちは自分という存在を高めることができるのです。これは、この地球における自分の居場所を見つけ、家系の中で自分の場所を認識し、より健全に成長し、根を強くし、真に自分の人生を生きるための絶好の機会なのです。

この瞑想では、あなたの生みの親である母親と父親を暗に呼び起こします。実の親に会ったことがなく、名前も知らない場合は、育ててくれた人を呼び起こしてください。もしあなたがご両親、あるいはどちらかの親と疎遠になっているとしたら、この瞑想は深い癒しにつながるかもしれません。何が起こっても、心を開いて受け入れることができるように最善を尽くしましょう。

1. 楽な姿勢で座ってください。座骨を床にしっかりとつけ、背骨をまっすぐに伸ばします。ルビー色のグラウンディングコードが、燃えている地球のコアの奥深くまで伸びていくのをイメージしてください。

2. 目を閉じて、深呼吸を3回します。鼻から吸って口から吐き、全身に栄養が行き渡るイメージで行いましょう。

3. 心の目で母親と父親を呼び、前に出てきてもらいます。そばに来て、一緒にいてくれるようお願いしてみましょう。

4. 目の前に立っているご両親を見てください。母親が左側に、父親が右側にいます。これまでの両親との関係がどうであったか、あるいは両親とずっと会っていないとか、存命なのか亡くなっているのかも、問題ではありません。あなたの前に立っているご両親を思い描いて、感じて、想像してください。

5. ご両親の存在を確認しながら、落ち着いた状態を保ちましょう。まずは父親だけを見て、彼のフルネームを3回繰り返します。目を見て、来てくれたこと、呼びかけに応えてくれたこと、そして人生を与えてくれたことに感謝します。深呼吸をして、すべての恐れや不安を、あなたを支えるルビー色のグラウンディングコードを通して下に放出します。感じるものすべてを受け入れましょう。

6. 今度は母親のほうを向き、目を見て、彼女の名前を旧姓で3回繰り返してみましょう。来てくれたこと、呼びかけに応えてくれたこと、そして命を与えてくれたことに感謝します。深呼吸をして恐怖や不安を、グラウンディングコードを通して下に放出します。再び呼吸をします。

7. ご両親に何か言いたいことがあれば、ここで少し時間を取って言ってみましょう。伝えたいことや聞きたいこと、お願いしたいことを、ここで伝えてください。この瞬間に起こっている癒しに、その規模に関わらず、心を開いていてください。グラウンディングコードを通して下に向かって放出し、深い呼吸をしましょう。

8. 目の前にいる、自分自身を見てください。自分の目を見て、「私は〇〇」という風に自分のフルネームを3回繰り返します。自分の存在を全面的に主張してみましょう。より多くの場所を占拠し、自分がどこからやって来たのかを誇りに思いながら、この世界で自分の居場所を主張している姿を見てください。最大限の強さ、パワー、そして輝きで、立ち上がりましょう。根が下に向かって、深く太く張っていくのを思い描いてください。枝が伸び、花が咲き、実がなり、まっすぐに勢いよく育っていき、天まで届くのです。「私は〇〇」という言葉の力と存在感を味わい、自分が何者であるのか、どこから来たのか、そしてこの地球に存在する権利があることを存分に主張してください。

9. 満足いくまで瞑想をしたら、紙とペンを手にとり、どんな体験だったのかを書き記しておきましょう。

内観ワーク

1. 家族は、私たちの最初の土台となるものです。育ててくれた家族や実母、保護者との現在の関係はどうですか？　その家族の一員であるように感じられていますか？　あるいは、自分という存在の根元に関わるこの関係の中に、修復や癒しを必要とするものがありますか？

2. あなたは、先祖からどのようなパターンや行動を受け継いでいますか？　それを癒したり祝福したりするために、何から始められるでしょうか？

3. セルフケアは贅沢をすることではありません。生き延びるためだけでなく、繁栄するために必要なものなのです。日々の生活に組み込むことができるセルフケアの儀式を、少なくとも3つ考えて、書き出してみましょう。

6日目：顕在化—アビヤンガ

根元的なレベルでの顕在化は、物理的に、触覚を通して、肉体を育むように体を触ることで、自分の肉体に戻ることを意味します。アビヤンガ（温かいオイルを使ったセルフマッサージ）を実践することで、組織や筋肉、皮膚に栄養を与えながら、自分の肉や骨に愛着を持って接することができるようになります。これは自分を愛し、受け入れるための重要なステップです。また、1本1本の神経の末端まで何層にもわたって保護され、コーティングされているかのようで、神経系が落ち着き、全身をリラックスさせることができるのです。

さらには、次のような効果も期待できます。

・血行が良くなる：関節や骨、内臓の動きを円滑にする
・健康を増進し、免疫力を高める
・「幸せホルモン」と呼ばれるオキシトシンを活性化し、喜びや満足感を向上させ、自分自身との絆を深める
・アンチエイジング：肌に潤いを与え、柔らかくする

このワークは暖かく、1人になれて、自分が心地よく過ごせ、誰にも邪魔されないような場所で実践してください。また、油分で多少ベタベタしてしまうので、アビヤンガ用のタオルを1枚、用意することをお勧めします。

1. オーガニックオイルを1つ選んでください。ごま油、ココナッツオイルやサンフラワーオイルなどがお勧めです。
2. 1/2カップのオイルをストーブの上で数分温めます。温かいと感じる程度に温め、熱すぎないようにしてください。ストーブがない場合や、このステップを省略したい場合は、手のひらでオイルをこするようにして温めてください。
3. 少量のオイルを手に取り、優しく、でもしっかりと体をマッサージしてください。私はいつもお腹から始めて、大きな円を描くようにして、子宮と愛あるコミュニケーションを図ります。
4. 次にバストに移り、胸を両方向に数回、円を描くように回します。
5. 続いて首、肩、腕、手首、手のひら、指の1本1本に至るまで、ポジティブな気持ちと愛おしく大切に想う気持ちを込めて、マッサージしていきます。
6. 次に背中へと移り、腰、背中の真ん中、腎臓、お尻へと移っていきます。
7. お尻から脚へと続いていき、足首と足先まで行います。関節を中心に円を描くようにさすり、また末端である足先までは長いストロークで、上下にさすりましょう。足の裏には多くの神経終末とマルマ（エネルギー）ポイントがあるので、とくに丁寧にさすってください。大地とつながるために

使うのも、こういった神経やツボなのです。

8. マッサージを続けながら、ヒーリングをする意識で、体にあるすべての凹凸や曲線、骨、しわ、傷跡などに手で触れ、敬意を表しましょう。この体が寺院であり、神聖な場所であるという認識を、心身に刻み込みましょう。

9. 全身にオイルが行き渡ったら、5分から15分ほどそのままにしておきます。これは省略できないステップです。こうすることにより、オイルが組織の奥深くまで浸透していきます。このタイミングで、下降の呼吸を数回行ったり、体への祝福の言葉を繰り返したり、時間に余裕があればお風呂に入ったりしましょう。

10. 体が今日してくれたこと、自分を運んでくれたこと、自分を鍛えてくれたことに感謝しましょう。その回復力と常に変容する美しさに、畏敬と感謝の念を抱きましょう。この体が自分のものであることへの感謝で、自分自身を満たしましょう。

11. お風呂場に飛び込み、シャワーで体に残ったオイルを洗い流すか、贅沢にお風呂をわかして、ゆっくり浸かりましょう！

週に2～3回実践して、自分の肌を好きになっていく様子を観察しましょう！

内観ワーク

1. 初めてのセルフラブ・マッサージをしてみて、どのように感じましたか？　このように自分の肌や体に触れてみて、どのように感じましたか？　体の中で、自分自身を感じ取ることができましたか？　筋肉の痛みや、痛みを感じる箇所はありましたか？　あるいは、新しく感謝の気持ちが湧いた箇所はありましたか？

2. あなただけの、体への祝福の言葉を作ってみましょう。参考までに、私がいつもかける言葉は、「母よ、私は美しくすばらしく創られていることに感謝します。この体は最高です！」です。足元から始めて、上に向かっていき、全身に広げていきましょう。この姿、形でいられる喜びを、今一度感じましょう。

3. 女神カーリーは私たちに、恐れを解放し、祝福に変えるよう促しています。あなたがためらう理由は何でしょうか？　また、もっとも恐れていることとは何ですか？　そして、それがどのようにあなたの人生を妨げているでしょうか？
自分自身の恐れをよく見てみてください。その恐怖の根底には何がありますか？　その恐れがどこから来たのか、辿ることはできますか？　その恐れが現実になったらどうなるか、起こりうる最悪の事態を考えてみてください。この恐怖を祝福へと変容させるために、カーリーに差し出せますか？

7日目：ルートチャクラから学んだこと

・あなたの体と心は寺院です。
・自分のルーツに目を向け、尊重しましょう。
・セルフケアは贅沢ではなく、生きていくうえで必要なものです。
・母なる大地は、あなたの帰る場所です。
・あなたを縛り、小さく振る舞うようにさせている恐れを、母なるカーリーに委ねましょう。
・カーリーは、原初のワイルドウーマンです！

第1チャクラで私たちは、自分の体の見方や感じ方、捉え方を変え始めました。思いやりと優しさ、自己愛を持って体を祝福する文言を作り、セルフケアを高め、生存のための欲求を尊重することで、安全で、強く、神聖な環境を作り、自分の家に帰ることができるようになりました。この土台ができたことで、私たちは「自分の愛おしい場所」をより深く所有することができ、この女性らしい体がもたらす力、魔法、そして喜びを真に体験することができるのです。

今日は、振り返りと休息の日です。このチャクラの章から、あなたが得たもっとも重要な学びは何だったか、少し時間をかけて振り返ってみてください。この章で1つだけ覚えておくことがあるとすれば、それは何でしょうか？　旅を続けるにあたって、覚えておきたいことを1つ、書き留めておきましょう。また、前日までのエクササイズやワーク、解説を復習する絶好の機会でもあります。

これまでに経験したすべての痛みとすべての喜びを、
あなたという非常に深い海の波として考えてみましょう。
深いところからその波を目撃します。
勇敢にうねり、常に変化し、その自立した力は美しいです。
あなたはかつて、
この海の表面だけを自分と同一視していたことに驚嘆します。
今、波、深さ、海底の山を抱きしめて、
もっとも遠い海岸まで行きましょう。

――『The Radiance Sutras』：スートラ１３６

第4章

私の愛おしい場所
第2チャクラ

私たちの意図の種が大地に植えられた後、その成長を助けるためには水が必要です。そこで、水のエレメントに関連する第2チャクラ、スヴァディシュターナ・チャクラをご紹介します。「スヴァ」は「自分」、「スヴァダ」は「甘美」、「アディスタ」は「自分の存在が確立される場所」を意味します。女性の内側にあるプライベートで特別な場所、つまり子宮、セクシュアリティ、官能性、そして快楽をもたらすものを表しています。

女性としてあなたはダイナミックで、官能的で、喜びに満ちた存在として設計され、プログラムされています。女性の体は楽しむためのものであり、それは神聖な、生まれ持った権利なのです。しかし、社会や宗教、家族、友人などを通じて、何かのきっかけで、自分の体、快楽と欲求への渇望、感情の高まり、そして聖なるセクシュアリティというもっとも自然なものを閉ざしてしまったかもしれません。あるいは、罪悪感や恥、自分の性的選択や指向に対する他人の反応や、肉体的、感情的、性的トラウマなどが原因で、閉ざしてしまったかもしれません。トラウマや虐待ほど、神秘の水を急速に凍らせてしまうものはなく、生命力を弱らせ、動きや流れをせき止め、肉体感覚を麻痺させてしまうのです。

この章では、個人的なことやタブーとも言える領域に踏み込んでいくので、居心地が悪く感じる人も中にはいるでしょう。その場合は、ぜひ自分に問いかけてみてください。「私は生き生きと生きることを、どれほど待ち望んでいたか?」と。私たちが仙骨の領域全体に出会い、その部位を名付け、探究し、そのエネルギーを優しく見守るように、私はあなたを支え、愛情を持って導くことを約束します。ここでは通過儀礼や神秘なる性について考え、感情が流れ出るのを阻止するために私たちが作ったダムを、壊す作業を行います。同時に、儀式の実践をすることで、あなた自身の女性性に触れ、調和し、本来の姿を取り戻すことを保証します。そうすることで、スヴァディシュターナの甘美を味わうことができるはずです。

水のチャクラ構造

　第1チャクラを思い出してみてください。中心となるシンボルは正方形でした。幾何学的な形の中でもっとも安定した形である正方形は、私たちにしっかりとした構造と土台の強さを与えてくれます。安定感のある第1チャクラから順番どおりに見ていくと、ここで扱うチャクラの中心となる形は、円です。円は安定しておらず、自由で流動的。また女性性や、生命の絶え間ない流れと循環性を表しています。円は私たちを、満ち足りた月へとつないでくれます。月はスヴァディシュターナが支配する天体なのです。

　月は潮の満ち引きや、体の内外を流れる聖なる水に影響を与えるため、水はスヴァディシュターナのエレメントなのです。月の色は、鮮やかなオレンジ色に描かれます。赤（ルートチャクラの色であり、月経に見られるように女性性の象徴）と黄色（次のチャクラの色で、火や力を象徴）も混ざっています。

　円の中には銀色の三日月が描かれていて、これは満ち欠けによって変わる月の形と、常に変容を続け、表情が日々変わる女性の顔を表しています。この銀色は、月の光を受けて注がれ、私たちに栄養を与え回復させる「ソーマ」や、美しさと不死の霊酒「ネクター」を表しています。またこの色は、生殖のための分泌液を表してもいます。豊穣と愛の女神ラクシュミーが、あなたの第2チャクラにある、6枚の花びらを持つ蓮の中心に座っている姿を想像してみてください。

聖なる水

　私たちは皆、水と特別な関係にあります。それは私たちが胎液から生まれ、最初の9か月間を母親の子宮の中にある、創造の水の中に浮かんでいるからかもしれません。水は女性的であり、流れ、感じるものです。蒸発して蒸気になったり、凍って氷の塊になったり、抵抗がもっとも少ない道を辿るその性質から、地面に合わせて形を変えたりと、柔軟で適応性があり、その形を絶えず変えています。水の本質は動くことであり、その動きによってすべての生命を創造し、維持し、支えているのです。水の動きを考えれば、波は巻いては砕け、川は急流を伴って流れ、潮溜まりはぐるぐると渦を巻き、滝は流れ落ち、湖やプールは循環します。月に支配されている水は、私たちと同じように常に変化しているのです。水は、私たちが矛盾した存在であることを教えてくれます。柔らかさと激しさ、穏やかさと騒々しさを持ち合わせ、滑ったり浮かんだりしたかと思えば、優しく運ばれたりすることもできるのです。水は、私たちには大きな石を砂に変える力があることを教えてくれます。

　私たちの本質は、水のようなものです。肉体の60～70％は水でできており、水は細胞や血液を満たし、関節や椎間板、脳などの動きを潤滑にし、保護しています。泣くことで体の中から不要なものを排出し、唾液を出して消化を促し、汗をかくことで体温を調節しています（※1）。肉体が機能し、健康を維持するためには、水と同じように動きと流れが必要なのです。水が循環せず、動かないとどうなるでしょうか？　バクテリアや藻類が発生し、蚊が卵を産み、悪臭が漂います。動きがなければ水は、生きる力を与えるものから、病気が蔓延する原因へと様変わりしてしまうのです。水が流れていないと、私たちの体にも同じようなことが起こります。組織に詰まりが生じ、体がこわばり、関節や筋肉に痛みが生じ、感情が凍りつき、創造的な生命力が阻害されます。

※1　U. S. Geological Survey, "The Water in You: Water and the Human Body," Water Science School (website), https://www.usgs.gov/special-topic/water-science-school/science/water-you-water-andhuman-body?qt-science_center_objects=0#qt-science_center_objects.

チャクラ早見表

名前	スヴァディシュターナ	種子音	ヴァム（VAM）
意味	私の愛おしい場所 自分の場所に立つこと 女神の住処	母音	ウー（OO）
体の部位	仙骨の中心（おへそと恥骨の間の下腹部）	エネルギーの特質	感情、感覚、欲望、セクシュアリティ
エレメント	水	アファメーション	私は感じます。 私は自分の女性性の力とのつながり、生命の流れとのつながりを感じます。 私の体は、快楽で満たされています。 私の人生に快楽を受け入れます。 私は欲望の波を受け入れます。 私は自分の感情の波を尊重します。 私は性的な力に触れ、調和しています。
色	オレンジ		
感覚	味覚		

関連する体の部位	お尻、仙骨、下腹部、腰、性器、内股、膝（の動き）、大腸－体内に水分を吸収して戻す、水分補給、膀胱、腎臓、尿路、生殖器系全体；子宮、卵巣、卵管、睾丸、生殖器、すべての生殖液
欠乏している場合の影響	体や心が硬直する 動きがない 乾燥する、感情が麻痺する、無神経になる、不感症になる、オーガズムを感じない 女性性や女性的な力とのつながりを失う、生きることへの欲がない 欲望・情熱・快楽がない 創造力が乏しくなり、停滞する 変化することに恐怖を感じる
過剰な場合の影響	セックス中毒になる、性を盾に相手を操作する、ほかの目的がある性的行為をする、感情的依存 過敏になる、感情に支配される、気分障害になる、境界線が曖昧になる、落ち着きがなくなる 性の神聖な部分とのつながりを失う 飛行機から飛び降りるといった過激な体験を求める、常軌を逸した不要なリスクをとる、何かを感じようとして性的行為をする（これは食べ物やセックス、アルコール、薬物に関連する依存症につながる可能性があります）
調和のとれた状態	感情的知性が高まる 瑞々しく魅惑的、豊かで神聖なセクシュアリティ 流れに身を任せることができるようになる 流動的で優雅な動きになる 人生がカラフルで鮮やかになり、意味が感じられ、楽しめるものになる

私の愛おしい場所との出会い

私は膣という言葉が好きではありませんでした。冷たくて、臨床的で、生気がなく、活力も情熱もない。セクシーさも力強さもなく、私の視点からは、体のこの部分を神聖なものとして見ることができず、むしろ分離につながっているほどです。道教の言葉に、「智慧の始まりは、物事を正しい名前で呼ぶことである」というものがあります。「ヨニ」という言葉と、その多層にわたる意味を知ったときに初めて、自分の体のその部分を指す、正しい名前を見つけたと思いました。

「ヨニ」とは、サンスクリット語で「子宮」「起源」「創造の大釜」を意味します。ヨニは単なる「膣」を意味する言葉ではなく、女性の生殖器系全体、つまり第2チャクラが司る体の部位全体を指すのです。サンスクリット語では、言葉の奥の奥にある意味まで理解するために、1文字1文字を自分で吟味します。私は、この1文字1文字を見ていく作業を通して、ヨニに関する強力な「秘密」の教えを学び、生殖器系との関係が一変しました。ルーファス・カンプハウゼンは、すばらしい著書『The Yoni: Sacred Symbol of Female Creative Power（※2）』の中で、文字通り説明しています。

Y＝生命の源、ハート、真の自己、調和
O＝保存、明るさ
N＝月の周期、受胎能力、母性、蓮、裸、真珠
I＝愛、欲望、痛み、悲しみ、輝くこと、ソーマ

この総体的な定義は、ただの「膣」という言葉よりも見事な象徴となり、深みや感覚、よどみない流れを十分に表しています。カンプハウゼンの「ヨニ」は、「つながり」、「輝き」、「母性」、「愛」、「シャクティ」といった女性の神聖なイメージを呼び起こします。また、スピリチュアルな旅路、豊かな感情の幅、ヨーガの本当の意味、つながり、女性の人生に何度もある始まりの周期についても物語っています。「ヨニ」は単なる性器の呼び方ではありません。この言葉を通じて女性の体の力と秘められた可能性、その神秘、そして第2チャクラの知性を、統合的に理解することができるのです。まだこの言葉にピンとこない人も、定義する

ことを試みてください。手を自分のヨニ、子宮へと持っていき、再定義してみましょう。時間をかけて、それぞれの言葉に深く息を吹き込み、自分がどのように感じるか、自分の女性的な力とどのようにつながるかを、感じてみてください。

※2　Rufus Camphausen, The Yoni: Sacred Symbol of Female Creative Power, (Rochester, VT: Inner Traditions, 1996), 3.

ライク・ア・ヴァージン

この有名なマドンナの歌を、誰もが知っていることでしょう。初体験のぎこちなさ、居心地の悪さを誰もが覚えているはずです。しかし、もし私たちが誤解していたとしたらどうでしょう？「処女」という言葉の本来の意味は、セックスとは無関係だったのです！そもそも「処女」とは、男性と結婚していない、男性に所有されていない、男性に奪われていない、主権のある女性を指す言葉だったのです。その意味では、処女とは自由で、自立していて、あるがままで、気ままな――神聖な女性性のすべての側面なのです。第2チャクラは、女性の体と精神をともに癒すためには、処女性を取り戻すことが必要だと教えています。

「いったい全体、どうすればそんなことができるの？」と思われるかもしれませんが、急いで離婚をしたり、禁欲主義に徹したり、過去のパートナーを記憶から追い払ったりする必要はありません。処女になるということは、自分自身と自分の体の所有権を取り戻す行為であり、自分に、自分の体に、もう一度宿ることなのです。女性の中には、肉体的なトラウマやヨニの大手術、出産、授乳、古い文化的・宗教的信念、性的トラウマなど、さまざまな理由で、自分の体に対する権限を感じられず、体が自分のものであると思えない人がいます。スヴァディシュターナが示す「私の場所」に立つためには、自分の体がほかの男性や女性、コーチ、上司、親、自分が産んだ子ども、今授乳している子どものものではなく、「私だけのもの」だということを忘れてはいけないのです。

この意識の矯正は、性的または感情的な境界線を侵害され、所有権を取り上げられ、この意味での処女性を奪われたすべての女性にとって、自分の力を取り戻すために不可欠なことです。これは自分自身を虐待したり、無視したりしてきた女性にとっても（そのような経験を誰もがしているのではないでしょうか？）同じように重要です。

処女に戻ることは、主権を持つワイルドウーマンになることを意味します。この章で紹介する方法を使って、自分が本来持っているものを自分のものにし、自分の体に宿り直すことができれば、癒しの花が咲き、自己愛が深まり、感覚が戻り、健全な境界線ができます。継続的に実践することで、体のパワーと喜び、生きている実感が回復してくるでしょう。

通過儀礼

処女に戻り、ヨニの知恵を解くと、自分の仙骨の中心と肌に、自然と心地よさを感じることができるようになります。またこの新たな理解と顕在化を通して、私たちは4つの通過儀礼をより簡単に通り抜け、尊重することができるようにもなります。4つの通過儀礼はすべてヨニと第2チャクラに関わるもので、そのうち3つは女性特有のものです。これらの通過儀礼は、私たちがワイルドウーマンとして自己実現をしていくための、道しるべです。全員がすべての儀礼を経験するわけではなく、また同じ順序で経験するわけでもありませんが、それぞれの儀礼は自己探究の旅の入り口であり、それ自体が聖なるものに値するのです。

儀礼を年代順に追っていくと、多くの女性は月経が始まることで、女性としての人生が始まり、女性になるプロセスを歩み出します。性的に成熟すると、次なる儀礼として最初のセックスを行います。

水とつながるために

・水の中でリラックスしましょう。（海、湖、プール、川、お風呂、シャワー）
・水が緊張やネガティブな感情を洗い流し、肌や髪に優しく触れるようにあなたを癒し、元気にします。水の感触はどうですか？　水の中で体を動かしてみて、その感触はどうでしょう？

- 水の音――砕ける波、滝、雨、流れる音に耳を傾けましょう。
- もっと水を飲みましょう。
- 水のように動く：波のように流動的に、骨盤を前後に揺らしたり、腰や肩を回したり、口を大きく開けたり、全身を振ったりしましょう。

その後は豊穣の時代に入っていき、子ども、ビジネス、曲や本などあらゆる創造的なプロジェクトを、比喩的にあるいは文字通りに生み出します。

そして最後の儀礼は、閉経を迎え、生理周期が終了し、賢い老婦人になることです。皆さんがこれらの儀礼すべてに関係しているとは限りません。というのもあなたの年齢や、経験してきた儀礼によって変わってきますし、さまざまな理由により月経がない女性もいるからです。もっとも重要なことは、出血するかしないかに関わらず、女性としての人生にはいくつもの「始まり」があり、段階ごとに受け入れる必要があるということです。これらの儀礼を振り返るとき、私たちは自分自身の体験とこれからの変遷について、本当はどう感じているか考える機会を与えられます。つまり今日において、必要なものを尊重し、癒し、第2チャクラの輝きを取り戻すチャンスを与えられているのです。全員がすべての通過儀礼を経験するわけではありませんが、だからといってあなたや私が女性として劣っている、ということはないでしょう。そんなこと、あるわけがありません！　あなたが女性としての旅路のどこにいようとも、その期間は神聖なものです。私の場合、最初の通過儀礼と深く向き合うことで、癒しを得ることができました。

14歳になる前の私は、いつかオリンピックに出ることを夢見る体操選手でした。生理が来るということは、体が変化し、体脂肪が増えすぎて十分な高さでジャンプをしたり、体をひねったり、跳ねたりすることができなくなることを意味し、それは選手としてのキャリアの終わりを意味しました。90年代初頭の体操選手のキャリアは16歳まで、つまり体が女性らしく成熟し始める頃には終わるのが普通でした。母が巨乳なこともあり、私も母のような胸になるのではないかといつも恐れていました。というのも、それもまた私のキャリアを台無しにするからです。現実を認めたくなかった私は、もっとトレーニングをしたり、もう少し体脂肪を減らしたりすれば、生理周期がなくなるだろうと思っていました。

月経が始まっても、誰にも言うことができませんでした。家族にも、親友にも。下着にティッシュを詰め込み、誰もいない頃を見計らって母の洗面所のクローゼットから生理用品を盗んでいました。汚れたものは恥ずかしいので捨て、生理が周期的に来る自分の体を呪っていました。月経がパワフルな通過儀礼であり、尊重されるべき聖なる瞬間だということが理解できていなかったのです。今では、月経は私のパワーの象徴であり、創造的な生命力のエネルギー、シャクティのエネルギーであると理解しています。生理周期の始まりは、何かを生み出し、創造する力があることを示すサインなのです。

西洋文化の多くは、この通過儀礼を失っていると思います。その本当の意味を理解していない若い女性たちは、自分の体を恥じ、汚いと感じ、困惑しています。この恥ずかしさのために、女性たちは生理が来ないように薬を飲んだり、器具を使ったりしているのです。社会は経血が持つ力と、神秘的な性と女性性のパワーとのつながりを学ぶことはせずに、女性たちに、女性として生きる現実を隠すことを強要したのです。

自分自身の聖なる女性性を癒すために、私が自分の月経との関係を見つめ直したのは、30代後半になってからでした。私はまず言葉から始め、感受性が高まる生理期間中に、自分の生理や自分自身について、どのように話しているかに注目しました。さらには、生理中に自分自身のことをどのように扱っているかにも、着目しました。生理をなかったことにして押し通すのではなく、より優しいアプローチを取るようにし、タンポンやナプキンをやめ、代わりに月経カップを使うことで経血との関係を築いていきました。やがて私は、経血の色の深く大胆な豊かさと、その力強さを愛するようになり、それを私の中に流れている生命の力と見なすようになりました。この行為が、私にとってすべてを変えました。自分の血や体を、呪いや汚いもの、嫌なものとしてではなく、純粋なシャクティ、純粋な生命力、純粋な知性、純粋な美しさとして捉えるようになったのです。月経の神秘と、経血の持つパワーを、このとき初めて実感しました。私はもう恥ずかしくなく、今、この力を祝福しています。このパラダイムシフト、視点の変化は、私の女性らしさを目覚めさせ、性的および創造的な資質へのつながりを確立するための大きなステップでした。
「内観ワーク」のセクションでは、あなた自身の通過儀礼と、そのときの気持ちを掘り下げることができます。また、自分だけの通過儀礼を作ることもできます。

エネルギーの動き

第2チャクラの目的の1つは、感情を抱き、処理し、すべての感情が「動く」、その帯域幅を広げることです。さらには、生命力が持つあらゆる味わい、風味を堪能するために、より洗練された、微細な味覚を発達させることとです。すべての感情は純粋なシャクティ、純粋なエネルギーであり、ポジティブでもネガティブでもなく、生命力の異なる性質を表しています。感情という言葉の語源はラテン語の〝mot〟で、「動く」、「外に出る」という意味です。感情は私たちに、感じてほしい、経験してほしいと望み、もっと動きたい、踊りたい、水のように流れたい、と思っているのです。問題は、私たちの多くがこの流れに抵抗していることです。私たちは、生命エネルギーの波乗りを楽しむのではなく、感情を抑圧したり、否定したり、潜在意識や体の組織の奥深くに埋めてしまうのです。それには理由があります。私たちの住む社会では、このエネルギーの動きが尊重されていません。むしろ、無感情であることが、成熟した強さの証だと考えられています。それが無関心や疎外感、分離を生む一方で、健全な感情表現は、私たちに顕在化やつながり、力をもたらします。

感情の波に乗り、流れを味わうことを拒絶する社会では、感情的知性を欠き、自分自身や人生の楽しみとは無縁になってしまう危険性があります。そうすると私たちは、本当の感情や情熱、色を持たない、グレーゾーンで生きるようになります。つまり、自分が何を求めているのかを認識する能力が失われていくことで、無感覚でいることが心地よくなっていくのです。ものすごく良いことも、ものすごく悪いこともない、「まあ、別にいいか」というような、ぼんやりした感覚です。誰かに「お元気ですか」と聞かれたら、たいてい「元気です」と答え、何が欲しいかと聞かれれば、答えはたいてい「わからない」、「何でもいい」、「どうでもいい」になるのです。

　あなたもどこかの時点で、無意識にあるいは意識的に、感じることを閉ざしてしまったかもしれません。それは、ひょっとしたら安全ではなかったからかもしれないし、受け入れられないことを恐れたからかもしれません。あるいは、小さいときに「女の子なんだから良い子にしていないと」と教わったからかもしれないし、「本物の女性は怒らないものだ」と言われたのかもしれません。いずれにせよ、あなたがそのような行動をとった理由は、「生理中だから」だったはずです。自分の感受性や傷つきやすさ、感情の幅広さをスーパーパワーとして評価するのではなく、多くの人がそれを弱さとして拒絶してきました。また、「泣くことはないよ」、「お姉ちゃんのことをそんな風に思ってはいけません」とか、「もういい加減にしなさい」などと言われ、自然な感情を否定されたこともあるかもしれません。そうすると、自分の感情を信じられなくなり、流れるどころか固まってしまうのです。動きや感情の流れを止めても、エネルギーは魔法のように消えるわけではありません。どこかに流れていかなければならないので、鎧のように体を覆ったり、首、顎、胸、腰、腹部など、特定の部位に日常的な症状として現れたりするのです。

　感情を抱き、これからも続く人生の流れにどっぷりと浸かることは、ひどく勇気がいることかもしれません。感じることは、生きていることの激しさに寄り添うことです。人間として生きる喜びと恐怖、痛みと快楽、悲しみと恍惚。これらを味わうためには、自分が作ったダムを壊して、感情を流すことが必要なのです。画家が傑作を描くためには、虹のすべての色を使わなければならないように、私たちの輝かしい自己は、幸福感と絶望感、悲しみと愛という酸素の中で成長するのです。

　ヨーガには、「ラサ」という美しい言葉があります。「ラサ」は人生のエッセンスであり、活力であり、味わいです。すべての感情は9つのラサから生まれており、その9種類の味とは、私たちの感情のパレットを彩る、愛、喜び、悲しみ、怒り、嫌悪、畏怖、恐れ、勇気、そして平和です。感情と同じように、ラサにも善悪はありません。それぞれが独自のスパイスであり、すばらしいメッセージを伝えています。私たちは感情のビュッフェの中から、好きなものだけを選ぶことはできないのです。その代わりに、それぞれの感情、それぞれのラサがもたらすギフトを、敬意を持って受け取ることを学ぶのです。

私たちは、悲しみを幸せに変えようとすることで、失敗してしまうことがあります。悲しみを幸せに変えようとするのではなく、悲しみが感じられることを喜べたらどうでしょうか？　感情から逃げずに感じることができるということは、人間性の完全な顕在化に向けて進んでいるということであり、それが成功の証だとしたら？　すべての感情は、自分の体や思考、魂について伝えるエネルギーであることを知っているワイルドウーマンは、悲しみの中に入っていくことを自分に許し、その悲しみが自分自身について何を教えてくれるのかを学びます。ストーリーではなく、感情そのものに入っていくことで、変容できるのです。

感情はすべて必要であり、不快なものであってもいいのです。感情的知性が十分でないと、何が自分に喜びをもたらすのか、実際に自分がどう感じているのかがわからなくなります。自分が何に情熱を持っているのかもわからなくなり、境界線が曖昧になり、他人と親密に深くつながったり、本当の愛を見つけたりすることができなくなるのです（※3）。

※3　Karla McLaren, The Language of Emotions (Boulder, CO: Sounds True, 2010), 29.

欲望と豊かさを受け入れる――女神ラクシュミーに会う

欲望という言葉を聞いて、あなたの心と体には何が思い浮かびますか？　目がきらきら輝き、体がぞくぞくして、想像が勢いよく膨らみ、快楽と情熱の世界へと飛び込んでいきますか？　欲を持つことに、罪悪感や恥ずかしさはありませんか？　欲望は、超越すべきものだと考えていますか？　言い換えると、欲望を不快で邪悪なものとして捉えていますか？　それとも、癒しであり、意味があるものと捉えていますか？　もしくは、その中間でしょうか。

世の中、とくにスピリチュアルな世界では、欲望をめぐって多くの混乱が生じています。欲望はネガティブな視点で見られたり、低いバイブレーションとして見られたりします。「精神的に成熟していたら、欲望を持たなくなる」と言う人もいます。最近、あるスピリチュアル・ティーチャーの話を聞く機会があったのですが、その方は冗談交じりに、もし私たちが本気でヨーガの道を志すなら、欲望を司る脳の部分を突き止め、それを「殺してしまえばいい」と言っていました。その考えは少し攻撃的で、ヨーガとは正反対のように思えます。ヨーガが真の統合と全体性を目指すものであるならば、なぜ自分の一部を殺したいと思うのでしょうか？　精神に戦争を仕掛け、さらに何かを否定したり、抑圧したり、殺したりするのではなく、欲望とまったく新しい関係を築きましょう。それは、目的と方向性を明確にし、向上させ、活性化させるものです。欲は、火（第3チャクラ）を熾すための燃料として働き、私たちの人生をガイドし、悟りへと導く指針となります。自分が感じていることや欲しいもの、必要なもの、ハートが求めているものとつながると、生き生きとしてきて、人生に彩りと意味が生まれ、その甘美を味わうことができるようになります。すると、あなたの欲は、あなたの思考、体、ハート、魂のもっとも深いレベルを癒し、栄養を与え、糧となり、次のセクションで触れるように、神へと続く扉となるのです。この欲望の新しい捉え方は、私たちの成長を妨げるものではなく、本来のセルフケアの形なのです。

この新しい考え方を受け入れるために、ラクシュミーとして知られる神聖な女神のエネルギーを呼び起こしましょう。ラクシュミーは官能の女神であり、私たちの女性としての本質を再び目覚めさせてくれます。彼女は快楽の権化であり、無限の喜びでもあります。あらゆる形の豊かさであり、さまざまな欲望を体現しています。ラクシュミーは、神々によって1000年の歳月をかけて、海のミルクの中でかき混ぜられて生まれました。彼女が生まれたミルクは、地球のすべての生命を存続させる甘美であり滋養、力であると言われています。

　ほかの女神と同じように、ラクシュミーもさまざまな姿形をしています。ここでは、8本の腕を持つラクシュミーを想像してみましょう。いくつかの手には、この世の充実と魂の解放への道を表す蓮の花を持ち、ほかの手では、奉仕と豊かさのムドラーを行い、それは私たちを保護し、恐れずに一歩ずつ進んでいけるよう道を照らし、祝福しているのです。彼女はまた、ソーマとして知られる霊薬を満たした聖なる器や壺も持っています。ソーマは神々の霊酒であり、不老不死の薬です。ラクシュミーのソーマは、蜂蜜のように濃くて甘い、黄金の液体のようなものだと想像できます。それをあなたの中に注ぎ込み、頭頂から流し、全身に浴びさせようとしているのです。あなたはラクシュミーに、何を満たされ、注がれ、何によって育まれたいでしょうか？　自分の欲望を正確に認識することで、ラクシュミーの力を解き放ち、滋養で満たすことができるのです。

　ラクシュミーが生まれた聖水の中に深く潜っていくと、さまざまなタイプの欲が見えてきます。これらは、ラクシュミーの8本の腕に象徴的に集約されており、それぞれが神の異なる側面と欲望の異なる側面を表しています。すべての欲はこの8つの資質から生じるとも言われており、これらを楽しみ、味わえるようになると、私たちは神と融合し、ラクシュミーの資質と統合することになるのです。この8つの資質、8つの欲望とは、「知識」「主権」「エネルギー」「強さ」「活力」「輝き」「贅沢」そして「自由」です（※4）。

※4　2019年11月に開催されたローリン・ローシュ氏のワークショップ「Radiance Sutras Meditation Teacher Training Lecture on Desire」より

それぞれ、見ていきましょう。

知識：知ること、学ぶこと、理解すること、見ること、そして自分の本当の道、あるいは「ダルマ」を知ることへの憧れと渇望。

主権：自分の領域の統治者になるための力、自分の内側と外側両方の景色に対する権限を持つこと、自分の国の女王になること。

エネルギー：肉体的エネルギー、性的エネルギー、感情的エネルギー、知的エネルギーなど、あらゆる形のエネルギーを求めること。

強さ：心身ともに、自分の力を感じていたいと望むこと。人生の荒波を乗りこなし、乗り越えるための精神的、肉体的、感情的な強さを持つこと。生きるだけではなく、成長し変容するための力。

活力：喜び、楽しみ、熱狂、歓喜を切望すること。人生の激しさと、この肉体で生きることのエクスタシーを受け入れること。人生の激しさや、生きることへの活力を最後に感じたのはいつですか？

輝き：自分の輝きを最大限に増すことへの渇望、すばらしさを感じること、人生の壮麗さと身の回りで起きる魔法のような奇跡の一部となること。

贅沢：時間、空間、お金などの贅沢な生活への欲求、人生のすばらしさを堪能すること、健康な体と健康な心を楽しむこと。

自由：自分の心に巣くう魔物、制限された考え、自分の小ささから自由になりたいと願う気持ち。拡大する自由、限界も制限も知らない自分の純粋で無限の潜在能力につながること。

欲望をこのように捉え、受け入れると、私たちのエンパワーメントのための燃料となります。これら1つ1つが、人生の甘美とパワーから真に栄養を得るための方法なのです。今、あなたの前に立っているラクシュミーが、器に入った霊薬を差し出しているところを思い浮かべてください。それがあなたの上に注がれ、すべてのチャクラを満たし、体のすべての組織、細胞、器官に栄養を与えることを許可しましょう。知識、主権、エネルギー、強さ、活力、輝き、贅沢、そして自由に、満たされているのを感じてください。神聖な霊薬と欲望に浸り、それがどのように自分を癒していくのかを観察しましょう。深く息を吸って、深く息を吐き、ラクシュミーの種子マントラであり祈りであるshrim（発音はシュリーーーム）を3回復唱してください。

性の癒し

ここでは、セックスについて話しましょう。さまざまな欲望と同様に、セクシュアリティも社会的にはタブー視され、否定的な目で見られています。しかし私はあなたに、目を閉じて深呼吸をして、自分自身の肉体がどう感じているか気づいてほしいのです。皮膚には電気が流れ、組織はハミングをして歌い、生きていく上でずっとともにある、活力あふれる細胞の音が聴こえませんか？　あなたはとても敏感で官能的な生き物で、自分の快楽のためだけに機能する場所が体の中に隠されているのです。あなたの神経系は喜びのために配線されており、快感は薬なのです！　快感は、体に蓄積された古い痛みの記憶を消すのに役立ちます。ジャッジの世界からエクスタシーの世界へと連れていってくれ、このエクスタシーの世界へは、体と身体感覚を通じて入ることができるのです。感覚は、快楽に続く門です。感覚を呼び覚ますと、肉体が活性化してスイッチが入り、あなたは目覚め、神と交信することさえできるようになるのです。肉体的な感覚との健全なつながりは、神秘なる性との結びつきを取り戻してくれます。この喜びは、自分自身との深い親密さにつながり、その自分自身との一体感から、聖なるセクシュアリティが生まれるのです。これは、私たちがこれまで探究してきた、体、ハート、感覚、魂のつながりから始まるのです。タントラの視点では、セックスはただするだけのものではありません。性的エネルギーは、あなたの中にある強力な創造力であり、生命を生み出すものだと考えられています。神秘なる性とは、あなたがセックスとの関係性を変え、欲しいものを手に入れるためや空虚さを埋めるための手段としてではなく、自分にできるもっとも神聖なことの1つとしてセックスを捉え直すことです。

性的虐待を受けていたことから、この考え方は私自身、理解できるものではありませんでした。何十年もの間、セックスの何が楽しいのかわからず、本当の意味で味わうことができませんでした。誤解しないでほしいのは、私はキスや体の接触、相手とつながってい る感覚を楽しんではいました。でも、映画で見たり友人から聞いたりするような、深く、心の底からの快感を味わうことがなかったのです。私はとても官能的な人間で、ヨーガやダンスのような運動でもすぐに興奮することができますが、セックスに対する考え方はまったく異なっていました。幼い頃から私は、セックスは自分が「愛されている」と感じるためのものだと知っていました。セックスを神聖なものと関わる方法としてではなく、何かを感じるための通貨のように扱っていたのです。つながっていると感じ、満足感を得て、自分が愛だと思うものを感じるために。

瞬間的には愛を感じていたのですが、絶頂の瞬間が来ると、無意識にシャットダウンしてしまうのでした。つながりを絶ち、「体から離れ」、体験そのものを放棄してしまうのです。これも性的な虐待を受けたことによる副作用でした。感覚が麻痺し、オーガズムを感じることができず、相手が終わるのをひたすら待っていました。より感覚的になっていくと、涙が頰を伝うようになりましたが、それは悲しみからではなく、自分とのつながりが切れていくことに強い違和感を覚えたからです。私はもっとセックスをすることで、この分離の感覚を直そうとしました。私にとってセックスとは、相手を愛していなくても、また相手が優しくなくても、自分が愛されていることを意味するものだったことをご理解ください。セックスに関することや、分離を感じるパターン、私のトラウマがどのように第2チャクラや私の性的パワー、快楽をシャットダウンしていたかを、自覚できていなかったのです。

何年にもわたるヨーガ、ダンス、瞑想によって、私は自分の体に戻り、やがて治療を受けるようになりました。セックス中に「体を離れてしまう」のは、トラウマを抱えても生きていけるようにと、私の肉体が採用した生き延びるための知恵なのだと、今は理解できます。しかし、この高度に洗練されたスキルは、私の第2チャクラとその美しいギフトを、私の安全（第1チャクラ）を守るために封じ込めていたのです。それは、女性の体が持つ恍惚の喜びと知性にアクセスし、味わい、体験することを妨げていたのです。

この章でお話ししていることや、これからご紹介するワーク（たくさんのセラピーも含めて）は、私が自分を癒し、感じ、女性性の力を目覚めさせ、スヴァディシュターナの甘美を味わえるようにするために行ってきたことです。今日に至るまで、優しさ、自己愛、自分を取り戻すこと、そして自分の体とそこに流れるすべてのものを感じるために、心身を柔らかくすることを日々実践しています。今、私にとって聖なるセクシュアリティとは、尊重することであり、ノーと言ってもいいし、イエスと高らかに宣言してもいいと知っていることです。また、自分が必要としているものを望むことや、自分の体や、体が欲しているものを求めることを恥ずかしく思わなくていいということも知っています。それは適切な境界線を持つことや、同意や調和、手放し、そして自分のパートナーと、また神との身震いするような感動的なつながりを意味します。セックスは、ヨーガやダンスとともに、私が自分の体に祈りを捧げる方法であり、私と他者の中で動く生命力を賛美するときでもあるのです。

プラクティス：流れを感じる7日間

1日目：祭壇作り

水の祭壇は、「私の愛おしい場所」を物理的に表すものであり、第2チャクラの儀式を行うためにあなたが日常的に戻ってくる場所です。次に挙げるものは、あくまで私個人が使用しているものなので、ぜひご自身の祭壇を自由に作ってみてください。祭壇はあなた独自のもので、最終的にあなたを流れの中へ、人生の喜びと甘美へ、聖なる女性性の力へとつなぐものでなければなりません。「自分自身を楽しむこと」を忘れずに、実践してみてください。

水の祭壇に必要なもの

・オレンジ色のもの（布、キャンドル、石）
・水のエレメント（聖水、フラワーエッセンス、お気に入りの海、湖、川の水）
・あなたの女性性の力を表すアイテム

水の祭壇のアイデア

・貝殻、川石、またはお気に入りのビーチの砂
・あなたの子宮を表すもの：創造性の壺、経血、翡翠（ジェイドエッグ）など、あなたと神秘なる性を結びつけるもの
・ラクシュミーの肖像
・あなたの願望を書いたリスト
・あなたのヨニへの手紙（①111ページの「内観ワーク」を参照）
・クリスタル：カーネリアン、オレンジカルサイト、サンストーン
・オイル：ワイルドオレンジ、ジャスミン、ネロリ
・タロットカード：「節制」、「月」、「水の６」、「火のエース」

それぞれの天然石、オイル、タロットカードの意味については、巻末の一覧表をご参照ください。

内観ワーク

1. あなたは神聖なエレメントである水と、どのような関係を築いていますか？　あなたの内側と外側の両方に存在する水のエレメントを、どのように体験していますか？
2. 月と同じように、あなたにもさまざまな顔があります。その顔１つ１つを挙げることができますか？　これらの顔は、あなたのどんな感情と結びついていますか？
3. ほとんどの女性にとって最初の通過儀礼は、自分の月経を理解することです。私が自分の物語をシェアしたように、ご自身の初経のことを書き出し

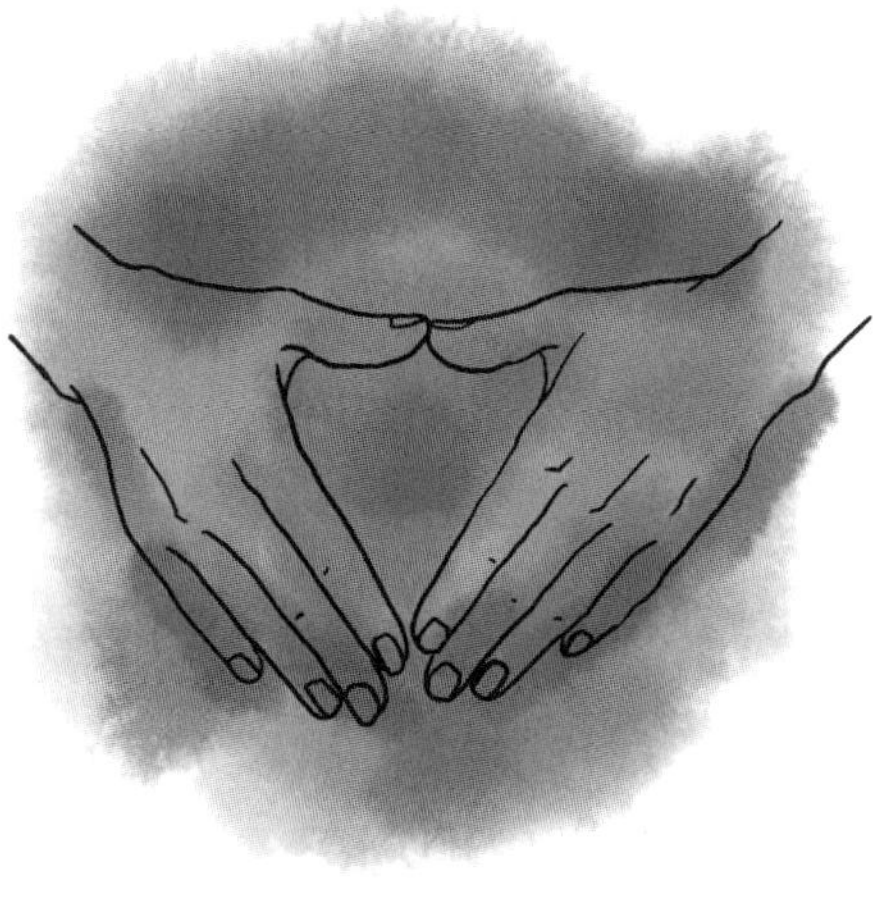

てみてください。このときの、肉体・感情における詳細を思い出すことができますか？　現在の月経とあなたの関係は、どのようなものでしょうか？　月経がない人は、あなたにとって女性になるための儀式が何だったかを考えてみてください。思い出せない場合は、そのときのことを今改めて称えるために、儀式を作ることができますか？

2日目：ヨニ・ムドラー

今回実践するのはヨニ・ムドラーと呼ばれるもので、女神の印章として知られています。このムドラーはあなたのヨニ、子宮、創造の大釜、スヴァディシュターナの本質とつながる感覚をもたらします。

手順は次のとおりです。

1. 祭壇の前で、楽な姿勢で座るか、仰向け合蹠（がっせき）のポーズ（スプタ・バッダコナーサナ：足の裏を合わせ、膝を大きく開いた状態）になります。必要な方は、両膝の下にクッションや毛布を置いて行ってください。深くリラックスするためには、無理がなく、心地よい状態で行うことがとても重要です。
2. 親指の先と人差し指をそれぞれ合わせて、下向きの三角形を作ります。下向きの三角形は、シャクティのエネルギーを表しています。これはあなたを、生命を生み出す力へと誘う、創造的な性のエネルギーです。
3. そのポーズのまま両手を下腹部、子宮、あなたのヨニの上に置きます。親指はおへその真下、指先は恥骨の真上に触れ、下向きにします。
4. 気持ちがよければ目を閉じて、お腹の力を抜きます。腹式呼吸をしながら、自分が握りしめているものや制限、頑固さを手放していきます。
5. ゆっくりと10回以上、全身に栄養を行き渡らせる深い呼吸をして、より深く自分の中へと入り、リラックスしていきます。
6. 水のチャクラの6枚の花びらがある蓮の上で、女神の座についている自分をイメージしてください。あなたはラクシュミーそのものであり、神のように美しく、豊かで、完全です。ここがあなたの住まいです。呼吸をするたびに、その中に深く根差していきます。

7. 完了したら、目を開けてムドラーを解いてください。ひと呼吸おいて、今の気持ちを確認しましょう。

このムドラーには大きな柔らかさと強さがあり、あなたの子宮を育むと同時に、自分のものとして取り戻すことができます。またあなたの中に存在する女神の住処と、肉体的、エネルギー的、そして感情的な触れ合いを再びもたらしてくれるものです。

内観ワーク

1. ひと呼吸おいたあと、聖なる女性性の資質とともに深呼吸をしてください。
自由であること。自立していること。あるがままであること。意図を持っていること。主権を持ち、他人に所有されていないこと。これらの言葉を、どのように感じますか？

2. あなたは無感覚でいる状態が「心地よい」と感じることはありますか？　あなたは、自分が感じることすべてに、許可を出せていますか？　それはあなたの人生において、どのように役立ちましたか？　あるいは、妨げとなりましたか？

3. 欲望のエネルギーを、自分に栄養を与え、活性化させ、導いてくれる指針として捉えると、魅力、献身、至福の力と調和し、それぞれが神へと続く扉となります。ラクシュミーの8つの欲望（知識、主権、エネルギー、強さ、活力、輝き、贅沢、自由）について考えるとき、あなたはそれぞれの欲とどのように関わっていますか？
それぞれの入り口の感覚を探り、一体化するための時間を設け、今のあなたにもっとも呼びかけているのはどれかを認識してください。その欲に、名前をつけてみましょう。この欲求は、あなたに何をするように呼びかけているのでしょうか？

3日目：呼吸——癒しの呼吸

今回のプラーナヤーマは、シャクティの癒しの呼吸と呼ばれるものです。これは、流産、中絶、難産を経験したり、性と生殖に関する健康問題を抱えていたり、肉体的・性的虐待を受けていたなど、第2チャクラに何らかの傷やトラウマがある女性にとって、非常に大きな癒しとなるでしょう。シャクティの癒しの呼吸は、あなたと子宮をつなぎ、感覚を回復させ、「私の愛おしい場所」に感覚を戻すための再生の儀式です。

あなたの想像力と女神の甘美な霊薬を、ソーマとして知られる、きらきら輝く月光という形で集結させましょう。息を吸うたびに、月の光が頭頂部から第2チャクラに降り注ぎ、すべての細胞、器官、組織を浸す様子を思い浮かべながら、この癒しの不老不死薬を飲み干します。息を吐くたびに、あなたの息の温かさが子宮の空間全体を循環し、感覚がない場所を溶かし、そこに巣くうトラウマや不快感を和らげます。

手順は次のとおりです。

1. 2日目にヨニ・ムドラーとともに行った、仰向け合蹠のポーズ（足の裏を合わせ、膝を広げた状態）になります。必要な方は、膝の下にクッションや毛布を置いてください。
2. ヨニ・ムドラーの形で、手を子宮の上に置きます。
3. ゆったりと体を楽にしてください。全身に栄養が行き渡るような深い呼吸を、1回します。抱えている緊張を、そっと手放しましょう。
4. 鼻から息を吸って、癒しの月光のソーマを体内に吸い込みます。
5. 仙骨の中心（骨盤、生殖器、膀胱、骨盤底を含む）の前、後ろ、横まで届くように、吸った息を巡らせます。
6. ゆっくりと深く息を吐きながら、残り火に再び火をつけるような、温かい息が骨盤全体を循環するのをイメージしてください。
7. この温かさを感じながら、仙骨の内側に美しい琥珀色の輝きを思い浮かべてください。これは、第2チャクラが覚醒し、目覚め、癒される色です。
8. 呼吸に合わせて、さらに6回繰り返します。
9. 最後の3回は、息を吐くときに、ラクシュミーの偉大なシャクティの力を表すビージャ・マントラ、shrim（「シュリーーーム」という発音）を唱えます。力まず、笑顔で、息を吐いている間ずっと、シュリーーームと唱えてください。この音は、息の温かさをスヴァディシュターナ・チャクラに循環、振動させ、あなたの声の美しさと癒しのパワーを美しいヨニへと結びつけます。

癒しの呼吸の実践による、その他の恩恵

・子宮空間との断絶を癒す
・第2チャクラに感覚と活気を取り戻す
・快感を取り戻し、性的エネルギーのバランスをとる
・神経系を回復させる
・声と子宮の美しさを取り戻す

意識すること

スムーズな呼吸を深く、十分に行い、息を吸ったり吐いたりするときには力まないようにしてください。お腹を柔らかくして、吸気で満たしましょう。自分自身を楽しみましょう！（※5）

※5　Sianna Sherman と Rasa Yoga、Rasa Yoga Teacher Training (www.rasayoga.com.) のワークより

内観ワーク

1. すべての女性は、子宮の中に癒すべきものを持っています。私たちは皆、傷ついており、人生の中で何らかのトラウマを経験しています。このトラウマには、重い月経や月経痛、性的虐待、手術、子宮筋腫、子宮内膜症、妊娠、流産、出産などが含まれます。
ここでは、あなたの子宮に手紙を書きましょう。「親愛なる子宮へ」とか「愛するヨニへ」、あるいはあなたが自分の子宮を呼ぶときに使う呼び方で、書き始めましょう。暗く深い水に眠っているすべてのことに、声を与えましょう。そして感情、記憶、あなたの秘密、あなたの欲望や憧れを探究しましょう。この傷つきやすい癒しの空間に心を開くときには、とびきり優しく、愛情を持って接してください。あなたが今、子宮をどのように愛し、尊重し、大切にしているかを伝えて、手紙を締めましょう。書き終わったら、あなたの祭壇に置いてもよいでしょう。

2. 快楽は、あなたが生まれながらに持つ権利ですが、私たちの多くは意識的にも無意識的にも健全な快楽を否定しています。いつ、どんな理由で、自分の快楽を否定しているでしょうか？　どうすれば自分自身をもっと楽しむことができるでしょうか？

3．愛、喜び、悲しみ、怒り、嫌悪、畏怖、恐れ、勇気、そして平和は、9つのラサであり、人生の味わいです。あなたはどの味に溺れがちで、どの味を避ける傾向がありますか？

4日目：スヴァディシュターナの体の祈り

4日目の、スヴァディシュターナの体の祈りへようこそ！　このヴィンヤサの動作は、官能的で、女性的で、華やかなものです。海の動きを感じ、波が押し寄せたり引いたり、潮が引いたり満ちたりするのを自分の中で感じてください。創造的なエネルギーを呼び覚まし、この息が少し上がる、股関節に効く動きを通して体を感じましょう。

推奨される実践方法：写真を参考に、次の動作を左右それぞれ1～3回ずつ繰り返します。また、www.chakrarituals.com. では、動画を見ることもできます。

マットの前方に立ちます。脚を腰幅に広げ、膝は柔らかく、手は下腹部にヨニ・ムドラーの形で置きます。

一連の動きを、右脚でも行ってください。

1

息を吸いながら、尾骨を後ろに揺り動かします。息を吐きながら、尾骨をたくしこみます。これを3回繰り返します。

2

息を吸いながら、頭の上に手を伸ばします。息を吐きながら、体を前に倒し（必要があれば膝を曲げてください）、息を吸って背骨をまっすぐに伸ばします。

3

左脚を後ろに下げ、ローランジのポーズ。両手は前足の内側に置きます。

4

息を吸いながら、背骨を丸めておなかを引き締めます。息を吐きながら、背中を膨らませ、ローランジのポーズに戻ります。3と4のポーズを、3回繰り返します。

5

後ろの膝をつけ、右足のつま先を外側に45度開きます。右腕を上げて、上半身を左側に倒します。右腕を下から上に3回、回します。

6

四つん這いになり、腰を回します。

7

6の反対方向に、腰を回します。

8

腹這いになり、両手をマットより大きく広げて、指先を立てます。

9

骨盤を意識して、足から大きく息を吸い、指先を立ててコブラのポーズ。

10

息を吐きながら、ゆっくりと腰から元の体勢に戻ります。9と10のポーズを、さらに3回繰り返します。

11

ダウンドッグのポーズ（第1チャクラで行った、マットの前方への移動の仕方を思い出しましょう）。

12

息を吐きながら、胸の前で合掌します。

内観ワーク

1. 体の祈りを通じて、自分の体にスヴァディシュターナの官能的なエネルギーを落とし込んだところで、もう1つの通過儀礼である最初の性的体験を振り返りましょう。初体験について、少し時間をとって書き出してみましょう。あなたの言葉はノートに残るだけで、誰にも知られないので、できるだけ正直に振り返ってみてください。癒しや許しが必要なこと、敬意が払われるべきこと、喜ぶべきことはそこにありますか？
2. あなたは家族、仲間、学校、宗教などから、性についてどのようなことを教えられましたか？　それらの考え方は、あなたのセクシュアリティに力を与えますか？　それとも、力を奪いますか？
3. あなたにとって聖なるセクシュアリティとは何ですか？　あなたは自分のセクシュアリティに満足していますか？　自分の性的パワーを自分のものにすることは、どんな気分ですか？

5日目：瞑想――自分自身を楽しむ

真の親密な関係と肉体的な快感は、あなたから始まります！　自分の肌になじむと、自然と女性らしい瑞々しいエッセンスとエネルギーにつながり始めます。心身を和らげるこの瞑想は、自分の体の中で、愛おしい場所で、生命を育む子宮の中で、自分自身を楽しむよう誘ってくれます。感覚は快楽へと導き、快楽は喜びになります。触れること、呼吸すること、そして自分を愛することのパワーを通して、目覚めた喜びに興じましょう。

この瞑想は、座っていても、立っていても、横になっていても行うことができます。

1. 邪魔の入らない、静かな空間で行いましょう。部屋を暗くし、柔らかく、締めつけない服を身にまとってください。暖かく、気持ちのよい状態であることを確認しましょう。この上なく、心地よい状態で行うことが大切です。ぼんやりと前を見つめるか、完全に目を閉じてください。

2. ヨニ・ムドラーの形で、両手を下腹部に愛情を込めて置いてください。
3. 感情の中心であるヨニに向かって、深呼吸を3回行います。体や心にあるストレスや頑なさを、口から吐き出します。
4. 片方の手で、指先を額に軽く当て、ゆっくりと、優しく動かしていきます。それを数回行います。
5. 顔の側面に沿って撫で、そのまま首の正面や側面まで撫でます。
6. 顎を開いて深く呼吸し、小さな音を出してみましょう。穏やかなため息をつくか、母音OO（ウー）の音を出します。
7. 湧き上がってくる感覚、温かさや冷たさを感じたら、羽根で触れるような柔らかいタッチで、額や顔、首を撫で続けましょう。
8. 指先でさらに、肩、腕、手まで走らせます。時間をかけてゆっくり行ってください。バターのように、手を柔らかくしましょう。
9. 緊張やストレス、しびれが溶けていくように、指先で肌の表面を優しく愛撫していきましょう。気持ちよさを感じてください。ひと撫でひと撫でが、あなたに栄養を与えます。気持ちよくなったり、快感を味わったり、興奮したりすることを自分に許可しましょう。これが、自分を探究するということです。
10. ヨニに向かって深く息を吸い込み、音を立てながら息を吐き、羽根のような優しいタッチで手を頭、心臓、脚、足など、体の好きな部位に伸ばしていきましょう。
11. 軽く触れながら、あなたの全身は神聖なものであることを思い出してください。あなたの全身は、あなたが楽しむためのものです。あなただけの優しく甘いタッチで体に触れながら、今ここで、自分自身を楽しみましょう。
12. 自分自身に、「これは私の体だ」とささやいてみてください。「これが私の女性らしい体で、私が楽しむためのものなのよ！」と。
13. 完了したら、手を下腹部に戻します。
14. ヨニに向かってさらにゆっくりと深呼吸を3回行い、感じるものすべてに寄り添いましょう。痛みは喜びに変わり、全身が尊重されます。存分にとろけ、楽しみ続けましょう。次のマントラを唱えましょう。「これは私の体です。私の体は、私が楽しむためにあります」。

内観ワーク

1. 瞑想中の自分の体験について、時間をとって書き出してみましょう。何を、どのように感じたかを書いてください。不快なのか、快適なのか、快感なのか。自分の感覚に導いてもらいましょう。
2. あなたが主権を取り戻し、自分の体が自分のものであることを理屈抜きで知るにつれ、自分の体と性的エネルギーを、誰と共有するかがますます重要になってきます。少し時間をとって、現在の、あるいは過去のパートナーのことを思い返してみましょう。彼らは、力を増したあなたのニーズや願望と一致していますか？　自分のパートナーに求める条件をリストアップしてみましょう。今パートナーがいる方は、相手とリストを共有してみるのも手です。パートナーがいない方は、どんな人とベッドに飛び込みたいのか、それを見定めるためにこのリストを使ってください。
3. 完全に顕在化された、瑞々しい第2チャクラから、3つの性的願望を挙げてみましょう。遠慮しないでくださいね！

6日目：顕在化――旺盛な好奇心を持ちましょう

第1チャクラのムーラダーラでは、セルフマッサージで物理的に体に触れることで、顕在化への最初の道筋を探りました。手の動きや筋肉を触るたびに、感じる感覚に注意を払いながら、「ああ、これは私の体だ」と目覚めていきます。この空間を占有していて、自分がここにいることを感じることができるのです。第2チャクラでは、動作の道筋を探っていきます。動きは薬であり、肉体的にも精神的にも、そして感情的にも、身動きがとれず滞っていて、硬くなっているものをすべて解放してくれます。肉体的なレベルでは、動きは関節を潤滑にし、文字通り私たちの体液を流し、ストレスを減らし、エネルギーを解放し、感覚を通して体に感覚を呼び戻します。動きを通して私たちは、快楽や痛みの感覚に気を配ることを学ぶのです。体のどの部分が動きを妨げているのか、また首、顎、肩、腹部など、習慣的に緊張をため込んでいる場所に気づくことができます。感情面では、体の組織に閉じ込められたエネルギーやパワーを解き放つことができます。動きは、感情へのアクセスを妨げている内なる氷山を溶かすのにも役立ちます。動くことで、すべての感情が安全な場所で遊び、探究され、感じられ、動かされることで、私たちは癒されるのです。感じることができないものを癒すことはできません。

今回の顕在化へのワークは、好奇心を持つことがテーマです。自分の体がどのように動き、脈打ち、知覚し、感じているのかに興味を持つのです。私が、体の主な関節を1つずつガイドし、さまざまな可動域、動きの種類やテンポを探っていきます。あなたがやることは、抑制することをやめ、少しワイルドになり、感じるものすべてに意識を向けることです。このワークはすばらしく自由で、ストレスを軽減し、あなたの創造的なシャクティの力を引き出します。このワークにおいて、間違いなどあり得ません。これは探究ですから、思いっきり楽しみましょう！

1. 自由に、思いっきり動けて、邪魔が入らない場所で行いましょう。
2. 背筋を伸ばして立ち、脚を腰幅か、それよりも気持ち大きく広げ、膝を柔らかく曲げます。第1チャクラで確立した、どっしりと地面に根付いた姿勢を保ちましょう。
3. 足の裏から上下に呼吸しながら、深呼吸を3回行います。
4. 頭から始めます。息を吸い込み、天井を見上げて、喉の前を伸ばします。息を吐き、顎を胸のほうまで下げ、首の後ろを伸ばします。呼吸をしながら、さらに3回繰り返します。頭を上下に動かすときに感じる、体の感覚を意識しましょう。3回繰り返した後、顎を下げたまま固定し、頭を左右に転がします。右耳を右肩へ、左耳を左肩へとそれぞれ倒します。頭の重さが、首を解放するのにどのように作用しているかに注目してください。
5. 頭から肩に移ります。息を吸い、肩をすくめ、耳元までしっかりと上げましょう。最大限持ち上げてください。口を開けて、「あー」っと声を出しながら息を吐き、肩を勢いよく落とします。さらに5回、少しリズミカルに繰り返します。息を吸って、緊張を吸い込んで集め、耳元まで持っていき、吐きながら手放していきます。

6. 肩を前後に回します。片方ずつ回すか、両方の肩を一緒に回すか、試してみてどのように感じるか見てみましょう。どうすると気持ちがよく、どうすると痛みが出たりうずいたりするのか、観察してください。すべての感覚は、あなたの体という家に帰るサインです。肩を回したら、今度は振っていきます。肩を振りながら、胸や乳房、心臓と、どのようにつながっているかを知覚しましょう。すべてを揺らしましょう！　どれだけ自由に、どれほどワイルドになれるでしょうか？　さらに10秒間揺らし、あなたのハートから愛が、栄養のある不老不死の霊薬のようにあふれ出してきます。

7. ひと呼吸おき、自分を観察し、感じてみましょう。

8. 次に、肘へと移りましょう。最後に肘を意識したのはいつですか？　ここに何か意識すべきことがありますか？　肘を前に出したり、後ろに下げたり、ひらひらさせたり、まっすぐ伸ばしたり、曲げたりと、いろいろな方向に動かしてみましょう。少しの間、肘に身を任せ、導いてもらいましょう！

9. 肘から手首、手、指まで移動します。手首を両方向に回転させ、手でフラダンスの波の動きをし、波のような流れ、動きを手にもたらします。最後に、手首を激しく振り、手に蓄積している緊張などをすべて手放します。

10. 今度は、骨盤と仙骨の内側、女性らしいお尻へと移っていきましょう！　お尻を一方向にぐるぐると回します。最初はゆっくりと、できる限り大きく、広い範囲で円を描きます。その後、徐々にスピードを上げていきます。反対方向にも回しましょう。尾骨の先に絵筆があるとイメージして、骨盤を前後に動かし、美しい螺旋や波を作ります。最後に、振りましょう！　腰を大きく振って、胸を揺らし、ここに蓄えられているエネルギーをすべて解放しましょう。気持ちよいと感じることを許可し、体を目覚めさせましょう。ひと呼吸おき、今この瞬間に存在し、あなたの中を流れる生命の脈動を感じましょう。

11. この生命の息吹を、膝の中へと入れていきます。膝を曲げて手を置き、それぞれの方向に9回ずつ回します。これは、膝関節のマッサージになります。

12. 足首に移っていきます。片足で立ち（必要があれば、壁に手をついて体を支え）、左右の足首をそれぞれ9回ずつ回します。

13. 次は脚です。片脚ずつ、太もものいちばん上から足先まで、脚の肉を揺らしましょう！

14. 範囲を体全体に広げ、揺らしていきましょう！　今ごろ汗をかいているはずです。全身を震わせ、あと30秒だけ続けましょう。あなたの中にあるものを解き放ちましょう！　この感情たちに、遊ぶ場を与えましょう。自分の体という家を、楽しみましょう！

15. ワークを始めたときのように、足の裏を地面につけましょう。肘を曲げ、手のひらを上に向け、エネルギーを「キャッチ」しましょう。このとき感じる変化は、もっとも力強いものです。最後に、自分の体で感じるものすべてに注意を払ってください。感覚、脈動、エネルギーの流れ、そして自分の中に流れている生命。感情の流れ、欲望の目覚め、さらにはあなたのすべての「秘密」の場所が奏でる音を感じてください！

感情のための動きと音楽

次の各動作を、60秒間行います。

・恐怖、不安、重苦しさを手放すために体を振る
・怒りを解放するために、空中や枕に向かってキックやパンチをする
・快感や遊び心を目覚めさせるために、腰や骨盤をくるくる回す
・重いため息や胸の動き（胸にスペースを作る）で、悲しみを解き放つ
・喜びや幸せをつかむために、ジャンプをする
・愛とつながるために、胸に手を当てながら揺れる
・動きだけでなく、動きの中のエネルギーが持つ、完全でダイナミックな表現をサポートするために、音楽を使って実験する。例えば、体を振るときにはドラム、回す動作のときには柔らかく官能的な音、キックやパンチには高く伸びのある歌声やバスドラムのビートが響く曲、体を左右に揺らすときには管楽器や弦楽器、ゆったり

と優しい歌などを使ってみてください。いろいろ試しながら、ただ楽しみましょう！

内観ワーク

1. 顕在化のワークから得られた、最大の収穫は何でしたか？　動かすことに抵抗を感じる部位はありましたか？　緊張やストレスがあるところ、あなたが閉じ込められると感じるところ、体が自由に流れるところは、それぞれどこでしたか？
2. 第4の、最後の通過儀礼は、閉経し、更年期に入り、賢い老婦人（クローン）になることです。クローンとは、人生の経験から得た知恵という意味と、「王冠」という意味があります。まだ更年期を経験していない場合、女性として生き、年齢を重ねていくことをどのように捉えていますか？
3. 自分自身のヨニを見つめる時間をとり、あなたの神聖なる女性性の力、快楽と欲望への聖なる入り口との関係を深めましょう。鏡を片手に、自分のその部分を尊重し、受け入れ、愛することができますか？　紙を用意して、ペンや色鉛筆、絵の具を使って、あなたの女神が宿る場所を創造的に表現してみましょう。

7日目：私の愛おしい場所から学んだこと

- あなたの体は、あなたのものです。
- 快楽は、あなたが生まれながらにして持つ権利です。
- 自分が感じていることを感じてください。そして、あなたの完全な感情のパレットを探究してください。
- 欲望は、本来のセルフケアの形です。欲があなたに栄養を与えることを許可しましょう！
- 通過儀礼を称え、祝福しましょう。
- あなたのセクシュアリティは神聖です。
- セックスは行為そのものだけを指すのではありません。それは、あなたと相手の中にある生命力を崇敬することなのです。

あなたは、自分の体を楽しみ、流れを感じ、感じることを感じるために、もっとも自然な欲求を取り戻しました。感覚を刺激し、欲望と快楽にイエスと言い、あなた自身の性的なパワーを味わいました。これで、水から火へと移り、抵抗がもっとも少ない道を残し、行動を起こす準備ができました。あなたの情熱と欲望は、第3チャクラの変容の聖なる炎に、火をつけるための燃料として機能します！

今日は、振り返りと休息の日です。このチャクラの章から、あなたが得たもっとも重要な学びは何だったか、少し時間をかけて振り返ってみてください。この章で1つだけ覚えておくことがあるとすれば、それは何でしょうか？　旅を続けるにあたって、覚えておきたいことを1つ、書き留めておきましょう。また、前日までのエクササイズやワーク、解説を復習する絶好の機会でもあります。

「私は炎に浸っています――
時間の炎、
愛の炎、
生命の炎
宇宙の火が私の中に流れています」
燃えさかる火に足を踏み入れ、
親指から始めて、
すべてを委ねましょう。
自分などない、
存在しない、
燃え尽きてしまう。
そのことに意識を向け続け、
静けさに目覚めましょう。
あなたの本質は炎の中で生まれ変わります。
なぜなら、鼓動が創造されて以来ずっと、
それは炎であり、炎であることを知っているからです。
――『The Radiance Sutras』：スートラ29

第5章

内なる火を呼び覚まそう
第3チャクラ

私は普段、生徒に「〃お気に入りのチャクラ〃なんて必要ない」と話しています。けれども、もし好きなチャクラを語れるとしたら、火のチャクラがいちばん好きだと言うでしょう。

それは、燃えさかる火のような巻き毛や、幼い頃のニックネームが「レッドファイヤー」だったこと、大人になってから「火の女神」と呼ばれるようになったことだけが理由ではありません。

火のエレメントは特別なものです。火のエレメントは、偉大であり、5つのエレメントの中で唯一、自然の形では存在しえないものです。考えてみれば、地とは私たちが歩いている大地のことで、水は海を流れ、風は大気中をそよぎ、空は私たちを常に取り巻いている空間のことですが、火は〃変化〃して初めて存在するものです。

熱を起こす唯一の方法は摩擦です。圧力をかけたり、熱を加えたり、2本の棒を火花が出るまでこすり合わせたりすることで摩擦を生じさせるのです。

第3チャクラは受動的なチャクラではありません。あなたの中にある恐れ、怠惰、惰性、自己不信を、煙のにおいを感じるまでこすり合わせ続けましょう。火花が出るまで、こすり続けるのです。変化の火花を熾（おこ）すのです。この火花は行動のきっかけとなる火花でもあり、あなたが何者であるかを思い出すための気づきの火花でもあります。

この章では、あなたの中に「内なる火」を灯していきます。「内なる火」が燃え上がれば、自分を信頼できるだけの自信を持ち、内側から力を得ることができます。そして、何より重要なのは、人生の大きな夢に「イエス」と言う勇気を持てるようになることです。

では、始めていきましょう！

火のチャクラの構造

基本的に、火のチャクラのシンボルは力と顕現を表していますが、あらゆる種類の力というよりも、私たちの「変化したい」という思いから生じる、内なる深い力のことです。

下向きの三角形（ヨニ・ムドラーの三角形を思い出してください）の形は、シャクティと顕現のエネルギーを表しています。シャクティとは聖なる女性性のことであり、宇宙の創造的でダイナミックな力のことで

チャクラ早見表

名前	マニプーラ	種子音	ラーム（RAM）
意味	マニ（宝石、金持ち） プーラ（場所）	母音	オー（OH）
体の部位	太陽神経叢（みぞおち）	エネルギーの特質	力、エネルギー、バイタリティ
エレメント	火	アファメーション	力が私に宿っています。 私は「イエス」と言います。 私は今、自分の力を取り戻しました。 私はできるし、そうします。 私には価値があります！ 私は完全です！
色	ゴールデンイエロー		
感覚	視覚		

関連する体の部位	消化器官（代謝）、膵臓（糖分）、副腎（活力）、体幹（強さと効率性）、肝臓（怒り）
欠乏している場合の影響	光が失われる 元気がない、落ち込む、刺激物（コーヒー、コカインなど）に惹かれる 意志が弱く、自分や他人との約束を破り、自分の意見を言わないので他人に操られやすく、決断するのが難しく、ノーと言えない 体温が低く、感情的にも冷めている 弱い、受動的、または受動攻撃的である へりくだり、いつも裏方に回りがち 方向性、目的、野心の欠如。被害者意識が強い 怒りの感情がない 口癖は「あなたが欲しいものなんて興味がない」
過剰な場合の影響	多動、無理をしすぎる、じっとしているのが苦手、リラックスできない、眠れないため酒や鎮静剤に頼る 根拠のない自信 過度に攻撃的、支配的、操作的、傲慢、頭でっかち、権力に飢えている（目標を達成するためには何でもする、嘘をつく、騙すなど） 人からアイデアを盗む 怒りの問題を抱えている（攻撃的、かんしゃく持ち）
調和のとれた状態	自信がある、自ら行動する、中心とつながっている、行動が目的と一致している、勇気がある、リスクを取ることができる、遊び心がある、自発的である、輝いている！ 人生の課題に向き合える十分なエネルギーがあり、自分の夢に「イエス」と言える

す。

　顕現とは、広大な力を物理的な形に根付かせる能力です。火のチャクラのシンボルは、この力により、無限の可能性という広大なビジョンを、方向性と意図をもって凝縮し、すべてが明確になり目的を持った1点に集約していく様子を視覚的に表しています。これらは三角形の底辺として表現されています。無限の可能性の領域にとどまったままでは、何も得ることはできません。しかし、私たちが具体的な行動を起こし、フォーカスし、意図し、方向性を持って大きな夢を集約していくと、火が熾（おこ）ります。三角形の中心にシンボルとして描かれている炎、あるいは自由に向かって上昇する力を表すヒンドゥー教のシンボルは、解放に向かう上向きの流れを表しています。下向きの三角形と上向きの炎が一体となり、大きな圧力が生じ、発火して変容の炎になるまで、魂からのエネルギーを根付かせ、凝縮しているのです。

　この循環的なプロセスを通じて、私たちは最終的に、三角形（bindu）の上部にある小さな点で表される真の力の中で生きることができます。

　真の力は、内側と深く向き合い、内なる火を灯し、あなたにとっての真実と一致しないものを燃やし尽くしたときにのみ生じます。このシンボルは常に黄金色で描かれ、すべての存在の中に生きる太陽と輝きを呼び覚まします。

火のチャクラで人生を変える５つの方法

火のチャクラの５つのエネルギー原則は、世界を違った視点から見る力を与えてくれます。恐怖、恥、嫉妬、自虐などの仮面を脱ぎ捨て、意志、自信、力を持って生きることで、私たちは自らの可能性を最大限に発揮できるようになるのです。火のチャクラによって人生を変える方法は無数にあります。世界中で何千人もの女性と関わってきた経験から、私はこれら５つのエネルギーの原則が何より重要であることを知りました。それぞれの原則をカテゴリー別に分類しましたが、すべてはつながって関係しあっていることを覚えておいてください。まずは解説を読み、それぞれの原則と自分との関係性を考えてみてください。毎日のプラクティスの前には、長年持ち続けてきたビリーフ（思い込み）と向き合い、それをエンパワーメントに変える取り組みを行っていきます。

１．力

火のチャクラについての教えをひと言で表すならば、「力」です。力とはエネルギーのことです。力とは生命力のことです。力は私たちが行動を起こすモチベーションとなります。力があるからこそ、私たちは意志や自信を持ち、怒りの感情と健全につながることができるのです。しかし、純粋な力を感じるためには、その源が自分の中になければなりません。パワフルな女性は、自分が何者であるかを知っていて、自信を持つことも、本能を剝き出しにすることも、心を中心に考えることも、感情的であることも恐れません。実際、そうした女性は自分が決して〝やりすぎ〟ではないことを知っています。だから大地にしっかりと根を張り、無限の世界とつながっています。勇気があり、心の奥底に火を灯し、自らの影に光を当てることを恐れません。今いる場所から自分のすべてを受け入れ、本当のあるがままの性質を否定することもありません。

パワフルな女性は、努力を惜しまず、欲しいものを追い求めます。失敗を恐れず、失敗のたびに剣を研ぎ、器を強固にできることを知っています。光を放とうとしなくても、内側から自然と光を放っているのです。世界はその炎を見ているし、その炎は、他の女性たちにひらめきを授け、サポートし、高めていきます。このようにして、力に満ちた女性の存在が世界を変えていくのです。

　これぞパワフルな女性であり、私たちにはそうなる力があるのです。夢やファンタジーではなく、チャクラシステムを完全に顕在化させることで、本当の力や可能性が目覚めるのです。

　しかし、残念ながら、私たちは若い頃から不健全な力のあり方を教え込まれています。例えば、地位や名誉や名声は、生まれ育った街や通った大学、乗っている車、築き上げた財産によって決定されます。これらが人間としての価値を示すものとされているのです。また、家父長制に基づく「トップダウン型」の権力モデルは、恐怖、支配、統制を意味します。つまりは、「教会に行かなければ地獄行き、学校で問題を起こせば校長室行き」など、基本的に「言うとおりにすれば褒められるが、そうでなければ厄介者」という社会なのです。このようなトップダウンのモデルでは、自分の価値が他人からの承認を求めることと結びついてしまうため、完璧主義、恥、自己批判を生み出します。

　私たち女性は、このモデルがうまくいかないことを当たり前に知っています。これが機能しないことは、女性であれば直感的にわかっています。このモデルは、物事を押し殺し、自分の一部を隠し、感情を切り離すことにつながります。前のチャクラの言葉を借りれば、家父長制モデルは、私たちの最大の力であるシャクティ（宇宙の女性性の創造力）から私たちを切り離してしまうのです。このつながりが失われると、私たちは心地よさや自分の価値を感じられずに、打ちひしがれるようになります。

　私は皆さんに、成果や承認、評価に縛られない、揺るぎない力を持ってほしいと願っています。火のチャクラは新しいモデルを提案します。それが、内なる力です。力のための力ではなく、目的を果たすための力です。ダイナミックで、クリエイティブで、美しい存在であることを思い出させてくれる力。私たちは皆、自らの中にこの力を持っています。だからこそ、何者になりたいかを選ぶのはあなたです。母親になりたいのか、芸術作品を作りたいのか、自分の中にある力を使って何をしたいのかを問うてください。安心してください。すべてを理解する必要はありません。一緒に、日々の儀式の実践を通じて、不健全な力のモデルを変容の炎で焼き尽くし、「自分自身」というギフトを生き生きと感じられるようになりましょう。

2. 意志

先にも「力のための力は無意味だ」ということを述べました。それはエゴを増大させるにすぎないからです。しかし、「目的を果たすための力」という秘密の成分が加わると、錬金術のように新たな成分が生まれます——それが「意志」です。あなた自身を超えた大いなる存在の目的、あなたにとって意義のある目的を果たそうとするとき、あなたは突然、恐れや制限を超えて動き出す強さと勇気を得て、行動を起こすことができるのです。

女性が何かをする「意志がない」というのは、火花が生じていないことを意味します。意志は炎を熾すための触媒であり、私たちの人生の目的がうなりを上げて進むための方向性と意図を必要とします。別の言い方をするなら、意志とは〝受動的〟の反対です。座って、他の誰かの指示を待っていても意志は生まれません。意志には献身が必要です。コミットメントが必要です。そして勇気が必要です。火の中に立つ勇気、恐れに立ち向かう勇気、そして変容する勇気です。意志は、情熱を持って活動することを求めます。

古典的なヨーガには、タパスと呼ばれる概念があります。これは、サンスクリット語の「タプ（燃やす）」に由来します。タパスのプラクティスは、私が「意志」と同一視している〝燃えるような規律〟を呼び覚まします。ヴィンヤサヨーガのタパスは、戦士のポーズ1を5分間、動かずに行っているだけに見えるかもしれません。ですが、信じてください。間違いなく「燃えている」ことを感じられるでしょう。

タパスとは、日々の生活の中で、目標に向かって情熱的にコミットする実践のことを指します。この実践を通して、大きな変容が起きるのです。意志と献身は必要不可欠なものです。これらがなければ、惰性を焼き尽くすのに必要なだけの摩擦を生み出すことができません。

だからこそ、私は毎日取り組めるチャクラの儀式を考案しました。ガイドに従ってきちんと実践すれば、意志を強くすることができます。本書を使って意志を活用できれば、強さが得られるのです。人生のあらゆる場面で、可能だと思っていなかったこと、つまり、できないと思っていたことにもチャレンジできるのです。タパスを実践すれば、あなたの人生に合致しない障害物を焼き払い、エネルギーを解放し、長いことTo－Doリストに載ったままだった夢や目標に向かって動くことができるだけではなく、最終的にそれらを成し遂げることができるようになります。

意志は、小さなことにこだわらなくなる力も与えてくれます。そして、夢に向かって踏み出す「妨げ」となっている制限を取り除きます。賢いかどうか、適齢かどうか、経済力があるかどうかを問わず、私たちが意志を発揮すると、ありとあらゆる内部および外部の障害を乗り越えることができるようになります。私たちは自分自身を信じることができるようになるのです。「力に火をつけます」と表明しましょう。本を書きます、瞑想を始めます、ジムに行きます、夢を追いかけます、乗り越えます、癒します……こうしたすべてに意志があります。

個人の意志が神の意志と一致するとき、魔法が起こります。

私の例を挙げましょう。私は7年間、アメリカの有名なヨーガスタジオExhale Center for Sacred Movementを運営していました。このスタジオは、シバ・レー、ショーン・コーン、エリック・シフマン、ソール・デイヴィッド・レイ、アニー・カーペンター、シアナ・シャーマンといった今や非常に有名なヨーガインストラクターたちを輩出してきました。何の不安もなく、快適で、大好きな仕事だったし、私には権力もありました。皆は、私が夢のような仕事をしていると思っていました。実際しばらくの間は、そのとおりでした。

しかし、状況は変わりました。多くの女性たちと同じように、私も自分の限界を感じたのです。そうなってしまってからは、もはや幸せを感じられず、なぜこれを続けるのか、そもそもなぜ始めようと思ったのかさえわからなくなっていました。直感で捉えると、真実は明らかでした――。私はその立場を捨てる必要がありました。私の魂は、机の後ろに引っ込み、他の人の仕事を管理するのではなく、実際に指導をしたり、ギフトをシェアしたりすることを望んでいました。しかし、先が見えない恐怖で、動くことができずにいたのです。失敗したらどうしよう？　「力」や地位をなくしたらどうしよう？　請求書を支払うのに十分なお金を稼ぐことができなかったら？

私たちは皆、このような恐怖や自信喪失をさまざまな方法で経験しています。未来のない関係を断ち切ること、快適な仕事を辞めること、新しい都市に引っ越すこと、誰にも打ち明けていない夢を追いかけることに恐怖を感じるのは、変化を起こした後の人生がどうなるかわからないからです。しかし、ときには力を得るために、安心感や心地よさに覆い隠された無感覚な日常から離れ、未知の領域に飛び込む必要があります。何かを火の中に投げ込んだときに、何が出てくるのかはわかりません。変容は宇宙次第です。そのためには、完全に信頼し、チャンスを喜んで受け入れることが必要です。

最終的に、失敗に対する恐れよりも、スタジオを去るという意志が強くなり、私は大きく一歩を踏み出し、仕事を辞め、新たな人生に足を踏み入れることができました。今の私は、裏方ではない働き方ができていることにとても感謝しています。私は自分にとっての真実に従い、大胆に、あるがままに生きており、同じような境遇にある何千人もの女性に手を差し伸べられていることを光栄に思っています。しかし、その勇気を手にするために、私は火の中に足を踏み入れなければなりませんでした。

私たちの意志を強くする唯一の方法は、行動を起こすことです。意志は筋肉のようなものです。意志が強くなっていくにつれて、あなたは自分自身の魔法に気がつき、自分を認め、さらに多くのエネルギーと力を生み出すことができます。行動を繰り返すと、あなたは熟達することができます。自分自身と内なる火に深い信頼を置けるようになります。この結果、あらゆる女性たちが「自信」という強力な特質を獲得できます。

3. 自信

今や、あらゆる自己啓発本、スピリチュアルワークショップ、SNSで「自信」という言葉を何度も何度も目にすると思います。私は、あなたに鏡を見てもらい、あなたがどれほど美しく、賢く、セクシーで、すばらしい存在かを知ってもらいたいとも思っていますが、本当の自信は、それよりも深いところから生じるものです。

簡単に言えば、自信とは自分自身に揺るぎない信頼を置くことです。何もかも失敗に終わったとしても、あなた自身は見守られていることを知ってほしいのです。

自分を信頼できるようになると、魂を成長させる能力も高まります。地に足をつけ、安定し、つながることができるようになると、私たちはハイヤーセルフ、直感、本能と明確なつながりを構築することができるようになります。考えてみてください……だから「本能的直感」と呼ばれているのです。直感は常に私たちの中心から強烈に湧き上がってきます。

しかし、私たちの中心に力がなければ、不安や自信喪失に苛(さいな)まれ、その結果、本能を無視し、魂が大きく成長する機会を簡単に失ってしまいます。自分の中心につながるということは、魂とつながることを意味します。どちらもあなたが解放されるためには必要不可欠です。

自信については、3つの黄金(ゴールデン)ルールがあります。

ゴールデンルール#1：自信をつけたいのなら、自分自身をないがしろにすることをやめましょう。自分との約束を破れば、自己不信という筋肉を強化することになります。早起きしてジムに行くと言いながら、いつまでも起きずにゴロゴロしていれば、この筋肉は強化されます。創造的なプロジェクトに取り組むつもりだと言いながら、他の人に構ってそれを延期し続けるとき、自己不信という筋肉は強化されていきます。私たちは、こうした何気ないことを無害だと考えていますが、そうではありません。あなたが自分の意志を活用せず、目標へのコミットメントをおざなりにすれば、自己不信は強化されていきます。

私たちの多くは、他人のことに気を配ってばかりで、自分自身との約束を無視しています。それでは真の自信を築くことは決してできません。自分の内面に焦点を当ててください。親友や恋人と同じように、自分との関係を築きましょう。自分の目標を第一に考え、時間を割き、心の奥深くに信頼の基盤を築き、内側から自信を放ちましょう。

ゴールデンルール＃２：インスピレーションを得ましょう、そして嫉妬を捨てましょう。ＳＮＳ、そして絶えず完璧さを求められる時代の中では、他人と比較して自分を見失いがちです。ですが、それは罠です。私たちは成功している女性を見ると、「なんであの人が成功して、私じゃないの？」、「あの子はどうして結婚できたの？　どうして私はまだ独身なの？」、「私はインスタを見ているだけなのに、どうしてあの人たちはすてきな旅行をするだけのお金があるの？」などと疑問に思います。そのすべてがあなたを打ちのめすこともあるでしょう。しかし、他の人の成功を見つめているレンズを取り替えれば、落ち込むことはありません。「彼女たちが達成できたなら、私にもできるのね！」と言うことだってできるのです！　そうすることで自信がつきます。一夜にして成功するようなことはありません。目標を達成するためには何時間も多くの犠牲を払うこともあります。こうした人たちは、おそらく毎日意志を使って、自らを鍛錬しているのでしょう。しかし、あなたが見ているのは最終的な結果だけです。ですから、次に他の女性がすばらしいことを成し遂げているのを見たときは、嫉妬から自らの内なる火を消さないようにしてください。その人の成功を祝い、彼女の成功が自分の可能性に火をつけることを許可してください。そして自分自身に言いましょう。「私もいつかそこに辿り着きます！」と。

ゴールデンルール＃３：批判よりも褒め言葉を受け取りましょう。自分の価値は外部によって決められるものではないと思っていても、ときには、光が翳り、本当の自分を忘れてしまうことだってあるでしょう。私たちは自分を取り巻く魔法を忘れてしまいます。与えられたギフトを忘れてしまいます。そして、自分自身を疑うようになるのです。それは誰にでも起こりうることです。頭の中の声を信頼できないときは、受け身になって、適切な人たちから前向きな励ましを受け取りましょう。厳しい批判を受ければ、魂は簡単にがんじがらめになってしまいます。ですが一方で、褒め言葉を言われても、その言葉をきちんと受け止めず、受け流してしまう女性も多く見かけます。次に励ましの言葉をもらったときには、その言葉をしっかりと感じてください。その言葉によって、あなたの火を再燃させてください。これはエゴを増大させる行為ではありません――ビリーフの問題です。あなたは、受け取ることができないほど弱っているのです。自分の信頼が揺らいでいるときは、他の人の愛、サポート、信頼によってあなたを高め、内なる火を再燃させてください。

この章で説明したすべての概念は、互いに結びついています。自分の力に火をつけなければ、勇気を生み出すことはできません。勇気がなければ、意志を活用することはできません。そして、強い意志がなければ、重要なことを明日に先延ばしにします。その結果、自信を失い、怠惰になり、火を弱め、自信をなくします。だからこそ、火のチャクラの儀式の実践がとても重要なのです。これらは、ただ頭の中で念ずるだけでなく、自己の熟練に伴う心からの自信を体感できるよう「行動を起こすこと」にも焦点を当てています。

4. 健全な怒り

スピリチュアルな教えでは「怒りを乗り越えるべきだ」ということがよく言われます。ですが、そうすると感情が抑制され、自己を批判するようになります。

怒りは無視してはならない強力な感情です。怒りは「閉じ込められた力」と考えてください。この力を健全な方法で消化することを学ぶと、私たちは怒りを燃料にして、日々の生活の中で前向きな行動を取ることができます。

ここでは、怒りについて次のことを覚えておいてください。

「表には表現していない怒りも、内側で表現されています」

怒りを健全な方法で感じず、表現しない場合、この怒りは体の組織に蓄積され、障害物となり、肉体、思考、魂を破壊する力になります。ときに、この破壊力は、自傷行為、恥、他人ではなく自分への非難として現れます。そしてエネルギーをシャットダウンし、魂を侵食します。だからこそ、怒りを抑えつけるのではなく、しっかりと向き合わなければなりません。怒りの下には何が隠れていますか？　何が必要ですか？　そのエネルギーをどのように利用できますか？　私たちは自分の怒りと密につながり、怒りを表現するための建設的な出口を見つけなければなりません。これは特に女性にとっては重要です。怒りは悪いことではありません。健全な怒りは私たちが不正に立ち向かい、世界のより大きな利益のために行動を起こすことを助けます。

第3チャクラが活性化していないと、怒りを感じること自体が難しいかもしれません。ですから、火がついたときには、変容させ解放する必要のある、むき出しの怒りに出くわしても驚かないでください。内なる火をつけるとき、私たちは怒りを行動に変えることができます。私たちは、受け身に反応するのではなく、前向きでいることができます。そして健全な怒りを成長へと変え、そこから力を得ることができるのです。

5. 自己破壊

2013年、私には成し遂げたい大きなことがありました。長年、大好きなダンスとヨーガを融合させたイベントの企画を夢見ていましたが、ついにその夢を実現させるときが来たのです。

私は、世界的に有名なハウスミュージックDJのマルケス・ワイアットと共同主催で、「Deep Exhale」というイベントを立ち上げました。このイベントはヨーガ、ダンス、ハウスミュージックを融合させたイベントで、参加者に強烈なパワーや自由の高まりを体験してもらうという趣旨のものでした。このイベントは、当時のヨーガ界では異色でした。

初めて開催したイベント当日の朝は曇り空で、チケットは売り切れていました。このようなイベントで教えたことがなく、緊張していた私はサーフィンに行くことにしました。ウォームアップをして大きなイベントに備えようと思ったのです。

その日は寒く、数か月ぶりのサーフィンでした。ボードを持って海を眺めていると、水が少し濁っていましたが、とにかく入ってみることにしました。ですが、海に飛び込んで沖に漕ぎ出すと、数分後には大惨事に見舞われました。荒波にさらわれ、岩に激突してしまったのです。その場にいた男性に助けてもらったのですが、あまりにひどい怪我を負ったため、車まで歩くのがやっとでした。痛みとショックで運転席にへたりこんでいると、頭の中で「大変！　イベントを中止しなきゃ」という声が聞こえてきました。でも、同時にこのような声も聞こえてきました。「でもクリスティ、これはずっとやりたかったイベントじゃないの！」

私は選択を迫られました。「妨害する声」に身を任せて破滅の道を行くか、それとも「恐怖」を火の中に投げ込み、それを「力」に変えるのか……。

こうした瞬間は誰にでも起こりえます。大事な会議の朝に寝坊したり、大きなプレゼンの日に体調を崩したり、成功をつかむ目前で何かしらの災難が起きてしまうのです。

どれほど強く何かを望んでいても、行動を起こそうとしても、それが人生の目的に合っていなかったり、無意識の深いレベルで自分が成功に値すると信じていなかったりすると、妨害するような行動をとってしまうことがあります。しかし、内なる炎が強く燃えていれば、あなたは自分を信じ、自信を持ち、自己破壊に打ち勝つことができます。車の中で、傷つき、怖くて、不安で動けなくなったあの重要な瞬間に、私は選択をしました。炎の中に飛び込むことを決めたのです。

私が選んだ道は、ヒーラーに電話し、痛み止めの薬を飲み、夢だったイベントで教えるために痛みを我慢することでした。それから数年後、危うくキャンセルしかけたDeep Exhaleのおかげで、私は世界中の何万人もの女性にヨーガやダンスフュージョンを教えることができるようになり、自らの望む人生を送ることができました。

もしあのときキャンセルしていたら、どうなっていたでしょう……？

これこそが変容の瞬間で、日ごろの訓練が生きてくる瞬間です。これらは、あなたの勇気、意志、力、そして信頼の源泉がもっとも発揮される瞬間なのです。

ドゥルガーに会う：火のチャクラの女神

女性のスーパーヒーローといえば、ストーム（マーベル・コミックの架空のスーパーヒーロー）がいます。他にも、ドラマシリーズ『ジーナ』や、映画『ワンダーウーマン』の主人公、そして女性性の力を最大限に表現しているシーラ（アメリカのアニメ『She-Ra and the Princesses of Power』の主人公）がいます。

しかし、こうした神話上の神々をも凌駕する女神がいます。彼女の名前はドゥルガー。ヒンドゥー教の神々の中でもとりわけ強い女神であり、偉大な母でもあります。ドゥルガーは、〝愛の力〟と〝力の愛〟の違いを教えてくれます。私たちは、どんなときも世界のために自分の火を使わなければならないのです。ドゥルガーは、強さ、勇敢さ、勇気、思いやり、そして不正に打ち勝つために現れた怒りの女神ですが、そのすべての行動は愛の名のもとに行われています。獅子にまたがり、とても美しいサリーと金の宝石を身につけ、いつも微笑みを浮かべています。一見すると獰猛な戦士には見えませんが、彼女はまさに女性性の力が顕在化した存在なのです。

ドゥルガーの肖像には8本から18本の腕が描かれており、その手にはそれぞれ、あらゆる苦しみを和らげるため特別に作られた武器が握られています。私たちを苦しめる悪魔や制限されたビリーフから解放してくれるのです。

では、ドゥルガーの魅力とは何でしょうか？　それは、呼ばれた場所には、必ず来てくれることです。どうしたらいいのかわからないとき、私たちはドゥルガーを頼ることができます。恐怖や自己不信にがんじがらめになってしまったときには、ドゥルガーの助けを求めることができます。彼女が剣を一振りすれば、私たちを縛るものは切断されます。ドゥルガーは万能で、窮地に陥ったときには世界を救ってくれます。

数あるドゥルガーに関するストーリーの中でも、私が特に好きな話をご紹介しましょう。

昔あるところに、シュンバとニシュンバという2人の悪魔の兄弟がいました。彼らは無敵の力を授けられることになりました。しかし、神々からこの恩恵を受け取るためには、自分たちを殺すことができるものを

１つ挙げなければいけませんでした。悪魔の兄弟は鼻で笑って神々に言いました。「我々を征服できた女などいない。だから、我々が負けるとすれば、そんな女が現れたときだ！」。兄弟は自分たちが不死身であることを確信し、その力を悪事と私利私欲のために使いました。彼らは善が力を持たなくなり、崩れ落ちるまで、空から太陽、月、星を奪い尽くしてしまいました。悪魔の兄弟を打ち負かせる者がいないのは誰の目にも明らかでした。

そうして宇宙が滅亡の危機に瀕したとき、インドラという神が現れ、悪魔の兄弟の無敵の魔力に打ち勝つ抜け穴を発見しました。そこでインドラは、最強の神々や女神たちを集めて作戦を練ることにしました。彼らは、あの兄弟を倒すことができるのは、ドゥルガーしかいないと知っていました。そして神々と女神たちは、力を合わせてドゥルガーの住む場所へと向かい、助けを求めることにしました。彼女が倒さなければ、世界は消滅してしまうと伝えたのです。

ドゥルガーは、呼ばれたときには必ず姿を見せてくれるので、金の装飾を身にまとい、獅子に乗って現れ、世界を救おうと決意してくれました。神々は、ドゥルガーに内なる力だけでなく、彼らがそれぞれ持つ偉大な力を授けようとしました。そして特別な武器を与え、ドゥルガーは多くの手を使ってそれらを握りしめ、悪魔の兄弟を探しに勢いよく飛び出していきました。

悪魔の兄弟の城に着くと、兄弟は彼女の美しさに魅了されてしまいました。ドゥルガーは悪魔の兄弟が見たことのないような美女でした。彼らはすっかりドゥルガーに夢中になってしまい、ドゥルガーを妻・女王として迎えようと、召使いを送りました。召使いはドゥルガーに会いに行き、こう言いました。「美しいあなた、我が主はあなたと結婚したいと思っています。あなたは女王になれるのです」。ドゥルガーは答えました。「あら、ありがとうございます。でも、１つだけお願いがあります。私が結婚相手に選ぶのは、戦いで私に勝てる人だけです。あなたのご主人様たちが私を手に入れたいのであれば、ここに来て、戦いで私を打ち負かしてください」。

それを聞いた兄弟は、笑いながら言いました。「髪の毛を引っ張ってでも、あの女をすぐに連れてこい。あいつは俺らのものだ」。従順な召使いはドゥルガーのもとに戻り、彼女を無理やり城に連れ込もうとしました。しかし、召使いが近づくと、ドゥルガーは剣を振りかざし、一撃で彼の首を落としてしまいました。上空からそれを見ていたシュンバとニシュンバは、怒りくるい、無数の軍隊と悪魔の戦士に命じてドゥルガーと戦わせましたが、ドゥルガーは軍隊を次々と打ち破り、悪魔を跡形もなく消えてしまいました。怒りに燃えた兄弟は、ついにドゥルガーの正体に気づき、自らドゥルガーを倒しに行きました。シュンバとニシュンバは、自らの変身能力を駆使し、何日も戦いを続けました。そして、戦いが長引くにつれて、兄弟は、私たちの心に存在するさまざまな悪魔の姿に変身していきました。しかし、それだけではドゥルガーを倒すことはできませんでした。彼女の愛とつながりという究極の力は、兄弟が出現させたすべての障害物、武器、悪魔を打ち破りました。

ついにドゥルガーは、悪魔の兄弟の胸に足をかけ、剣を突き刺して一瞬にして殺してしまいました。シュンバとニシュンバは、その剣が肌に刺さった瞬間、女神の目を見て、愛の力に変えられ、死んでいったと言われています（※1）。

ドゥルガーの物語は、真のヒロインの旅といえます。私たちが自らの中心につながっていれば、彼女は私たちが必要なすべての力を備えていることを思い出させてくれます。彼女のたくさんの腕は、現代の女性が抱えるさまざまな責任を表しています。私たちの心が、恐怖やリミッティング・ビリーフ（私たちを制限する思い込み）という形で私たちを騙そうとしてきても、私たちの中にある愛の力によってすべてを克服することができるのです。迷いが生じたときは、偉大なる女神の目を見てください。そして本当の自分を思い出させてもらいましょう。あなたは女神です。あなたはワイルドウーマンです。そして、あなたの最大の力はあなたの内側にあります。

※1　２００８年にサンフランシスコで開催された「Goddess at Yoga Journal Conference」でのSally Kempton の講義：https://www.sallykempton.com.

プラクティス：火の7日間

1日目：祭壇作り

力の祭壇は、毎日の火の儀式を行うための場所です。これからお伝えするアイデアは、私が個人的に祭壇に使用しているものです。あなたの祭壇はあなただけのものであることを忘れないでいてください。人生で、実現したいことに向けて、ひらめきを授かり、行動を起こしたいと思えるようなアイテムで満たすようにしましょう。自らの力を反映したものを置くことで、自分を過小評価してしまうときや、ネガティブになってしまいそうなときには、この祭壇が、自らの中心に戻る羅針盤のような役割を果たしてくれるでしょう。最終的に、力の祭壇は、あなたが本当の自分を思い出せるものでなければなりません。

まずは必要なものから揃えて、作っていきましょう。

力の祭壇に必要なもの

・金色や黄色のもの
・火のエレメント：キャンドル、マッチ、オイルランプ
・あなたにとって、力の象徴となるもの

力の祭壇のアイデア

・鏡：あなた自身の神性を映し出すもの
・燃やすもの：ホワイトセージ、パロサント、ピノン、お香
・ドゥルガーの肖像
・下向きの三角形：シャクティの強いエネルギーを象徴するもの
・目標や夢を書いたリスト
・天然石：レッドタイガーアイ、シトリン、パイライト
・オイル：ベルガモット、メラルーカ、ジンジャー
・タロットカード：「力」「隠者」「塔」「火の3」

それぞれの天然石、オイル、タロットカードの意味については、巻末の一覧表をご参照ください。

内観ワーク

1. あなたにとって、強い女性になるとはどういう意味ですか？
どのような姿をしていて、どのように感じますか？
どんなことをしているのですか？
できるだけ詳しく説明してください。

2. この章で取り上げた５つの概念（力、意志、自信、健全な怒り、自己破壊）について考えるとき、あなたの人生は、どの領域でもっとも力を感じていますか？　あるいはどの領域でもっとも力が弱いと感じますか？　これらは重なっている可能性もあります。

3. あなたが力を与えられ、生きていると感じたときのことについて書きましょう。
そのとき何をしていましたか？　監督があなたの説明から映画のシーンを撮影できるくらい詳細に書き出してみてください。

２日目：アグニ・ムドラー

今日、取り組むムドラーは、エネルギーを充電するムドラーで、アグニ・ムドラーとして知られています。サンスクリット語でアグニ（agni）は「火」を意味しますが、火とは力、光、エネルギー、変革の本質です。内なるアグニをないがしろにして、育もうとせず、エネルギーを与えずにいると、やがては燃え尽きてしまい、目的や方向性を見失い、自らの生き生きとした輝きを消してしまう危険性があります。アグニ・ムドラーは、疲れたとき、弱っているとき、やる気が出ないときに行うムドラーで、バッテリーを充電し、再び火

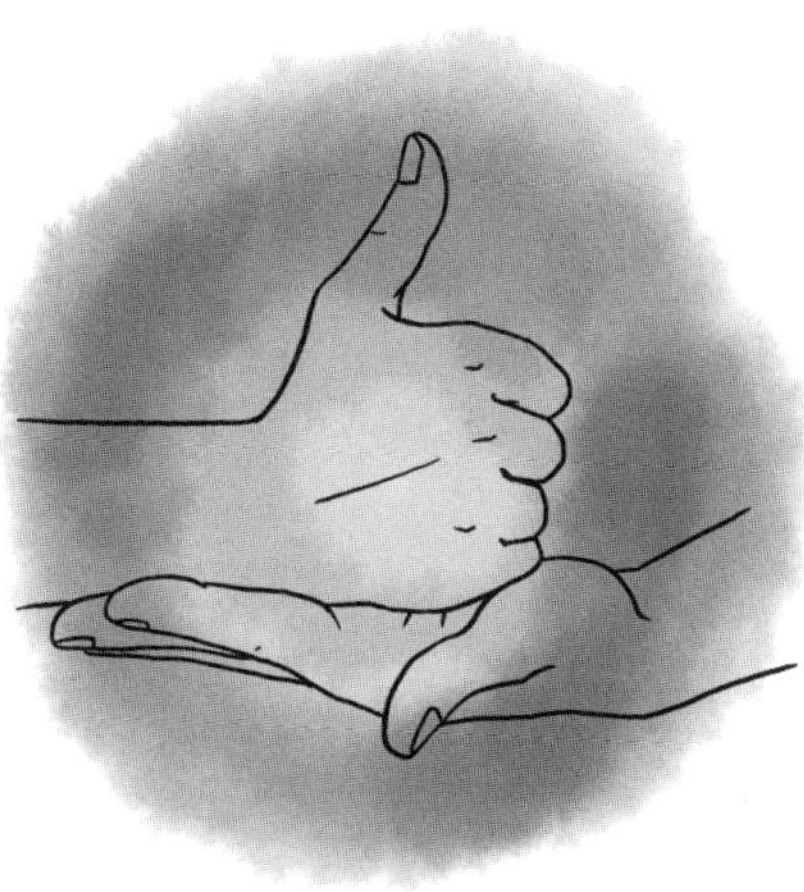

花を熾し、意志を再燃させます。

手順は次のとおりです。

1. 祭壇の前で楽な姿勢で座ります。背筋を伸ばし、骨盤を大地に根付かせます。手のひらは上に向けて、両手を膝の上に置きます。
2. 3回、栄養を行き渡らせるように呼吸をして、鼻から息を吸い込み、口から吐き出します。
3. 左の手のひらをおへその高さまで持ち上げます。手のひらの小指側を腹に当てます。
4. 右手で、4本の指をこぶしにそっと戻し、親指を上に向けて伸ばします。
この親指は炎や火のエレメントを表しており、内なる炎の形を表しています。

親指を上に向けたまま、右のこぶしを左の手のひらに置きます。
5. ムドラーの炎にそっと視線を定め、ゆっくりと深く、栄養を行き渡らせるように呼吸を5回行いましょう。
6. 次に、目をそっと閉じて、内なる視線を炎に向けます。
内側で燃ゆる炎の輝きと力を想像し、感じてください。

その光を浴びて、あなたは育まれ、燃料を供給されます。

体全体に広がる炎の光を想像してみてください。

この炎は、あらゆる部位、すべての細胞にまで届き、癒しと変容をもたらし、サポートします。

少なくとも5~10回、ゆっくりと深く、栄養を行き渡らせるように呼吸を行います。
7. このエネルギーを充電するムドラーで呼吸を続けていると、以下のマントラや考えが浮かんでくるかもしれません。
私は光の力です。

私は生きる炎です。

私は内なる炎の光にサポートされ、癒されています。
8. 完了したと感じたら、マントラを解放し、もう一度、深呼吸をします。

それから目を開けて手のひらを下ろします。

少し時間を取って、今の気持ちを見つめてみましょう。

倦怠感や自己不信を癒し、変容させ、気持ちを高めるのは、あなたの神聖な炎の光であることを忘れないでください。内なる炎に意識を向け、アグニを燃やし続ける方法として、このムドラーを何度も繰り返し実践しましょう。

内観ワーク

1. あなたが自らの光を見ることができなくなってしまったとき、誰があなたに力をくれましたか？
2. 質問1で挙げた人は、あなた自身の信念を再燃させる手助けをしてくれましたか？　そうであれば、こうした人たちに感謝の手紙を書きましょう。
3. あなたは誰に力を与えたり、元気づけたりしましたか？　真の女性性の力とは、相互のサポートと愛を意味します。

3日目：呼吸―カパラバティ呼吸法

このプラーナヤーマのプラクティスは、エネルギーを高め、自信をかき立て、クリアなビジョンをもたらします。内なる火を作り出すにはエネルギーが必要なので、呼吸を活用する方法を学ぶことは不可欠です。

この章で一緒に取り組む呼吸法は、強力な方法であなたの火を煽るでしょう。この呼吸は「カパラバティブレス」と呼ばれています。カパラは「頭蓋骨」を意味し、バティは「光る頭蓋骨」を意味します。聖人や天使の写真を見たことがあれば、頭の周りに美しい光の輪が描かれていることがよくあります。カパラバティを行うと、エネルギッシュな光の輪が現れ、あなたの光が世界に向けて明るく輝きます。

この呼吸法は内なる火を活性化し、炎の光のようにエネルギーを上向きにシフトさせてくれます。そして、私たちのシステム全体を浄化して再生し、あなたが肉体的および感情的な毒を焼き尽くすことを助け、私たちを立ち往生させている慣性を打ち破ります。カパラバティは活発で、燃え上がり、すでに加熱されているので、火がつく準備はバッチリです！

手順は次のとおりです。

1. 楽な姿勢で座ります。
2. 手を下向きの三角形の形にして下腹部に持っていきます。指先を下に向け、親指同士が触れ合うようにします。
3. 口を閉じたまま、リズミカルに鼻から短く鋭い息を吐きます。1秒に1回以上、息を吐いてくださ い。呼吸をするときには、強く息を吐き出すことに意識を集中させてください。吸い込むときには、力を抜いて委ねましょう。自分のコアが、ポンプのような役割をしていることを感じてください。息を吐くたびに、お腹を引っ込めて、背骨に向かって押し戻します。カパラバティを行うときに、力みすぎて負担をかけすぎてしまう人も多くいるので、リラックスしてください。
4. 30~60秒間、素早い呼吸を続けてから、長く深く息を吸い込み、ゆっくりと息を吐きます。
5. 3回繰り返します。

注記

- 軽いめまいやふらつきを感じることもありますが、心配する必要はありません。それは頭蓋骨が輝いている証拠です。必要に応じて中断し、自分のペースで進めてください。
- 鼻水が出ることもあるのでティッシュを用意しておきましょう。
- 鼻から息を吐くことができない場合は、口から息を吐いても大丈夫です。
- 妊娠中または生理中の場合は、行わないでください。
- 高血圧や緑内障の方は、より穏やかな呼吸を意識してください。

内観ワーク

1. あなたはこれまでの経験の中で、否定的な習慣、癖、思考が、自分の意志を行使したり、夢に「イエス」と言ったりすることを妨げていることに気がついたはずです。こうした苦痛が悪霊だとしたら、それらに何と名前を付けますか？　例えば、自己破壊の悪魔、完璧主義の悪魔、というのはどうでしょうか？

自由に想像してみましょう。あなたの人生に登場する誰かにちなんで、悪魔に名前を付けることもできます。

2. あなたとともにいるもっとも凶暴な悪魔を挙げてみましょう。この悪魔は、あなたを何から遠ざけようとしているのですか？

3. あなたが自由でいるためには、何が必要かを悪魔に尋ねることはできますか？　多くの場合、悪魔は何かを癒す手助けをするために醜い姿を見せてくれます。

４日目：マニプーラの体の祈り

マニプーラの体の祈りへようこそ。

この祈りは、意志を活性化し、自信をかき立て、行動につながる力を与えてくれる一連の動きです。内なる火をつけたときに、変容の力を感じられるよう準備をしてください。

推奨される実践方法：写真を参考に、次の動作を左右それぞれ1〜3回ずつ繰り返します。また、www.chakrarituals.comでは動画を見ることもできます。

立ち上がり、脚を平行にして、腰幅に広げます。

1

息を吸いながら、膝を曲げ、椅子のポーズになります。息を吐きながら、腕を飛行機のように斜め上に伸ばして、かかとを上げます。息を吸いながら、かかとを下げて、椅子のポーズに戻ります。これを5回繰り返します。

2

息を吐きながら、腰からお尻を頂点にして体を前に倒します（必要があれば膝を曲げてください）。

3

左脚を後ろに下げます。息を吸いながら、ハイランジのポーズ。

4

息を吐きながら2つのこぶしを作り、腕を下げて後ろに引くと同時に、後ろ脚を曲げます。次に息を吸いながら、ハイランジのポーズに戻ります。3～4のポーズを5回繰り返します。

5

息を吐きながら、体重を前足に移し、後ろ膝を力強く胸に引き寄せます。

6

息を吸いながら、左脚を後ろに踏み出し、ハイランジのポーズ。5〜6のポーズを5回繰り返します。

7

両手を肩幅に広げて、お腹を引き締め、プランク（板）のポーズ。

8

右腕を右腰に戻し、右肘を体に近づけます。次に左腕も同じようにして繰り返します。

9

両膝を下ろし、両肘を体に密着させたまま、腕を曲げて、チャトゥランガのポーズ。

10

息を吸いながら、顔を上げてアップドッグのポーズ。手で体を支え、両膝と腰をマットから浮かせます。

11

息を吐きながら、体を後ろに引いて、ダウンドッグのポーズ。

12

マットの前方に足を踏み出し、ロールアップで起き上がり、息を吐き出します。胸の前で合掌します。

今度は右脚を後ろに下げて、3番目から繰り返しましょう。

内観ワーク

ヴィンヤサの体の祈りを終えたら、力、勇気、火について、以下の質問を考えてみてください。

1. 自分のコアとどのような関係を築いていますか？ 自らの中心と物理的につながっていると感じますか？ 感情的にはどうでしょう？
2. 自分の怒りに触れていますか？ 最後に怒りを感じたのはいつですか？ 怒りを表現するのに苦労している場合、それが続くとどうなりますか？
3. 空欄に記入してみましょう：
私は＿＿＿＿＿＿＿＿に対する意志を強化しています。

5日目：瞑想——「ありがとう、私はあなたを手放します！」

火の瞑想は、これまでに行ったどのタイプの瞑想とも異なるかもしれません。なぜなら、活発な瞑想だからです。3日目と4日目には、エネルギーを充電するアグニ・ムドラーとカパラバティ呼吸法で内なる火とのつながりを築き始めました。

今日はその火を深く感じ、自分にとって役立たないものを手放しましょう。今日の儀式でたっぷりとエネルギーを補給したい場合には、この瞑想の前に数回、カパラバティ呼吸法を実践しても構いませんが、必須ではありません。

以下に従って瞑想を行ってみましょう。

1. 祭壇の前で楽な姿勢で座ってください。骨盤を大地に根付かせ、背骨をまっすぐに伸ばしてください。
2. 鼻から息を吸って口から吐き出し、栄養を行き渡らせるように呼吸を3回行います。

3. 手のひらを勢いよくこすり合わせます（火を熾すプラクティスを思い出してください）。これは、変容の神聖な火花を熾すために必要な摩擦を生み出す方法です。熱くなるまで手をこすり続けましょう。

4. 十分な熱を感じたら、温かい手のひらをみぞおち（へそのすぐ上のスペース）に当てます。体の中心深くに熱を送るようなイメージで、マッサージをしてもらっても構いません。

5. 心地よく目を閉じて、太陽神経叢にエネルギーを送り込むイメージを描いてみましょう。呼吸をするたびに、内なる炎が燃え上がり、少しずつ明るく燃え始めます。

6. そこから5分間、心配事、恐れ、リミッティング・ビリーフを神聖な火へくべましょう。それぞれ火にくべるものを具体的にして、名前を付けます。燃やすときには、次の言葉を声に出して言いましょう。「ありがとう。あなたを手放します」。そして、これらが炎の中で燃えているのを想像してください。この5分間で、必要な数の捧げ物をしてもらって構いません。あなたの力を弱めたり、あなたを小さく感じさせたりするものすべてを焼き払ってください。そして、まばゆい輝きを取り戻します。変容の火によって力を解放してください。手放すときには深く呼吸をしましょう。完了したと感じるまで続けます。

必要なときには、いつでもこのプラクティスに戻ってきてください。毎日の儀式のどれにでも自由につけ加えてもらって構いません。この神聖な機会は、不必要なものを焼き尽くすためにあります。そうすることで、内側にある広大な力に目覚めることができるのです。

6日目：顕在化――個人のかがり火

今日の顕在化の実践では、想像力とヴィジュアライゼーション（視覚化）の力を呼び起こします。ダイナミックな体の動きによって、あなた個人の変容のかがり火を作り出します。私がこのパワフルな儀式を初めて行った場所は、マサチューセッツ州のクリパルセンターでした。私はランチに行く途中で、メインのイベントホールから聞こえる、うっとりするような太鼓の音に、文字どおり、引き止められました。

気がつくと私は100人の人たちとともにメインフロアで踊っていました。激しく踊りながら、インストラクターが導いてくれた、ある種の火の祭典を通じて心からの自由を感じました。この一連の経験すべてに驚きを感じた私は、このイベントのクリエーターであるトニ・ベルギンスに会うためだけにそこにとどまり、さらに旅のスケジュールを再調整して、数か月後には彼女と一緒にさらなる学びを深めました。彼女が考案した体を使った作品はJourney Dance™と呼ばれており、変容を顕在化する実践法として、人々が新しい物語に移行することを手助けします。今日は、トニの才能から着想を得た儀式を学び、内なる火を燃やしていきましょう。

動き出す準備はできていますか?

次の説明に従って実践してみましょう。

1. 体を十分に動かせる場所を見つけます。十分なスペースが必要になるので、近くの床に物がある場合は、邪魔にならないように移動し、動くための場所を確保してください。
2. そのスペースの中央にまっすぐ立ちましょう。脚を大地に根付かせ、あなたのコアの中心にある第3チャクラの上に手を置きます。ゆっくりと深く、栄養を行き渡らせるように呼吸を3回行います。
3. 自然の中で、あなたにとっての〝焚き火〟を熾すのに最適な場所を探しているところを想像し、自由に空間を歩いてみてください。焚き火をする場所を選んだら、その周りを3回、円を描いて歩き、スペースを確保します。
4. 焚き火に必要なすべてのアイテムを集めるつもりで思い描いてみてください。炎にくべるための、恐怖・疑い・ジャッジ・思い込みなどを表す薪を集めてみましょう。このプラクティスには特別な力が生じるため、それぞれの薪に手放したい名前を付けます。子どものように想像し、遊ぶことを自分に許可してあげてください。
5. すべての薪をセットした後は、手のひらを激しくこすりましょう。こうすることで、点火するために必要な摩擦が生じます。手に熱が集まってきているのを感じることができますか？　火を熾しましょう。

6. 火花が見え始めたら、火をつけるときです！　空に向かって腕を伸ばし、大きな声で「オーーーーーーーー」（火のチャクラの母音）と発声しながら、聖なる炎の中でエゴという障害物が燃え上がるのを想像してください。この火には、人生を妨げるものからあなたを解放する力があります。さあ、燃やしましょう！

7. 次に、肉体の障害物を振り払っていきましょう。手から始めて、体の各部分を個別に揺さぶってください。両手を激しく振りましょう。次に、上半身全体が揺れ始めるまで、腕、肩、胸を揺らします。その後、お腹、腰、お尻、脚、足先を揺らします。できるだけ情熱的に揺さぶってください。すべての細胞の野生を目覚めさせるのです。少なくとも2～3分間は揺らし続けましょう。快適に感じる長さよりも、少し長めに揺れ続けることで、タパスを練習できます。完璧主義を振り払ってください。頑固さを振り払ってください。あなたが真のワイルドな戦士、火の女神になるのを妨げる障害物や障壁を振り払いましょう。

8. すべてを揺さぶったら、一旦停止します。脚を大地に根付かせ、腕を頭上に伸ばします。そこで静止してください。踊る炎の光を浴びるように、静脈を通じて脈打つ、生き生きとした高まりを感じてください。その中に立ちましょう。感じましょう。所有しましょう。尊重しましょう。

9. 次のアファメーションを声に出して繰り返してください。「私は戦士です。私は女神です。私は私です」。魂で感じられるようになるまで何度も繰り返しましょう。

10. 準備ができたら、四つん這いになり、手を使って火を消すことを想像してください。火が消えたと感じるまで、手のひらで地面をトントンと叩きます。

11. 聖なる灰を手に取り、体に塗ることを想像し、儀式を完了します。第3の目、喉、心臓、力が宿る必要があると感じる体のどこにでも塗ることができます。

12. 終了したらすぐに、ノートを取り出して、次の内観ワークを実践してみましょう。

内観ワーク

1. 今回のプラクティスを実践してみて、感じたことを書いてください。まったく新しい経験だったかもしれませんが、今の気持ちを正直に書いてみてください。そこには正しいも悪いもありません。あなたには自分の本当の気持ちを主張する権利があります。エネルギーや思考の変化、または儀式の最中にどのようなことを感じたかについて書いてみてください。直感的なメッセージを受け取りましたか？　言葉で表現するのが難しい場合は、気楽な気持ちで絵を描いてください。
2. 残った灰からは何が出てきましたか？
3. 変容の火を燃やした今、あなたは人生の何に対して「イエス」と言っていますか？

7日目：火のチャクラから学んだこと

・あなたの力は内側から湧き上がってきます。
・魔法は、個人の意志が神の意志と一致するときに起こります。
・揺るぎないものになるまで、自分の中に信頼を築きましょう！
・自信についての3つのゴールデンルールを覚えておいてください。
　自分をないがしろにするのをやめ、インスピレーションに従って嫉妬と戦い、褒め言葉を受け取りましょう！
・怒りは体に閉じ込められた力であり、健全な表現のために外に出す必要があります。
・変容は熱く、不快なものです。煙の近くに立ちつくしたままでいることはやめましょう！
・ドゥルガーは、あなたが力を持って立ち上がり、最高の力である「愛」と1つになることを求めています。

私たちはこの7日間、障害物を燃やし、火を熾し、エネルギーを解放するために時間を費やしました。今度は、このエネルギーを上向きにして、丹田の火から心臓の火を目覚めさせましょう。力のバランスが取れたこの場所から、私たちは恐れを手放し、勇気ある行動を取り、愛の力で完全に生きることができます。

私たちが自らの力を完全に受け入れ、すべてを受け入れる道を模索するにつれて、バランスの取れた人間関係を築くことも容易になります。このようになると、私たちは、必要性や満たされたいがために、ロマンチックな関係、友情、家族関係を築く必要がありません。満たされるために人を必要としなくなります。代わりに、私たちの内なる火の力は、自分自身を深く愛することだけでなく、すべての関係性において深い愛を経験することを可能にしてくれます。私たちが神の真の力につながるとき、私たちは神の目を通して見て、すべてのものに愛を感じます。

今日は、振り返りと休息の日です。このチャクラの章から、あなたが得たもっとも重要な学びは何だったか、少し時間をかけて振り返ってみてください。この章で1つだけ覚えておくことがあるとすれば、それは何でしょうか？　旅を続けるにあたって、覚えておきたいことを1つ、書き留めておきましょう。また、前日までのエクササイズやワーク、解説を復習する絶好の機会でもあります。

ハートの中にはすべてが出会う空間があります。
私を見つけたければここに来てください。
精神、感覚、魂、永遠――すべてが存在します。
あなたはここにいますか？
さあ、ハートの広大な器に入ってください。
いつも響き渡る歌に耳を澄ましてください。
他のことは一切考えなくて大丈夫。
静かなエクスタシーはここにあります。
完璧な場所で休息するという着実で堂々とした感覚。
あなたは顕在化された祝福です。
あなたを呼び戻す声が聞こえてきたら、
何度も何度もその声に応えてください。
やがてあなたは気づくはずです。
「私の居場所はここです。私こそが家なのです」

――『The Radiance Sutras』：スートラ26

第6章

あなたは愛です
第4チャクラ

私たちは中心点、つまりシステム全体の中心であるアナーハタチャクラに辿り着きました。天と地が融合し、精神と肉体が1つになる場所であり、神聖な男性性と神聖な女性性が愛し合う場所でもあります。全体性（ホールネス）や真の統合、バランスのためにそれぞれ反対の力がともにダンスをしているのです。私たちを構成するすべてが抱擁しあうことで、私たちは並外れた力と「愛」というギフトに目覚めます！

「愛」。私たちは皆、その力を知っています！　空の上を歩くような気分にさせてくれたり、深い傷を癒してくれたり、平穏な空間で休んだり、翼を広げて飛んだりすることができるのは愛のおかげです！　その一方で、愛は跪（ひざまず）き、泣き、引き離し、分断し、目に見えない保護の壁を築くものでもあります。しかし、ハートはオープンで敏感になるほど無防備になってしまうという矛盾をはらんでいます。では、ハートの聖なる痛みを和らげるだけでなく、癒すこともできる場所があるとしたらどうでしょうか？　愛を封印したり、鎧をまとったりするのではなく、愛をより大きく、より大胆にして、あるがままの自分へと導いてくれる場所があるとしたら？　アナーハタは「打ち負かされない人」「傷つかない人」「壊れない人」という意味です。ところがハートの本質は「鼓動」し、「破壊」し、「出血」し、何度も「傷つく」こと。「アナーハタ」という言葉は1つではなく2つのハートがあるという事実を示しているのです！　鼓動を司る肉体的なハート（心臓）と、決して壊れず死ぬことのない精神的なハート（心）です。精神的なハートはサンスクリット語の「hridaya」で知られる、あなたの心のスペースのもっとも奥にある洞窟です。あなたが真の癒しを求めて何度も何度も戻ってくることができる、無限の愛であふれるパーソナルな泉です。逃避する場所ではなく、すべての次元で優しく保たれ、修復され、心を豊かにするための場所と言えます。あなたのためだけに用意されたこの場所は、永遠の力と思いやりであなたを愛し続けます。2つのハートが出会う場所は、無限の存在の喜びである「アナンダ」が誕生する場所です。壊れることのないあなたを探究し、最愛の人に熱烈に恋をして、愛を深めて、ともにダンスをしましょう。

ハートチャクラの構造

ハートのヤントラは12枚の花びらを持つ蓮の花を表し、それぞれの花びらは喜び、明るさ、優しさ、悲痛、悲哀、希望、喪失感、高揚感、愛、一体感、思いやり、共感などそれぞれ感情を表しています。また蓮の中には2つの三角形が組み合わさった放射状の六芒星がありますが、6つの角は私たちの心と愛が動き、舞い上がり、輝きを放つすべての方向を示唆しています。ハートのエレメントは空気のように無限に広がり、愛はすべてに触れ、どこにでも息づいているのです。このサンスクリット語のシンボルは「アシャトーナ」として知られ、ユダヤ教や仏教、ヒンドゥー教など多くの文化や伝統に登場します。そのすべてにおいて、反対向きの三角形の組み合わせである六芒星が描かれますが、それは神聖な恋人であるシヴァとシャクティの神聖な結婚を象徴しています。上向きの三角形は神聖な男性性であるシヴァを、下向きの三角形は神聖な女性性であるシャクティを表しているのです。私たちには女性性と男性性のエネルギーがありますが、性別やアイデンティティーに関わらず永遠の恋人同士が仲睦まじく抱き合いながらバランスをとっています。

蓮の色は緑色で、生命、自然、そしてすべての生き物のつながりを表します。興味深いことに、私たちの目にとって緑色は他の色よりも細かな色合いの違いを見分けやすい色だそうです。私たちに何千とおりもの愛し方があるように、何千ものグラデーションが存在し、それぞれの色合いはさまざまな愛を示唆しているのです。

生命の呼吸

呼吸はあなただけの特別なギフトです。食べ物がなくても数週間、水や日光がなくても数日間生き延びることができますが、空気がないとほんの数分しか生きられません。空気はあ

チャクラ早見表

名前	アナーハタ	種子音	ヤム（YAM） ※ヤミー（YUMMY）のように「ヤム」と発音します。美味しいものを食べたり、あなたのハートに子守歌を歌ったりする感覚です。
意味	打たれない 打ち負かされない 壊れない	母音	アー（AH） （赤ちゃんが初めて出す音）
体の部位	胸の中心	エネルギーの特質	愛、根本的な受容、思いやり、献身、親密さ、許し、対のダンス
エレメント	風	アファメーション	私は愛します。 私は愛です（アハム・プレマ）。 私は愛にふさわしい存在です。 私は自分自身を完全に愛し、受け入れます。 私は生命のダンスが大好きです。 私は神の愛に包まれています。 私はこの身を愛の道に捧げます。
色	緑色		
感覚	触覚		

関連する体の部位	心臓、肺、胸部、乳房、肩、腕、手、背中の中央から上部、循環器系、呼吸器系、リンパ系、胸腺
欠乏している場合の影響	冷たい、鬱、親密さへの恐れ、自他への批判、一方的な判断、共感の欠如、自分への配慮不足、自分に栄養を与えられない、メサイアコンプレックス
過剰な場合の影響	共依存、貧しい、しがみつく行動、人間関係での自己喪失、同情しすぎる、他人との境界線の欠如、過干渉、騙されやすい
調和のとれた状態	自己に対する根本的な愛、自己受容、思いやり深い、自他への親密さ、程よい境界線（いつノーと言うべきか知っていて、共感的で、心温かく、人生の恋人だと思える状態）

なたに生命、力、そして活力を与えます。あなたにインスピレーションを与え、あなたを神と結びつけるのです。ヨギは、あなたが誕生するとき女神が息を吹き込み、同時にあなたが息を吸い込むことで生命に息が吹き込まれると信じています。あなたと女神の間の親密な交流、言うなれば神のキスだと想像してみてください。その瞬間から、あなたの存在は神聖な生命力を持った彼女とのダンスなしでは成り立ちません。偉大なるシャクティは、あなたのすべての呼吸の流れの中で寄り添うように存在しています。あなたが息を吸うとき「彼女」はあなたに息を吹き込みます。そしてあなたが息を吐くとき「彼女」は息を吸い込んでいます。生命の鼓動に合わせて1日に2万1000回あなたと生命力を交換しているのはシャクティなのです。彼女はあなたの人生の中でもっとも親密な存在です。毎日彼女に配慮して呼吸の流れともたらされる知恵に敬意を払いましょう。あなたを動かす呼吸を尊重し、その魔法に畏敬の念を抱き、穏やかさとあるがままの力強さから生命と愛の授受に至るまで、その無限の特質すべてに思いを寄せましょう。あなたの呼吸は、道徳と神、地球と天国、そしてあなたの体と大きな生命体が交わる点となります。そしてこのダンスは、偉大なるシャクティが呼吸をして、あなたが人生最後の息を吸い込むまで続くのです。

ハートの知性

肉体的なハート（心臓）は力強く、知性があり、神秘的で、体の中でもっともよく働く器官です。何世紀にもわたって神秘主義者はそれを魂の座と呼んでいました。子宮の中で、あなたは心臓の脈動によって身体を形成していったからです。そうです、最初に形成されて鼓動し始めたのは、脳ではなく心臓なのです！子宮の中で胎児が最初に聞いたり感じたりする音は、母親の心臓の鼓動です。母親と赤ちゃんが1つとなりともに鼓動し、ダンスをしながら、心臓が持つ知性を通して、赤ちゃんの心拍は母親のリズムと一致し、絆が生まれます。同様のシンクロ現象が私たちの愛の関係でも起こります。

私たちは（ハートマス研究所での数十年の研究によると）心臓から脳への伝達があるだけでなく、心臓は脳に、脳が心臓に送るよりも多くの情報を送っていることもわかっています。科学はヨギが何千年もの間知っていたこと、つまり心臓に特別な知性と知恵があることを証明しているのです。また心臓は脳よりも5000倍強力な、体内で最大の電磁場を生成します。このハートフィールドの力がアナーハタチャクラです。それはあなたを包み込むだけでなく、あなたの中心から放射状に広がり、あなたや最大4・5メートル離れたすべての方向にいるすべての人々の空間に影響を与えます。

ハートには次元ごとに次のような役割があります。もっともシンプルな次元では「与える」、そして「受け取る」という役割です。そして生理学的な次元では、ハートは体内から血液を受け取り、酸素を含んだ血液を体内に戻しています。プラーナの次元では、体は息を吸い込み、呼吸、生命力、酸素を受け取り、そして吐き出される二酸化炭素で呼吸と生命を与えています。さらに知的な次元では、ハートは脳に情報を伝え、脳から情報を受け取っています。対人関係の次元では、私たちは愛の授受によってダンスをしています。このように、ハートは常に生命、呼吸、愛を与え、反対に生命、呼吸、愛を受け取っているのです！

映画『ザ・エージェント』は完全に間違えている！

ハートチャクラに関わる決定的なセリフが、ロマンチック・コメディー映画『ザ・エージェント』にありました。トム・クルーズが演じるジェリーは、レニー・ゼルウィガー演じる女性のことを最愛の人だと気づき、彼女を逃さないように「君が僕を完全にするんだ（You complete me.）」というセリフとともにロマンチックなジェスチャーをします。そのシーンで彼はその女性の心を掴みましたが、同時に世界中の女性たちはメロメロに。誰もが「なんて甘い関係なの」「ロマンチックね」「私もそんな愛が欲しい！」と歓声を上げたのです！　しかし私はあえてこう言いたいと思います。それは完全に間違えているのです！「あなたが私を完全にする（You complete me.）」という3つのシンプルな単語は、どんなにロマンチックに見えてもハートチャクラを不自由にするものです。自分は決して完全な人間ではなく、別の誰かがどうしても必要である。そして私だけでは不十分で、同じく完璧な、不完全な人を見つけたときだけ、幸せで、心が満たさ

れ、完全な存在になるのだと示唆しています。この3つの単語がどれほどあなたにダメージを与え、パワーを損なわせているのかわかりますか？　共依存によって歪められたビリーフ・システムにどうつながると思いますか？　もちろん私たちのエゴは最愛の人からの壮大なジェスチャーを望んでいますし、そのことは問題ありません。ただ、「あなたが私を完全にする（You complete me.）」と言うべき唯一の人物は、他の誰でもなく自分自身に対してなのです。ハートチャクラとはそもそも結合、統合、そして全体性（ホールネス）のことであり、あなた自身のすべての部分との結合を意味します。シヴァとシャクティの内なる結婚、つまり聖なる男性性と女性性のエネルギーによってバランスがもたらされるのです。他人があなたを完成させることは絶対にできません。今ここにいるあなたはすでに完璧で、完全で、完成されています。そして他人があなたの心の隙間を埋めたり望みを叶えたりすることはできません。あなた自身のハートの愛によってのみ満たされるのです。

ラダー

私がハートチャクラの女王として取り上げたいワイルドウーマンはラダーです。私は彼女の名前の響きに接するだけで人生のもっとも深い献身に感謝し、祝福したくなります。そして私の中に流れる生命力と一緒に、揺れて、歌って、踊りたい気持ちになります。ラダーは完全な献身の流れである「バクティ」の中で生きています。また彼女は神との交わりを切望しており、非常に情熱的で、官能的で、エロチックで、愛のためにすべてを危険にさらす存在です。彼女の名前の意味は「崇拝の形であるもの」。彼女がすべての存在、特に彼女の最愛の恋人であるクリシュナによって崇拝されているためです。ラダーとクリシュナは、とても厳かな生活を送っています。1つの魂が2つの異なる形になって姿を現した、ロマンチックな愛と精神的な愛の擬人化です。そしてアナーハタの歌がいつも流れている、肉体と精神が出会うハートの空間そのものです。

ラダーはすべての存在です。彼女は人間であり、女神でもあります。忠実な妻と母、そして同時にクリシュナとエロチックな恋愛関係にあります。彼女は自分の力で立ち上がり、神に身を捧げます。彼女は恋人であり、女王であり、村の女性であり、歌手であり、ダンサーであり、反逆者であり、内向的です。彼女は最愛の人の足元に横になり、彼をコントロールしています。彼女は何か1つのものではなく、すべてのものの統合なのです。

はるか昔、ラダーは真夜中にぐっすりと眠っていました。するとクリシュナのフルートの誘うような美しい音色が聞こえて目を覚ましたのです。彼女はベッドからこっそり抜け出し、眠っている家族を起こさないようにしながら月明かりの下でクリシュナと交わるために川へと下りました。そしてその夜はパーティーとなり、遊び、愛、音楽、歌、踊りに満ちた終わりのない祭りになりました。それからすぐに村のすべての女性（ゴピ）が家からこっそり出て来て、「ラサリラ（RasaLila）」として知られるこの楽しい目覚めに参加します。第2チャクラでも触れましたが、ラサ（rasa）は「味」または「風味」を意味し、感情的な経験すべてを指します。幸福から嫌悪、笑いから平和まであとあらゆるものが心の感情です。そしてリラ（Lila）は「神の遊び」を意味しており、ラサリラは神の愛の踊りなのです。ラダーとクリシュナを中心に、ゴピは大きな円を作って彼らを囲みます。

このダンスはただの昔話ではありません。今まさにあなたの中で起こっています。1人ひとりのゴピはあなたの「ある部分」を表し、ラサの1つです。彼女たちは、女王からワイルドウーマン、恋人、懐疑論者、作家、娘、ヒーラー、アーティスト、尻軽女まで、あなたのすべての部分を歓迎し、それぞれに名前を付けています。ハートのダンスに参加しているすべてのあなた――愛、恐れ、怒り、笑い、喜び、嫌悪といったあらゆる感情を歓迎し、招待し、祝福しており、ラサリラは遊び場を提供しています。あなたは今あなたの中でラサリラが起こっているのを感じますか？　あなたは手招きされています。アナーハタが歌を歌い、踊ることで調和をとっているのは、こういったすべての歓迎と祝福からです。

セルフラブVSクリプトナイト

ベストセラー作家であり形而上学の教師であるルイーズ・ヘイは、愛のパワーについて何十年も教えてきました。彼女はすべての問題の根本にはある1つのこと――セルフラブ（自己愛）の欠如があると言います。そしてすべての問題の解決策は、自分を完全に愛し、受け入れることだそうです。セルフラブは、本当にすべての答えになるのでしょうか？　そうとは言いきれないかもしれません。しかし自分自身を心から愛することは、人生においてもっとも重要なことの1つではないでしょうか。

私は元々セルフラブとセルフコンパッション（自己への思いやり）を実践するのが苦手でした。毎日、そして一瞬一瞬、頑張り続けなければいけないと思っていました。長年の成功、失敗、そしてコミットメントを繰り返した結果、そのような結論に至っていたのです。

セルフラブはあなたの最大のパワーで、セルフラブの欠如、すなわち自己嫌悪はあなたの「クリプトナイト（スーパーマンの唯一の弱点）」です。ハートチャクラ（そしてセルフラブ）はあなたの存在の中心に位置し、上に3つのチャクラ、下に3つのチャクラがあります。あなたが自分自身を放棄するたび、クリプトナイトは知らず知らずの間にあなたの中心から体全体へと広がり、すべてのチャクラに影響を与えます。あなたの深くて安定した根を腐食させ、信じたり感じたりする能力を侵食し、変化の火を消し、真実との調和から遠ざけ、そして天と地とのつながりを断ち切るのです。クリプトナイトに近づいたスーパーウーマンのように、あなたには勝ち目がなくなってしまいます！

では、何ができるでしょう？　あなたが本当に誰であるかを思い出すこと、つまり神の愛から始まります。そうです、あなたこそが神の愛なのです。あなたの母国語かサンスクリット語でこのように言いましょう。「私は神の愛です（アハム・プレマ）」。これは私が愛してやまないマントラです。呆れた顔をせず、もう一度言ってみてください。「アハム・プレマ。私は神の愛です」。あなたはあなたのままで良いのです。愛になるために、あるいは愛されるために必死になる必要はありません。あなたの本質こそが「愛」なのです。しかしあなたはその真実を忘れ、それほど愛のない新しい生き方を「学習」してしまいました。その結果、もしかしたら黙らせることが難しい（もしくは黙らせることが不可能に近い）批判ばかりする完璧主義者が顕現したのかもしれません。あるいは、あなたは自分自身の一部を隠したり、拒否したり、否定したりするなど、自分の愛に条件をつけることを学習したのかもしれません。もしくは摂食障害、薬物・アルコール乱用、あなたをひどく扱った男性や女性と寝てしまうなどの自傷行為を学習したのかもしれません。

　愛のないいずれかの学習行動に心当たりはありますか？　判断している時間はありません、今こそ目覚めるときです。気づきは意識を目覚めさせ、意識は選択の道を開きます。セルフラブVS自己嫌悪です。あなたは自分自身を毒で満たすことを選びますか？　それともあなたの強力なパワーを活性化させることを選びますか？

　セルフラブは「超自然」な概念ではなく、自己嫌悪と同じような行動を指します。いつも自分自身を思い出し、受け入れ、一緒にいるという行動です。自分がどのように話し、自分自身をケアし、支え、称賛しているのかに注意を払う習慣を身につけるのは、実に最高のセルフケアの形だと思います。何度も何度も何度も優しくあなたを選択し、あなたにふさわしい最高の敬意を持って自分自身を扱うことで、あなたは本当のあなたの本質を思い出し、再びつながることができます。それこそがアハム・プレマです。愛とは、あなたがなるものではなく、あなたが誰であるかということです。クリプトナイトには、神の愛を前にして勝ち目はありません。

風のエレメントとつながる方法

　風の力は声を与え、心の牢獄から解放し、目に見えない世界へのつながりを目覚めさせ、空を飛ぶ方法を教えてくれます。新しい生命、新しい始まり、朝日、新しい日の夜明けのエネルギーです。

- 自然の中や、緑がある場所へ行きましょう。
- 歩く、走る、踊る、ヨーガをする！　ハートを刺激し、呼吸しましょう！
- 風のように動きます！　円や螺旋状にスペースを作り、制限なく、完全に自由に動き回りましょう！　羽ばたきをして空を飛ぶのです！
- まずは呼吸と親密な関係を築きます。しっかりと、十分に、ひと呼吸してください。そして時間をかけてゆっくりと呼吸を10回していきます。

今日私が選ぶこと

- 自分自身に恋をすることを再び約束します。
- 自分で追い出し、否定し、恥ずかしがり、隠した私の側面を呼び戻し、すべての私を再び歓迎します。
- 私の最大の強みであるパワーは、絶え間なく自分自身に愛情を注ぐという能力から生まれているという事実に気づきます。
- 心の翼を広げて愛の中へ飛び込みます。

私から私たちへ

〝私から私たちへ〟の旅は、第1チャクラで体の寺院を称えることから始まり、第2チャクラで感じ、すべての望むものとの親密な関係を築き、第3チャクラで愛とは異なるあなたのシステムに火をつけて燃やすことに続いていきました。あなたは今、本当の意味であなたのすべてを見て、これまで拒絶してきたあなたの中のすべての場所を取り戻すことができます。永遠の内なる愛に触れるとき、あなたは自分へのあるがままの献身を味わい、感じることができます。この統合された心の宿る場所から、別の場所へと手を伸ばし、触れるときが来ました。

私たちはつながりを持った社会的な存在です。肉体的、精神的、感情的、そして魂のつながりのもとで繁栄します。つながりは私たちを生き生きとさせ、成長させ、愛の多くの教訓を教えてくれます。しかし真のつながりを持つためには、自分自身をさらけ出す必要があります。ここに親密な営みがあるのです。「私の内側を見る」、「私の内側をあなたに見せる」。他人と自分自身をシェアすることは、もっとも恐ろしく、もっとも神聖なことの1つかもしれません。「私は大丈夫」、あるいは「自分のことを知られてしまう」「見つかってしまった」「完璧ではないと気づかれてしまう」「私を受け入れたり、愛したり、承認したりしてくれないだろう」……。どんな感情が湧いてくるのでしょうか。人は、仮面や鎧の向こうにある自分の内側を見せることで、親密な関係を築くことができます。

一方で、第4チャクラは無防備です。そして無防備になるには途方もない勇気が必要です。勇気という言葉の由来は「ハート」を意味するcorのラテン語の語根から来ています。偉大な研究者でありベストセラー作家のブレネー・ブラウンは、勇気についてもっとも感動的な表現で説明しています。「勇気を持つことは、あなたが誰であるかを心から物語ること」。そんな勇気がかつての私にはありませんでした。私にはいつも多くの友人がいましたし、ボーイフレンド、恋人、他にも多くの知り合いがいました。しかし彼らには自分の一部しか見せていなかったのです。私は、外見や他の人の目によく見える部分がもっとも重要だと信じていました。私はできるだけ外見を良くし、水面下での出来事を実際に見られないように最善を尽くし、彼らとの距離を遠ざけていました。

数年前、私は深刻なトラウマのループに陥り、心的外傷後ストレス障害（ＰＴＳＤ）に苦しみ、そして自分の痛みと苦しみを世界から隠していました。誰かが私の内側を知ってしまったら、その人は私から離れていってしまうと心配していたのです。私は社会的な基準でいうと伝統的な生活を送っていません。結婚したことはないですし、子どももいません。私にとって人生の偉大なる愛は、友情という形をとっています。親友のジャスティンとの友情です。皮肉なことに、最初に私が弱い部分を見せることをもっとも恐れていたのは彼でした。ある事件をきっかけに、私は彼に弱みや壊れた部分を見せることになったのですが、そのときの彼の反応は、私が長年想像してきたものとは異なるものでした。

それまでの私たちの関係は、ただただ楽しいものでした。いつも激しく踊り、男の子について話し、バーニングマンに参加するために旅をしたこともありまし

セミナー

「極孔神仮説で神話や遺跡の謎が解ける」
出版記念講演会

講師：羽仁礼

開催日：2022年９月３日（土）
時間：開演 13：00　終了 16：00
料金：5,000円（ZOOM 参加は3,000円）
※会場はヒカルランド本社７階（東京都新宿区津久戸町 3-11 飯田橋 TH1ビル）となります。

マコモ伝道師・大沢貞敦
「蘇生の靈草【マコモ伝説】のすべて」
出版記念セミナー

講師：大沢貞敦

開催日：2022年９月23日（金・祝）
時間：開演 13：00　終了 16：00
料金：3,000円
※会場はヒカルランド本社７階（東京都新宿区津久戸町 3-11 飯田橋 TH1ビル）となります。

セミナー

PICK UP

女子たちよ、必ず幸せになれ！
「生理・子宮・卵巣・骨盤を自分で良くする
『女子の神５』メソッド」
出版記念セミナー

ひとりでも多くの女性に、内側は軸がしっかりあり、外側はふわりと柔らかくしなやかな美しさを持つ人になって欲しい。心も体も健康で真に美しい人になって欲しい！「女性たるもの花のように太陽のように生きるべし」をテーマに掲げ、日々多くの女性たちを指導している三雅先生。著書「生理・子宮・卵巣・骨盤を自分で良くする『女子の神５』メソッド」の出版刊行を記念してセミナーを開催いたします。書籍内で紹介されている『女子の神５』メソッドを実際にいくつか体験して、その動きを確認いただくこともできます。

著者・講師：三雅 mika

日本ピラティス指導者協会認定マットコーチ。国際中医薬膳師。
10代からアレルギー疾患に苦しみ、27歳で草津温泉にこもり湯治生活をする。本来の体の力を蘇らせ、病気の根本解決をすることに全身全霊をかけ、やがて薬に頼らずに全てのアレルギー症状を克服。多くの女性の指導をする中、女性の健康は骨盤、子宮、卵巣など女性機能の健康上にあると気づき、それらを良くするオリジナルメソッドを開発。47歳でベテラン助産師の先生に診断され「あなたにお産をさせたいわ！」と女性としての体にお墨付きをもらうほど。

開催日：2022年７月30日（土）
時間：開演 13：00　終了 15：00
料金：4,500円（書籍ご持参の場合は3,000円）
※会場はヒカルランド本社７階（東京都新宿区津久戸町 3-11 飯田橋 TH1ビル）となります。

た。ジャスティンは、ノリが良くて楽しい、自由なクリスティを愛していました。夢を追いかけたり、世界を旅したりすることを恐れない野心的なクリスティです。しかし私はこう思うことがありました。彼がもしボロボロで弱くて取り乱したクリスティを見たら、どう思うのだろう？　私たちは親密な関係でしたが、私は他の人と同じように彼を遠ざけました。心の壁を高く築き上げ、自分の内側を誰にも見せないようにしました。

　この方法の問題点は、巨大な壁の向こう側で「独り」になってしまうことです。ひとりになることで私は「守られ」ましたが、私が愛したすべての人は遠く離れてしまいました。やがて私の心は損なわれ、その壁はどんどん高くなり、私は耐えられなくなりました。そしてあるとき雪崩のように、壁は崩れ落ちてしまいました。

　ある夜、私はジャスティンの家を訪れました。私は話すことも息をすることもできないくらい、激しく泣き叫びました。彼は、これまででもっとも醜い私を目撃したのです。しかし彼は私を拒絶しませんでした。その代わりに私を抱き寄せてこう言ったのです。「ありがとう」。私は彼の言葉を疑いました。「ありがとう？　今、何て言ったの!?」。私は本当に本当に驚きました。すると彼はもう一度口を開きました。「すべての君を見る権利を僕にくれてありがとう。おかげで君のことがもっと愛おしくなったよ」。その時間は私にとって、一生とも思えるほど長く愛おしい時間でした。

　この経験を通して、私は無防備でいることが（とても不快で怖いものであろうとも）私を強く、本物で、美しい自分にすることに気づきました。無防備でいることこそが、私たちや他の誰か、そして自分の人生を心から愛するための深み、広さ、気持ちをくれます。そして正真正銘のワイルドウーマンになれるのです！

　愛することとは、自分を見せるということ。そうやって真のつながりを解放することでチャンスを掴むことができます。さあ、翼を広げましょう。残念ながらあなたが無事飛べるのか、落ちてしまうのかはわかりません。ですが、あなたが山の端に立ち、飛ぶべきか降りるべきか迷ってしまったときは、勇気を持って高く飛べるように、あなたを内側から応援している場所が存在することを思い出してください。もしも落下してしまっても（時々そうなってしまうのは仕方ありません）、あるがままのハートの、決して壊れることのない部分がすぐそばであなたを受け止め、栄養を与え、癒してくれます。生きる、拡大する、収縮する、飛ぶ、失敗する、そして落ちるための勇気を持つのです。落下しても、飛ばないという苦痛よりもはるかに痛みが少ないことを、私は約束します！

プラクティス：愛の7日間

1日目：祭壇作り

ハートの祭壇はあなたが愛するすべてのものと、あなたが熱心に打ち込んでいるすべてのものの物理的な顕現です。そこは儀式の実践のために何度も何度も戻ってくる場所であると同時に、「あなたは愛」であり、「あなたは愛されている」ということを思い出すための場所になります！　以下のアイデアはあくまでも私の提案です。実践するときには、あなたの中の愛の流れに従いましょう。あなたが愛するすべてのもの、そしてあなたの心に栄養を行き渡らせるすべてのものを、あなたの愛の祭壇に招待してください。

ハートの祭壇に必要なもの

・緑色のもの（布、ろうそく、植物、石など）
・風のエレメント（周りの空気の動きを把握するためのプロペラ、フェザー、風鈴、煙を焚くためのセージやお香）
・生き物（植物や花）

ハートの祭壇のアイデア

・薔薇（薔薇には最高の波動と周波数があります）
・ピンク色のもの（ピンクは愛の波動で、心の緊張を優しく和らげてくれます）
・自分へのラブレター（175ページの「内観ワーク」をご参照ください）
・お気に入りの詩集（ルーミー、ハーフェズ、マヤ・アンジェロウ、メアリー・オリヴァー、ルピ・クーア、アマンダ・ゴーマンなど）
・六芒星
・シヴァリンガム
・あなたの子宮を表すもの

・愛する人の写真
・ラダーの肖像
・天然石：ローズクォーツ、モルガナイト、アベンチュリン
・オイル：ゼラニウム、ヘリクリサム、イランイラン
・タロットカード：「教皇」、「恋人」、「世界」、「水の7」

それぞれの天然石、オイル、タロットカードの意味については、巻末の一覧表をご参照ください。

内観ワーク

1. 神聖な風のエレメントとどのような関係を築いていますか？　呼吸とはどのような関係を築いていますか？
2. あなたは人生の中でどのように愛を経験しますか？　自然、動物、母なる大地、人々への愛を感じますか？
3. ありのままの自分を愛せますか？　自分に対して親切に思いやりを持って接することはできますか？　あなたは、あなたが愛にふさわしいと感じますか？

2日目：フリダヤ・ムドラー

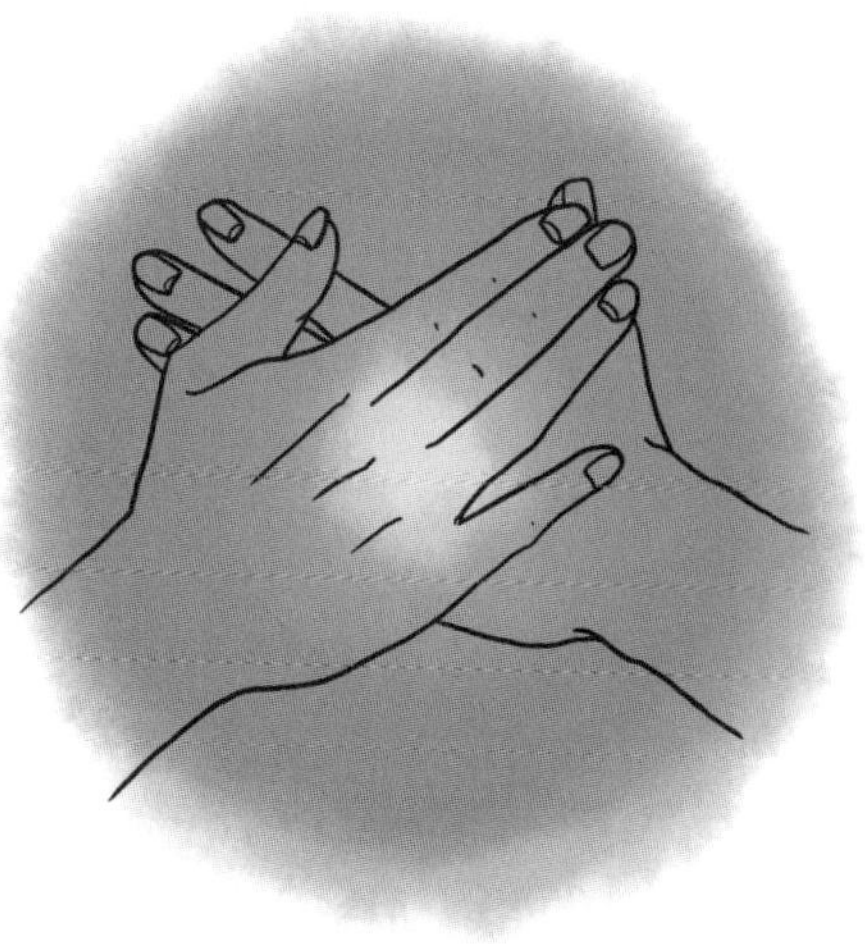

両手は心と愛の延長で、すべてのムドラーはハートチャクラの実践です。この日のムドラーは、シンプルでありながら強力なものです。フリダヤ・ムドラー。フリ（Hrid）は「心の」を意味し、ダヤ（daya）は「思いやり」を意味します。フリダヤは私たちのハー

トの空間のもっとも奥にある洞窟です。そこはあなたのために用意されたあなたのハートの空間で、あなたが何度も何度も戻ってきては栄養をもらい、愛され、若返り、そして癒される場所です。ハートとはスピリチュアルな存在なのです。

手順は次のとおりです。

1. 祭壇の前で楽な姿勢で座ってください。
2. 左手を胸の中心（ハートチャクラ上）に平らに置きます。左手は体内にエネルギーを取り入れるシャクティの手であり、神聖な女性性、宇宙の創造力を表します。
3. 右手を左手に重ねます。右手はシヴァの力であり、神聖な男性性、大地を支える存在です。
4. ハートを優しく愛情を込めて支え、両手で一方向に小さな円を描きながらハートの空間をマッサージします。鎧を剥がし、自分を守る壁を取り除くのです。この抱擁を通して、あなたのハートに、ここは安全であなたはあなたの手の中にあると知らせてください。
5. 心地よいと感じながら目を閉じて、ハートの中にあるものに同調します。癒されたいもの、気遣うべきもの、認められたいものは何でしょう？
6. 少なくとも10回ゆっくりと深呼吸し、ハートのパワーに向かって息を吸い込みます。骨盤の根元から心臓の根元、精神的なハートの内側へと息を吸い込み、その息と一緒に全方向へ愛を送り出します。
7. あなたが愛する誰かを想像してみてください。それはあなた以外の誰かかもしれないし、あなた自身かもしれません。生きている人かもしれませんし、亡くなった人かもしれません。その人はあなたの後ろに座って、両腕で優しくあなたを包み込み、あなたの両手の上でフリダヤ・ムドラーの印を作っています。
8. このエネルギッシュな抱擁の愛と支えをイメージし、知覚し、想像し、感じ取ってください。
9. 息を吸いながら、心臓から少し離れたところで両手で鼓動を感じます。次に息を吐きながら両手で鼓動を感じ、それを数回繰り返します——あなたが「その人」と呼吸していると想像してください。

あなたのエネルギーフィールドがより強く成長し、ハートチャクラが開いて四方八方に拡大していくのを感じてください。

10. 準備ができたら、あなた自身またはあなたの愛する人に、参加してくれたことへの感謝を示します。前方に頭を下げ、口角を少し上げて、笑顔のムドラーのジェスチャーをします。フリダヤは幸福が生まれ、果てしない喜びを感じられる場所です。

11. 少し時間を取って振り返り、あなたが感じたこと、触れたものすべてを見てみましょう。

内観ワーク

1. あなたの愛は、家庭の中でどのように形成されましたか？　あなたの親子関係は、現在の親子関係にどのようにプラス、またはマイナスの影響を与えましたか？

2. 私たちは皆、心の鎧や自分を守る壁を持っています。そこで、このように尋ねてみましょう。なぜあなたは心を鎧で覆ったのですか？　あなたのハートが何を必要としているのか尋ねられますか？　声に出して、はどうでしょう？　聞いてみてください。どうすれば、その鎧を優しく溶かすことができますか？

3. さまざまな理由で、私たちは自分のハートへのつながりを遮断し、そこに存在するメッセージや生きた知性を切り離しました。ここでのエクササイズは前の質問の続きです。あなたのハートに耳を傾け、彼女があなたに話しかけたり手紙を書いたりできるようにしましょう！　例えば、このような手紙を送ってみてください。「親愛なる◯◯さんへ。あなたが自分の周りに壁を築いていたとしても、私はあなたを愛することを止めません。愛しています」と。

3日目：呼吸──ハートの呼吸

アナーハタの別名は「打たれない」。打たれなくても常に共鳴している楽器の弦を意味します。そこは肉体的なハートと精神的なハートが出会い、あなたが傷を負っているかどうかに関わらず、流れ続ける永遠の愛の歌を紡ぐ場所です。ハートの呼吸法により、あなたはこの空間へと導かれます。

手順は次のとおりです。

1. 楽な姿勢で座るか、立ちながら行います。
2. 目を閉じるか、目をそっと半分だけ開けます。
3. 両手でフリダヤ・ムドラーを行います。左手を心臓に、右手を左手の上に置き、アナーハタチャクラと物理的にコンタクトを取ります。
4. 鼻から深く息を吸い込み、口から吐き出し、肺から空気を出しきります。
5. 骨盤の根元から心臓の根元に向かって、6つ数えながら深く息を吸い込みます。一度呼吸を止め、今度は6つ数えながら心臓の中心から息を吐き出します。
6. 骨盤の根元から心臓の根元に向かって息を吸い込み、それを5回続けます。胸の前面、背面、側面を息で満たし、ハートが拡張するのを感じてください。そして少しの間、呼吸を止めて、息を吐き出します。すべての方向へ、放射状に光線を出すような感覚でエネルギーを放出します。
7. 呼吸パターンを継続させながら、ビージャ、つまりハートの種子マントラ「ヤム（yum）」を取り入れます。骨盤の付け根から心臓の中心に向かって息を吸い込み、息を吐き出しながら（内側または外側で）「ヤーーーーム」の音を出しましょう。これまで聞いた中でもっともおいしそうな音を想像してみてください。
8. さらに5回続けます。骨盤の付け根から心臓の中心に向かって息を吸い込みます。優しい子守唄を心を込めて歌うように、「ヤム」の音で息を吐き出します。
9. 最後の数回で、翼のような腕の動きを取り入れます。骨盤の根元から心臓の中心に向かって息を吸い込みます。ハートの歌を世界とシェアしながら、両腕を翼のように伸ばして息を吐き出してください。次に息を吸い込み、ハートに触れるために翼を折り畳みます。そして息を吐き出し、翼を広げて空へと舞い上がります。最初、呼吸の流れに違和感を覚えるかもしれませんが、私たちは元々このように呼吸しているので安心してください。すべての生命との相互的なつながりを感じましょう。
10. （音と腕の動きとともに）呼吸の流れを続け、あなたのハートとすべての生命との本質的なつながりを感じてください。息を吐くたびに、あなたの永遠のハートの歌は、あなたの友人やコミュニティ、家族、そしてすべての自然に放出され、波及していきます。それらすべてに生命と愛を与えましょう。そして息を吸い込むたびに、呼吸、人生、愛を受け取りながら、あなたのすべてが自然や神と交信しているのを感じてください。

内観ワーク

1. 誰が、そして何があなたのハートを歌わせると思いますか？
2. 「許し」とはあなたにとってどんな意味ですか？　あなたはあなたが行ったこと、または行っていないことを許せますか？　あなたが許せないのは誰ですか、それはなぜですか？
3. 2枚目の手紙を書きましょう。今回はあなたのハートに向けて書いてみてください。例えばこのような手紙はどうでしょうか。「親愛なるハートさん、長い間あなたに耳を傾けず、気遣いもできていなくてごめんなさい。私は今ここにいます。私をやめないでくれてありがとう」。言いたいことは何でも書いてください。そして最後に、「愛しています。〇〇より」と締めくくりましょう。

4日目：アナーハタの体の祈り

4日目へようこそ！　アナーハタの体の祈りはあなたのハートと生命に、愛の癒しの力を招きます。この魂の籠った一連の動作では胸、肩、背中の上部を優しく開き、両脚を強化します。そしてハートの空間の傷ついた部分をマッサージしながら動きの中に自由を見つけ、あなたの中にある限りない愛を解き放つのです。さあ、体を尊重しながらベストを尽くして頑張りましょう。

推奨される実践方法：写真を参考に、次の動作を左右それぞれ1～3回ずつ繰り返します。また、www.chakrarituals.com では、動画を見ることもできます。

立ち上がり、脚を腰幅に広げ、両手でフリダヤ・ムドラーの形を作ります。

1

息を吸いながら、両腕を高く大きく広げ、胸を持ち上げます。次に息を吐きながら、両手を胸に当てて鼓動を感じます。これを3回繰り返しましょう。

2

背中の後ろで指を組みます。膝を曲げ、お尻を頂点にして、体を前に倒します。

3

両手を高く持ち上げます。左脚を後ろに下げて息を吸い、起き上がってハイランジのポーズ。

4

息を吐きながら、円を描くように両腕を後ろに3回、回します。

5

背中の後ろで指を組みます。息を吸いながら、胸を持ち上げたり下げたりしましょう。

6

息を吐きながら両手を下ろし、膝も下ろします。

7

両腕を前方に伸ばし、胸をマットに近づけ、深呼吸します（アナーハタ・アーサナ）。

8

合掌の手を作り、両肘を肩幅まで広げます。つま先で立って前腕を押し下げ、腰を持ち上げます（イルカのポーズ）。

9

お腹をマットに下ろします。指を組んで恥骨を強く押し下げます。息を吸いながら、胸と両脚を持ち上げます（イナゴのポーズ）。息を吐きながら、ゆっくりと下げます。

10

息を吸いながら、起き上がってアップドッグのポーズ。鎖骨を広げ、肘を伸ばします。

11

息を吐きながら、体を後ろに引いて、ダウンドッグのポーズ。

12

マットの前方へ足を踏み出し、ロールアップで起き上がり、ハートの位置で合掌します。

今度は右脚を後ろに下げて、3番目から繰り返します。

内観ワーク

1．ハートチャクラはエネルギーシステム全体の中心で、与えることと受け取ることのバランスを望んでいます。日頃の人間関係を振り返って、その傾向に気づいてください。あなたは自分に不利益であるとわかっていながら、与えすぎたり自分を犠牲にしすぎたりしていませんか？　あなたは他人との境界線を失い、ノーと言うのに苦労して正気を失い、2つの関係の中心に立つことを忘れていませんか？　もしそうなら、自他の境界線をより明確にするために第3チャクラと第4チャクラのパワーを思い出して、ハートチャクラが望むバランスを取り戻してみませんか？

2．反対に、あなたが過剰に受け取っている場合、バランスを取り戻して境界線を引き直してみてはどうでしょうか？

3．あなたは吸い込むすべての息で、1日に2万1000回も生命と愛を受け取っています。またあなたは吐き出した息で、1日に2万1000回も生命と愛を返しています。この調和のとれた関係は、優雅な心地よさと安らぎの中で起こります。あなたと呼吸との関係は、あなたの人生のすべての関係においてどのように活きてくるでしょうか？　この優雅な心地よさと安らぎを、他者のために使うとどのように感じますか？

5日目：瞑想――バーヴァナー

バーヴァナーはサンスクリット語で「深い感情」「献身」「浸す」「注入」を意味します。バーヴァナーの瞑想では、ハートが栄養をもらい、満たされ、融合することを望んでいる感覚に身を浸します。バーヴァナーの瞑想は、あなたが愛するものを思い浮かべることから始まります！

それではプラクティスを始めましょう。

1．ハートの祭壇の前で楽な姿勢で座ってください。心臓の位置で、両手を使ってフリダヤ・ムドラーを行います。

2. 栄養を行き渡らせる深い呼吸を3回行い、ハートの中にあるすべてのものを鼓動させます。

3. ハートにこう尋ねてみてください。あなたは今、何で満たされ、栄養を与えられ、そして何に身を浸したいですか？　どのような生命力のエネルギーを求めていて、切望していますか？　あまり考えすぎないでください。間違った選択はありません。平和、明晰さ、喜び、愛、シャクティ、優雅さ、パワー、太陽の光、それともダークチョコレートですか？　1〜3つの資質を挙げてください。最初に頭に浮かぶものが、あなたのハートが望む正しい薬であることが多いです。

4. 呼吸に合わせて、あなたの資質について内側で話したり歌ったりしましょう。深く息を吸い、吐き出し、あなたの言葉を繰り返してください。さらに数回続けて、あなたの資質の唯一無二の振動を知ってください。その共鳴に身を浸しながら、親密になり、存分に恋してください。

5. 両腕の動きを加えます。息を吸いながら、両腕を頭上に上げます。息を吐きながら、手のひらの向きを変え、両手を体の前に下ろします。次に、息を吸いながら、両腕を頭上に持ち上げます。息を吐き出しながら、あなたの言葉とそのエネルギーが頭上に降り注ぐのを想像してください。あなたの体のすべての細胞、神経、組織を、ハートを癒す秘薬で満たします。この美しい呼吸と動きのバーヴァナー・サーキットをさらに5回続けます。

6. 5回続けたら、両手をハートの位置に置いてフリダヤ・ムドラーに戻ります。そして「私は……です」という言葉を繰り返してください。
例：「私は愛です」「私はシャクティです」「私は太陽の光です」。これを3回繰り返します。あなたのハートの美しいバーヴァナーに身を浸してください。

内観ワーク

1. 少し時間を取って、バーヴァナーの瞑想について考えてみましょう。好きなものに浸るとき、どのように感じましたか？　精神、体、心、魂のすべての次元で、あなたの愛がどのように栄養を与え、癒すのかわかりましたか？

2. あなたが大好きなものを10個挙げて、リストを作ってみましょう。

3. あなたはどのように愛を呼び起こし、勇気を持ってすべての心の物語を話しますか？

6日目：顕在化――私から私たちへ

ハートチャクラを顕在化させるプラクティスは、あなた自身と、他者との親交を妨げる壁を打ち破る手助けをします。このプラクティスでは無防備になる必要があります。あなたに、見ることと見られること、愛することと愛されること、そして与えることと受け取ることを求めているのです。そうすることで、あなたは心の中にあるものにアクセスし、それを他者とシェアできるようになります。

このプラクティスではパートナーの協力が必要です。姉妹、兄弟、母親、父親、子ども、最愛の人、親友――誰でも構いません。あなたが安全だと感じる人は誰でも完璧な人なのです。

手順は次のとおりです。あなたとあなたのパートナー、2人で実践してください。

1. パートナーと向かい合い、楽な姿勢で座ってください。両膝が軽く触れるくらい閉じます。少し時間を取って心を1つにしましょう。長く抱擁したり、アイコンタクトをとったり、優しくお辞儀をしたりするなど心地よいと感じるやり方でお互いを称え合います。シンプルなやり方で大丈夫です。そしてあなたのエネルギーをあなたへと戻します。
2. フリダヤ・ムドラーに戻ります。左手を胸に、右手を左手の上に置きます。心地よい程度に目を閉じて、心臓の鼓動を感じてください。
3. 一方向に小さな円を描きながら、心臓を優しくマッサージします。ハートチャクラを開き、ハートの奥深くにある洞窟にアクセスするために円形の動きを想像しましょう。
4. ハートの力を強化するために、栄養を行き渡らせる呼吸を3回行います。骨盤の根元から心臓の根元に向かって息を吸い込み、小さな音を立てて息を吐き出しましょう。呼吸するたびに、胸が前方、後方、側方すべての方向へと膨らみます。さらにハートの翼が広がり始めるのを感じましょう。

5. 一度止まって、心の中に今何があり、今何が必要なのかを尋ねましょう。そして呼吸をしながら、心の声に耳を傾けてください。

6. 「私から私たちへ」移動します。あなたの左手をあなたの心臓の上に置いたまま、右手を伸ばしてパートナーの左手の上に置き、一緒にフリダヤの印を作ります。

7. 2つの手が2つの心臓に混ざり合うのを感じながら、目を閉じてこの触覚のつながりに息を吹き込みます。3つ数えながら、骨盤の根元から心臓の根元に向かって一緒に深く息を吸い込みます。一度呼吸を止め、3つ数えながらあなたの心臓の中心から息を吐き出します。さらに3回繰り返し、2つの鼓動する心臓が同期し始めたらつながりの回路を感じてください。

8. 力強く目を開いてまばたきします。パートナーの目をそっと見つめ、パートナーのすべてを受け入れます。笑い、居心地の悪さ、優しさ……。その他さまざまな体の感覚があるかもしれませんが、どんなものが湧き上がってもそれと一緒にいましょう。よく見て、よく見られる。それ以外にすべきことはありません。

9. 目を開けながら、呼吸のリズムに戻ります。あなたが息を吸うとき、あなたはパートナーのハートから愛を受け取ります。あなたが息を吐くとき、あなたは愛を与えます。無条件で息を吸って愛を受け取り、無条件で息を吐いて愛を与えてください。そして呼吸、生命、愛を受け取りながら息を吸い、呼吸と生命と愛を与えながら息を吐きます。与えることと受け取ること、愛することと愛されること、見ることと見られること。その関係が完全に調和するのを感じてください。

10. 最後のステップです。あなたのハートに声を与えて、話したいことを話してもらいましょう。フリダヤのつながりを維持して、あなたのハートが今日話したいことを、パートナーに声を出して共有してください。

11. あなたのハートが何を必要としているのかをパートナーに話し、パートナーがそれを3回声に出して話すことで、あなたのハートのメッセージを返します。

例：「あなたは愛にふさわしい」「あなたはあなた

量子波音響版（家庭用、Hi-RinCoil 付き）

商品価格：1枚 113,681円（税込）

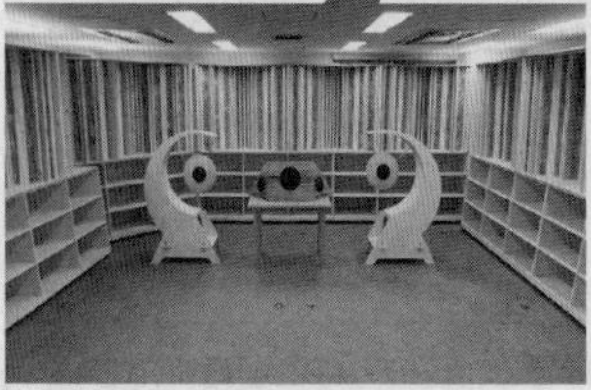

ヒカルランド本社1Fのスタジオ「ヒーリン小屋」の音響効果が、自宅でも楽しめます！

板の向き、角度、奥行などはすべて音響効果を計算した上で設計されたもの。そこに有害物質の発生を抑え、空気をクリーンにしてくれる「ママが選ぶ優しいワックス」を塗装。

〝音のソムリエ〟藤田武志さんと、「田口音響研究所」が手掛けた、ヒカルランド本社1Fの「Hi-Ringo Yah!」。スタジオの壁一面に張り巡らされた木製の音響版が、コンサートホール並みの音響効果を作り出している秘密です。そのスタジオと同じ音響版を、お家でも楽しめるサイズ感でご用意いたしました。ご家庭のテレビやスピーカーの横、部屋の四隅など音が反響するように設置して、ぜひ音楽や映画、ドラマなどをご鑑賞ください！　まるで、全身で音に浸るよう…。リッチで臨場感あふれる音が、より音楽や映像の世界観へとあなたを誘ってくれるでしょう。日常生活に、非日常を楽しめる癒しと夢の空間が作れてしまいます。

サイズ：縦92.5cm×横60cm×奥行8.3cm／材質：木材

量子 Hi-RinPlate（ヒーリンプレート）

商品価格：[小] 33,000円（税込）／[大] 33,000円（税込）

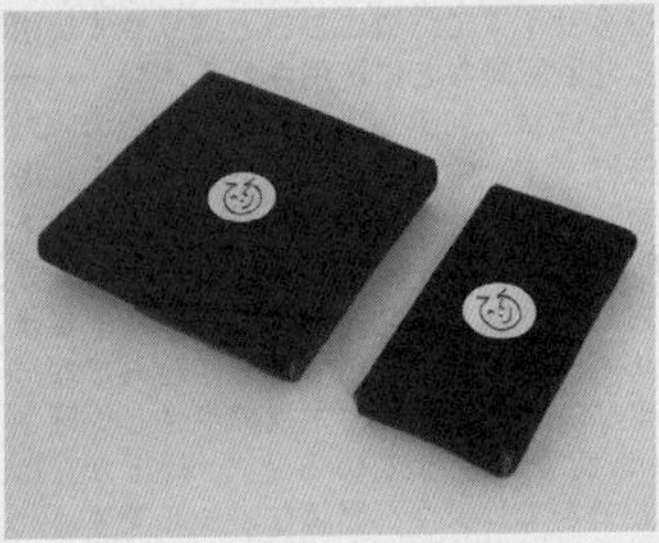

※設置する場所や用途に応じてサイズをお選びください。

ホワイト量子エネルギーの振動によって、音の〝ゆがみ〟が整い音質に変化をもたらすプレート。楽器やスピーカーなどに置くだけで、音質がクリアになるだけでなく、普通なら聴こえない「倍音」まで感じ取ることができるようになる優れものです。ホワイト量子エネルギーを照射したピアノと、照射しないピアノ、それぞれの演奏を観客に聴かせる実験をしたところ、照射したピアノでは感情に変化が表れた観客が多く、涙を流す人さえいたといいます。良い音を聴いていると人の脳にはα波が増えるので、実際の癒し効果も抜群。音楽を長時間聴いていてもストレスがなく、思考力・集中力の向上、睡眠の質もアップできるでしょう。

サイズ：[大] 縦約54㎜×横約54㎜×厚さ約10㎜、[小] 縦約54㎜×横約28㎜、厚さ約10㎜／重量：[大] 約20g、[小] 約７g／WQE 照射範囲：[大] 約５m、[小] 約２m

音楽は心で聴く！ 本当に心に刺さる音を体感しませんか？

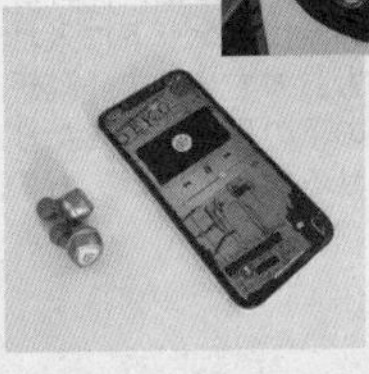

※ギターなら弦の下に設置すると◎

普段お使いのスピーカーやスマートフォンなどの音源、楽器などに置くだけで、発せられる音の音質が変わります。一音一音がよりクリアに聴こえるだけでなく、普段なら聴こえない「倍音」まで耳に届く！　より音楽を楽しみたい、深く味わいたい、心地よく癒されたいといった方におすすめです！

量子 Hi-RinBall（ヒーリンボール）にぎにぎ【Q】ちゃん

商品価格：16,000円（税込）

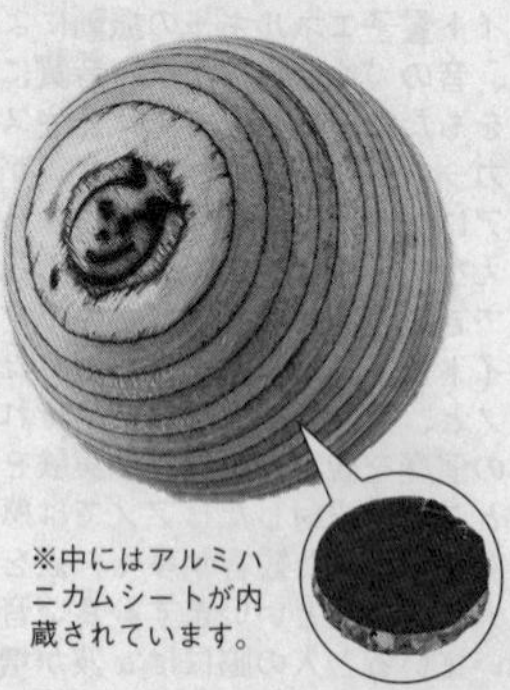

※中にはアルミハニカムシートが内蔵されています。

手のひらサイズで、コロコロと握りやすいボール。北欧家具などに使用される木材「バーチ」を球体状に加工し、手に持った時の肌触りも抜群です。中にはホワイト量子エネルギーのコイルと、特殊なアルミハニカムシート（ハチの巣状の構造をした振動体）が内蔵されており、球体からスムーズにホワイト量子エネルギーの波動が放出される仕組みになっています。非常に軽く、木材のやさしい硬さが心地良く、握っているとなんだか〝ほっ〟とできてしまう不思議なボールです。

名前のとおり、ホワイト量子エネルギーの波動が自然と持ち主を癒してくれるので、疲れた時、リラックスしたい時には最適。手のひらで転がしているうちに手持ち無沙汰も解消して、自然に集中力がアップするという感想も。ポケットなどに入れてどこでも持ち運べるので、1日のリフレッシュタイムが広がります。

サイズ：直径約40㎜／重量：約23g

どう使う？ いろんなシーンであなたを癒してくれるQボール

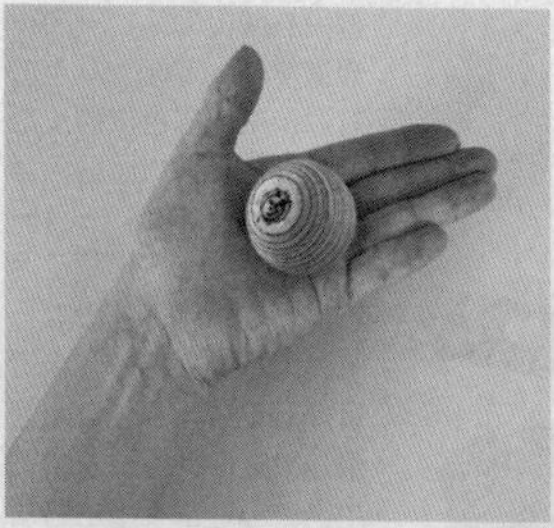

手のひらにすっぽり収まるサイズ感。
どこへでも持ち運べる！

パソコン作業や勉強、書き物で手が疲れた時に握れば、程よい硬さが手のひらや指のマッサージになります。肩や腰、腕、足などのコリや筋肉に当ててコロコロ転がせば、とても気持ち良いでしょう。その他、体幹が整うので、運動時にポケットに入れて携帯するのもおすすめです。瞑想の時におへその下の丹田に当てたり、手のひらに乗せるなどの使い方も◎。

で十分です」「愛しています」。パートナーがあなたのハートのメッセージを3回繰り返した後、一緒に愛情深い呼吸をして、役割を切り替えます。あなたが与える側に、パートナーは受け取る側になります。

12. 完了したら、つながりを解除し、あなたの手を自分の心臓の位置に戻します。「ナマステ」と言ってお互い優しくお辞儀をしましょう。私の中の神の愛は、あなたの中の神の愛を見て、認識することを覚えておいてください。

内観ワーク

1. ノートを取り出して、あなたの体験について書いてみてください。どんな気分だったのか、何が起こったのか、どんな抵抗があったのか。この経験から覚えておきたいことは何でも書いてください。
2. あなたが独身で、あなた自身のクリシュナを呼び込みたいとします。どうやって自分の資質を顕在化させますか？　ここでは、資質のリストを作成します。できるだけ明確に視覚化させましょう。
3. 次の文章を完成させましょう。

私の心は＿＿＿＿＿＿に開かれています。

愛は私に＿＿＿＿＿＿を教えてくれます。

＿＿＿＿＿＿のとき、私は自分への愛がわかります。

他者との境界をなくすと、＿＿＿＿＿＿ができるようになります。

無防備でいることは私にとって＿＿＿＿＿＿を意味します。

ハートチャクラのバランスは＿＿＿＿＿＿のように見えます。

私の人生でいちばん好きなのは＿＿＿＿＿＿です。

7日目：愛のチャクラから学んだこと

- あなたには1つではなく2つのハートがあります。鼓動して壊れる肉体のハートと、壊れず死ぬことのない魂のハートです。
- 女神はあなたの究極のダンスパートナーであり、1日に2万1000回呼吸します。
- セルフラブ（自己愛）はあなたの最大の力です。

・あなたはすでに完璧で、完全で、完成している存在です。誰もあなたを完成させることはできません。
・あなたの心はバランスを取り、反対の力と一緒に踊ることを強く望んでいます。
・あなたは真の癒しのために何度も何度も戻ってこられる、パーソナルな無限の愛の貯水池を持っています。
・無防備であることは弱点ではありません。この上なくすばらしい勇気の行動です。

コアとハートは密接につながっています。コアの筋肉である横隔膜は、息を吸うたびに下に動きます。これにより胸郭が膨らみ、空気が肺に入ります。息を吐くと、横隔膜が収縮して上に上がり、心臓を優しく押し出します。体のもっとも重要な筋肉により多くの血液を送る横隔膜を、呼吸のたびに行われる小さな心臓マッサージだと考えてみてください。あなたが自分の中心につながり、恋に落ちるとき、深く呼吸できるだけでなく、真実を話し、唯一無二のあなたを世界に示せるほど安全だと感じられます。深く呼吸するたび、あなたはハートにより多くのエネルギーを、そして言葉にさらなる真実と表現をもたらすコアの力を使うことができるのです！

今日は、振り返りと休息の日です。このチャクラの章から、あなたが得たもっとも重要な学びは何だったか、少し時間をかけて振り返ってみてください。この章で1つだけ覚えておくことがあるとすれば、それは何でしょうか？　旅を続けるにあたって、覚えておきたいことを1つ、書き留めておきましょう。また、前日までのエクササイズやワーク、解説を復習する絶好の機会でもあります。

音の海に深く身を浸すと、
あなたの内側で振動して
優しく響き渡り、
心の空間に浸透していく。
よく耳を澄ましてみましょう、
創造の歌が聴こえてきます。
最初はハンドベルのような音。
やがてフルートや弦楽器のように繊細な音となり、
最後には蜂が飛び回るような音になります。
この音の流れに身を任せると
外の世界を忘れ、内なる音に溶け込むでしょう。
そして輝く星の歌のように
広大な広がりへと溶け込んでいくのです。

――『The Radiance Sutras』：スートラ15

第7章

あなたは唯一無二の存在
第5チャクラ

次の章へと進む前に一度立ち止まり、これまでの旅に敬意を表して振り返ってみたいと思います。

あなたは偉大な母なる大地の奥深くに飛び込み、あなたのルーツを辿り、勇気を持って体へと帰ってきました。そして神聖な水の中を泳いですべてのものを感じられるようになり、欲望を喚起してパワーと情熱を燃え上がらせました。さらには自信や勇気とともに自分の心に踏み込んで、自分自身を愛し、受け入れられるようになりました。これらすべてのエンパワーメントを手に入れた今、あなたは唯一無二の自分を世界に披露する準備が整ったのです！　チャクラのレインボーパスを上っていくと、喉の空間、ヴィシュッダチャクラに入ります。第5チャクラとその空間の神聖なエレメントはすべて振動、コミュニケーション、創造性、自己表現に関するものです。Vishは「毒」、Shuddhiは「すすぐ」または「浄化する」という意味で、これらのギフトにアクセスして第5チャクラの知性を目覚めさせるにはまず言葉、思想、体に宿る「毒を浄化する」必要があります。この浄化プロセスを経て私たちは真実で、正直で、本物の自分へと戻ります。私たちはハートから思考への道を切り拓き、内側や周りの世界との神聖な調和や共鳴へと至るのです。

ヴィシュッダチャクラの構造

レインボーパスを上っていくとチャクラの蓮の花びらの数――4（ルート）、6（仙骨の中心）、8（パワーの中心）、12（心臓）、16（喉の中心）がわかります。16枚の花びらを持つ蓮の花ははるかに繊細で洗練されています。実際に第5チャクラが支配する首、喉、耳の物理的な組織と構造も同じように繊細です。蓮の中には、中央に白い円が描かれたスカイブルーの下向きの三角形があります。三角形は創造性と神聖なインスピレーションが流れる道を表し、円は満月とすべての直感的な祝福を表しています。月は純粋さと広大な宇宙を象徴しており、喉の神聖なエレメントとして特別な意味を持ちます。また通常ヴィシュッダチャクラは振動して青色になります。

チャクラ早見表

<table>
<tr><td>名前</td><td>ヴィシュッダ
（Vishuddhi）
Vish（毒）
Shuddhi（洗う、浄化する、清める）</td><td>種子音</td><td>ハム（HAM）</td></tr>
<tr><td>意味</td><td>純粋、自己表現</td><td>母音</td><td>アイ（AI）</td></tr>
<tr><td>体の部位</td><td>喉</td><td>エネルギーの特質</td><td>真実、信憑性</td></tr>
<tr><td>エレメント</td><td>アーカーシャ／空
（音の振動）</td><td rowspan="3">アファメーション</td><td rowspan="3">私は唯一無二です。
私は生き生きと唯一無二で力強い声を出します。
私は真実の歌を歌います。
私は自由な存在で、魂の美しさを表現します。
私の言葉は偉大です。</td></tr>
<tr><td>色</td><td>青色</td></tr>
<tr><td>感覚</td><td>聴覚</td></tr>
</table>

関連する体の部位	喉、声帯、頸椎、耳、顎、舌、気管、口蓋から肺の上部まで、甲状腺
欠乏している場合の影響	話すことへの恐怖心 言葉に感情が伴っていない 恥ずかしがり屋、自分が本当に誰であるかを表現できない 発話障害、吃音、声の喪失 肩と喉の緊張 防衛、極端な判断または批判
過剰な場合の影響	嘘つき、ゴシップ好き、お喋り 声が大きい、支配的な話し方、話を何度も遮る、言葉による操作、他人の意見に耳を傾けられない
調和のとれた状態	心から話す、他人の話を深く聞く 明確で、直接的で、思慮深いコミュニケーション 正直、真実、信頼できる 芸術的に生きる 唯一無二であることを受け入れ、祝福する

アーカーシャとつながる方法

・自然の中で生命のリズムと音に耳を傾けます。
・沈黙の時間を過ごしましょう。電子機器や本、日記などで気を散らしてはいけません。
・魂とつながるために、1日の中にスペースを作りましょう。人生に余白を持たせると考えるのです。

音の力と聖なる空のエレメント

世界中のほとんどの宗教的伝統では、音や振動が宇宙の誕生の中心であると信じられています。科学者はビッグバン理論を唱えていますが、キリスト教徒は神が言葉によって世界を創造したと証言し、タントラのヨギは宇宙全体を動かす偉大なプラナヴァ（オーム）を叫びます。女神サラスヴァティーが歌うことで宇宙を誕生させたと唱える人々もいます。すべての伝統が、世界は音や宇宙の振動によって創られたという1つの特徴に行きつくのです。音や振動が発生するためには何か他のものが必要です。目に見えない創造のエレメントであるエーテル体は、空間、つまりサンスクリット語のアーカーシャです。ヨーガ哲学ではアーカーシャが他の4つのエレメント（風、火、水、地）を生み出しています。それは純粋な可能性が無限に広がるフィールドであり、すべての創造物は振動し、ダンスによって生み出されたのです。アーカーシャを無限に広がる空と捉えてみるとよいでしょう。

自己表現をしよう

話すことを生業にしている人が、私生活の中で自分の声によってパワーを失うなんて想像できないかもしれません。またエネルギー、情熱、詩的な響きを持って話すという最大のギフトを持つ女性が、何度も自分の声を放棄しているという事実はきっと信じがたいでしょう。その女性とは私のことです。私の仕事は人前で話をすることで、言葉を話せなくなることはほとんどありません。そして私は「お喋り」というギフトに恵まれています！　私が話すとき、私はつながり、存在し、地に足をつけ、私の心と顕在化された知恵によってコミュニケーションをとることができます。私が仕事において話す言葉は聞き手の耳に届きやすく、多くの人の心の奥深くまで届くでしょう。

しかし私生活では異なります。私は人々が不誠実であるか、私を傷つけようとしていると思っていました。自分の気持ちを言葉にしたり、自分のために声を上げたり、必要なものを求めたり、誰かに声を掛けたりするのに本当に苦労しました。例えばマッサージを受けていて、マッサージ師の力があまりに強かったり、そのせいで気分が悪くなったりしても、私は声を上げることができませんでした。マッサージ師の施術を止めたり、力を加減してもらったり、特定の場所に触れないようにお願いするための言葉をかき集められなかったのです。代わりに、私は自分の体から離れる術を知っていたので、その場に留まったり体の痛みを感じたりする必要はありませんでした。

あなたはこのエピソードがマッサージ台の上だけでなく、あらゆる場面で大きな問題を引き起こすことがわかるでしょう。私にとってこうしたコミュニケーション上の問題は、特に男性とのロマンチックな関係において如実に表れました。

男性との関係の中で私の声を放棄することは、私の力を放棄することと同じでした。何年もの間、私はノーと言いたかったときでもイエスと言いました。私は自分の中の相容れないメッセージに疑問を抱かなかったのです。心の中で叫んでいても沈黙を貫き、正直な気持ちを言葉にできませんでした。それでも時々、私は爆発しそうなくらいエネルギーに満ちあふれていました。そんなときは言いたいことを頭の中で何度も繰り返して練習したのですが、実際に相手と顔を合わせると恐怖で麻痺してしまい何も言えなかったり、間違った言葉が出てきたりしました。私の言葉は力が宿る場所から来るのではなく、傷ついた、弱い、愛に飢えた場所からやって来て、そのたびに私は嫌な気持ちになりました。

第5チャクラが弱っているのは私だけではないでしょう。私が教えている世界中の女性を見て、私は私自身のストーリーを共有し、私も彼女たちのストーリーを聞きます。一見力強い女性でさえ、声を上げない、または声を上げられない理由はたくさんあります。それは女性の声が尊重されない、または価値あるものとされない文化や家庭環境のせいかもしれません。もしくは子どものころ、口を閉ざすように何度も言い聞かされたせいで自分の声に価値がないと思い込まされたのかもしれません。暴力的、言語的、身体的、あるいは性的な虐待に苦しんできたので、沈黙を続けていさえすれば安全に生きていけると考えたのかもしれません。理由が何であれ、私たちはそうしたシステムによって飲み込んできた言葉による毒を取り除く方法を学ぶべきです。

数年前、私は一緒に働いていた男性と交際していました。私たちには世界中でラグジュアリーなヨーガとウェルネスリトリートを行うという壮大なプランがありました。しかし最初の（そして唯一の）リトリートで開幕の儀式が始まると、彼はすぐにリトリートを支配し、自分をリーダー、私をアシスタントとして位置づけ、さらに私たちの交際関係を隠したのです。リトリートの参加者の多くは私が紹介した人々でした。私はリトリートを成功させるために、裏ですべての管理や運営に関する作業を行っていました。アシスタントの役割を担うべきは明らかに彼でした！　しかし当時の私は恥ずかしくてそんなことは言えませんでした。彼と闘ったり、彼の行動について議論したりせず、それでも周りの人を頼れなかったので、開催期間中の週末にはすべてうまくいっていると嘘をついて過ごしていたのです。リトリートの最終日、私は完全に自分の声を失っていました（それは、もう珍しいことではありませんでした）。私は数日間、（そしてその後ずっと）言葉を飲み込み続けました。病気だったからではなく、話す勇気がなかったからです。

心から真実を話せるようになるには安心できて、安全で、そして地に足をつける（第1チャクラ）、自分の感情の流れを感じ、それを言葉にできるようにする（第2チャクラ）、勇気を主張し勇敢に声を上げる（第3チャクラ）、傷つくリスクを冒してでも無防備になる（第4チャクラ）ことが重要で、そうすることでもっとも高い振動と共鳴することができます。この基盤が確立されていれば第5チャクラへの道は開かれ、正直に、明快さと確信を持って自分の中にあるものを表現することができます。チャクラが全体のシステムを支え、癒し、目覚めさせるためにどのように連動しているのかは、もうおわかりでしょう。それぞれのチャクラは独自の知性を持ちながら姿を現し、ダンスに参加し、全体に力を与える役割を果たすために、次のチャクラを祝福しているのです。

あなたの声を取り戻す

自分の声を取り戻して、声を上げられるようになるのは、リスクが高いと感じている限り、一夜では起こり得ません。声を出すための筋肉を使うには日々のエクササイズに加えて、あなたが抑圧されていると（感じる）ときにそのことを認識することが大切です。その方法の1つは、脅迫的ではない方法であなたの声を使うことです。ここでは、その筋肉を肉体的にもエネルギー的にも強化してくれる、私のおすすめのテクニックをいくつかご紹介します。エクササイズはとても明快で、楽しさに満ちています。あなたは完全な支配から抜け出し、自分の声を取り戻すことができるでしょう！　まず始める前に1つだけお伝えしたいことは、〝あなたは「歌える」、そして「踊れる」〟ことです。国際的に高く評価されているシンガーソングライター、ヨギーニ、そして天使の声を持つ教師であり、私のソウルシスターのダフネ・ツェはそう言いました。加えて彼女は、私たちの声は薬であり、私たちの体は表現と喜びのための楽器であると教えてくれました。彼女のおかげで私は何度も自分の声が好きになって、心から歌い、私の歌を世界と共有する方法を思い出せたのです。

1. 歌う：あなたの好きな曲を流して、リビング、お風呂、車の中で肺の上部を使って歌ってください。あなたの表現を言葉と動きに込めて、思いきり演じてみましょう。歌ったり踊ったりできるYouTube動画を流してみるのもよいでしょう。

2. 唱える：唱えることは、祈りを歌うことです！　それは意識を目覚めさせる振動の言語であり、通常はサンスクリット語で行われます。言葉とは、体に着地して、とても特殊な方法で調整を行う精神的な音の型だとイメージしてください。私はこのエネルギーの言語とそのすべての、隠された奥深さに心奪われています。もちろんあなたもそうなる必要はありませんが、ここではあなたが好きな言語で唱えたり歌ったりすることができると知ってください。私たちはすでにサンスクリット語と母国語の両方で、多くのマントラを探究してきました。オーム（aum）、クリム（klim）、シュリーム（shrim）、マナ・マンディール（mana mandire）、アハム・プレマ（aham prema）という言葉や、「これが私の体です」「私はあなたに感謝します」「私はあなたを解放します」「私は女神です」「私は戦士です」などです。あなたはこれらの言葉や、すでに知っている他の言葉、心と体の中で共鳴するマントラを自由に唱えることができます。マントラを唱えるというギフト（心を守り、声を浄化し、心と頭脳の隙間を埋める道具）を享受するには日頃から意識を持ち、繰り返し実践することが大切です。このプロセスによって、あなたはエネルギッシュな声と心を強化し、マントラの祝福を歌えるようになります。そしてあなたの振動を高められるだけでなく、あなたの中の空間の振動も高められるのです。この章の儀式のセクションでは、チャクラの音を唱える力を探究していきます。

3．振る、早口で喋る、大声で叫ぶ！：私は体を振るという動きが大好きです（これまでのチャクラのプラクティスで何度かその動きを取り上げていたのはそれが理由です）。振るというのは抑制に対するすばらしい解毒剤となる動きなのです。それはとても楽しく、心を解放してくれますし、重く行き詰まった、混沌としたエネルギーを取り除くのに役立ちます。2、3回音を出して体中を振ってみたら、あなたは自分を解放して内側に眠るあるがままの自分を目覚めさせることができます！もっとも大事なことは、できるだけ早く振ることです。エネルギーフィールド全体を再調整し、ストロートチャクラと全身にプラーナを巡らせるのにかかる時間はわずか2分です。体の各部位に声を与えながら（無意味な音を使う）、「振る」、「早口で喋る」、「大声で叫ぶ」ことは、体の体系的な目覚めへの招待状となります。まずは手首と手から始めてみてください。激しく振るときは、今日どんな音を出したいのか体に聞いてみて、口を開けて実際にやってみてください。きっとできるはずです。口を大きく開けて、表情を大きく作ってみてください。肩、心臓、腹部、お尻、脚、足、さらには頭部まで、各部分にどのような音を出したいのか問い続けましょう。あなたの細胞から過去のストーリー、口に出されなかった言葉、停滞していたエネルギーを解放するのにこの動きと音が役に立ちます。今すぐそれらを解放して言葉を与えてください。完了したら、体を地面に付けて深呼吸を数回します。振動があなたの体を流れたとき、力がみなぎってくるのに気づきましょう。ジャッジせず、体のどの部位の振動がもっとも大きくて、どの部位がもっとも小さいのか観察してみてください。動かしにくかったり音を出しづらかったりした部位はありませんか？　どの部位がもっとも自由だと感じましたか？

4. 最後は「音を出すこと」から「よく聴くこと」に切り替えます。このテクニック単体で行うか、もしくは「唱える」、「振る、早口で喋る、大声で叫ぶ」のプラクティスが終わってから取り組んでください。楽な姿勢で地に座り、優しく目を閉じてみましょう。自分の中に入っていくと、あなたは自分の心とつながり始めます。そこで「声を上げてみませんか？」もしくは「あなたが本当に言いたいことは何ですか？」と聞いてみましょう。次に、答えが出てくるのを聞くためのスペースを作ってください。自分自身に思いやりを持って接して、受け取った回答をジャッジしたり無意味だと決めつけたりしないでください。体は偉大な知恵を持っており、心が忘れても体は覚えています。体にスペースを作り、話すことを許可できるようになると、傷と光に声を与えられます。聴くスキルを強化するのです。真実の振動を備えている精神の部分にアクセスするとき、体が受け取る答えは、心が受け取るものよりもはるかに雄弁で深遠なものになります。もしたくさんの言葉を受け取ったら、セラピストやソマティック・ヒーリングの施術者と一緒にやってみるとよいかもしれません。

創造性の回復：『Ernie's Big Mess』

スロートチャクラのもう1つの美しいエンパワーメントは、創造性の抱擁です。世界中の何百万人の創造的な流れを解き放った有名な教師、作家、芸術家であるジュリア・キャメロンによると、創造性とはあなたがすることではなく、あなたの存在そのものを指します。彼女は「創造的なプロセスは神、女神、精神、または高次元の意識と関わる唯一の方法である」と教えてくれます。創造性は神からあなたへのギフトであり、あなたが創造するものはあなたが神に返すためのギフトなのです。あまりにも現実離れしているので、科学的な説明を聞きたいと思うかもしれません。創造性と想像力の科学を研究しているスコット・バリー・カウフマンのような研究者は、人間には生物学的に創造するという本能が生まれつき備わっていることを発見しました。私たちは本質的に創造的な存在で、創造しているときにもっとも幸せで健康的であるそうです。創造性とは私たちの生得権であり、私たちは文字どおり、創造するために生まれてきました。「創造的になるな」と言われたとしても、それを無視して、再び創造的になるべきなのです！　私たちは皆、克服すべき創造的な傷があり、取り除くべき障壁があります。

私が創造性を回復するまでをお話ししましょう。

私が6歳で、ニューヨークのブルックリンにあるVisitation Academyという学校の1年生だった頃のことです。最初の本のレポートである、表紙付きの1ページのレポートを書くという宿題があり、私は大好きだったセサミストリートの『Ernie's Big Mess』という本を選びました。私はレポートを書いて、工作用紙、クレヨン、マーカーを取り出して課題に取りかかり、傑作だと思えるものを作り上げました。私はそれを誇らしげに母に見せましたが、母はこう言いました。「私が手伝うべきだったわ」と。翌日登校したとき、私のレポートの表紙は最高の仕上がりでした。母は私を助けたのではなく、完全に作り直していたからです。それは実際に書店で売っている本の表紙に匹敵するほどすばらしいものでした！　しかし、その日は私が偉大なアーティストだと褒められた日であると同時に、私が絵を描くのをやめて内なるアーティストを閉じ込めた日となりました。それから母は私の代わりにすべてのアートの課題をこなしました。しかし5年生のある日、私たちのクラスで課題学習が行われ、生徒がそれぞれの役割を担うことになりました。私の担当は絵を描くことでした。私がいちばん絵が上手だったからです！　私は心臓の鼓動が速くなり、どうしたら良いのかわかりませんでした。秘密が暴かれてしまうのではないかと動揺を隠せなかったのです。私は手を挙げてトイレに行き、そのままずっと閉じこもっていました。私があまりにも出てこないので、生徒の１人が様子を見に来ました。仕方なく私はクラスに戻りましたが、先生に吐きそうだと言って下校させてもらいました。私は偉大なアーティストであるという「嘘」が暴かれてしまうのをかろうじて免れることができました。

それから約20年後、私は再びこの事件に悩まされました。親友の１人が誕生日にアートパーティーを開いたのです。十数人の友人に、５枚のキャンバス、絵の具、ブラシ、スクレーパー、スポンジ。彼の新居に、アートに必要なものすべてが集まりました。今回こそ逃げ場がありません。彼は大切な友人ですし、私はもう絶対にトイレに隠れることはできませんでした。今度こそ私はこの恐怖（奇妙かもしれませんが、私にとって本当に恐ろしいことでした）と、彼の絵を台無しにしてしまうほど芸術が苦手であるという、恥ずかしさに直面しなければならなかったのです。しかしプレッシャーはありませんでした。少なくとも今回の「クラス」は私が次のジョージア・オキーフ（20世紀のアメリカを代表する女性画家）になるとは思っていません。手にブラシを持って、私が頭に思い描いたのは、茶色の工作用紙と赤いマーカーを持ったあの頃の笑顔のクリスティでした。

その日は、私の内なるアーティストが内なる完璧主義者を超える、すばらしい癒しの日となりました。６歳のときのクリスティに、自由奔放になることを許したことで、私は自由になれたのです。自由奔放でいることはとても楽しいものでした！　誤った考えのせいで、創造的な精神がどれだけ閉じ込められていたかにも気づきました。その考えとは、１．私はアーティストではない。２．どんなことでも初心者であるのは良いことではない。３．上手くできないのに、楽しむためだけに創作するのは良いことではない。というものです！　この日から私は、創造的な人生を取り戻し始めました。私はまだジョージアになっていませんが

(万が一あなたがそう思っていたときのためにお伝えします)、今は創造性を見るレンズを通して、人生をアート作品だと思っています。つまり私は自分を運動、ヨーガ、そしてダンスのアーティストだと思っています。私は教え子たちのために作成するサウンドスケープ(音風景)や教えるときに発する言葉、そしてこの本で書く言葉において芸術性を大事にしています。アート作品を創ることとは、私が自分自身を表現し、嫌な感情を乗り越え、瞑想する手段なのです。もし気分が悪くなってしまったら、クレヨン、紙、ビニールなどを取り出したり、好きな創造的な手段を選んだりしてみてください。タイマーを20分間に設定し、創造的な衝動と交わり、自由奔放になることで何が現れるかを確認するのです。私からあなたへの望みは、執筆、音楽、ファッション、装飾のいずれであっても、あなたはアーティストであり、すべての中でもっとも重要な創造物であるあなたの人生に取り組んでいることを、強く認識してほしいということです。この章の終わりにある顕在化された儀式は、あなたの中のアーティストを刺激し目覚めさせるでしょう。

流れるもの：女神サラスヴァティーに会う

ヴィシュッダチャクラの完全な開花を支えるために、詩人の舌の先、画家の筆、作曲家の楽譜のカデンツァにいるとされる偉大なる女神に目を向けます。芸術、弁舌、言語、創造性、直感、知識を司る偉大なる女神サラスヴァティーに会いましょう。彼女はアイデア、洞察、そしてインスピレーションの神聖な流れであるため、彼女の名前は「流れるもの」を意味します。彼女はあなたが歌を歌い、ダンスをして、物語を語り、そして唯一無二の本質を世界と共有するように誘う、本物の表現の女神です。サラスヴァティーは通常、白鳥にまたがって、ヴィーナと呼ばれるインドの弦楽器を優しく鳴らす姿で描かれます。彼女は片手にマーラーという数珠を持ち、もう片方の手に知恵を表す本を持っています。サンスクリット語でハムサと呼ばれる彼女の白鳥は、純粋さと自由の象徴です。その白鳥は、水からミルクを分離することができるのと同じように、真実を見分けられる能力があるので、サラスヴァティーは栄養のあるものだけを受け取ることができます。彼女のヴィーナには7本の弦があり、それぞれ7つのチャクラを表しています。彼女が奏でているのは私たちです。私たちを最高の振動に導くために、私たちそれぞれが持つ唯一無二の周波数を微調整しています。彼女の数珠はマントラの力と、歌うことで世界を顕在化するという彼女の偉大な神話の1つを表しています。彼女が持っている本は、ヨーガの書物の中でもっとも古いヴェーダです。サラスヴァティーは独身の女神であり、家庭を持つことにあまり関心がありません。彼女は誰かの妻であることよりも、創造や学び、研究、より深い知恵と真実を顕在化させることに日々を費やしたいと考えています。彼女の色は白、青、黄色で、満月の光のように輝いています。

サラスヴァティーは、私が創造的なプロジェクトに取りかかるときに頼っている女神です。私は毎日彼女に歌、踊り、花を贈り、彼女への敬意を表して祭壇を作っています。私は彼女の写真を持ち歩き、「オーム　アイム　サラスワティィイェー　ナマハ（aum aim saraswatyai namaha）」と彼女のマントラを唱えています。私は彼女にこのようにお願いしています。私のペンのインクであり、声の明瞭さであり、私の中に流れるインスピレーションであるように、と。

あなたは人生のどんな場面でサラスヴァティーの神聖な祝福が必要ですか？　きっと声を上げたり、自分の声を見つけたりするのに助けが必要な場合もあれば、創造的なプロジェクトに取りかかったり、より高度な学習をする過程で必要になったりする場合もあるでしょう。彼女のマントラを9回繰り返して、一緒に彼女の名前を呼びましょう。彼女のシャクティ、つまり精神的なエネルギーによって彼女の振動をあなたの全身に駆け巡らせるのです。

オーム　アイム　サラスワティイェー　ナマハ

オーム（aum）：偉大なプラナヴァ、創造の原始的な音

アイム（eye-im）：創造的なインスピレーション、知識、話し言葉の偉大なるシャクティの力のための種子マントラ

サラスワティイェー（suh-ruh-swah-tie-yeh）

ナマハ（nuh-muh-huh）：女性のシャクティへの敬意を示したお辞儀

あなたの唯一無二の周波数

15年以上前、私はあるインドの教師・教祖のもとで学ぶ機会がありました。私は多くの彼のコースに参加しましたが、その中でも印象的だったのがチャクラを活性化させるコースです。彼はヴィシュッダチャクラについてこのように述べました。16の蓮の花びらが開く方法は、私たちが独自性と創造性を祝い、尊重することである。そして1人ひとりがとても個性的で、特徴的なエネルギー周波数やサインを持って生まれており、このサインにコード化されていることはあなただけが持つ唯一無二のギフトなのだと。あなたという存在は、指紋と同様に2つとして同じものはありません。あなただけのサインがあなたを唯一無二の存在にするのです。この周波数と「調和」しているとき、あなたはあなた本来の力と真実の中にいます。あなたは内なる世界と調和し、5つのエレメント（地、水、火、風、空）すべてと7つのチャクラがあなたの中で祝い、歌い、踊り、パーティーを開きます。そのときあなたは明晰さと知恵を持って心からコミュニケーションをとることができ、あなたの言葉は相手に届き、共鳴を続け、影響を与えます。あなたはあなたの最高の表現に合わせることができます。あなたは輝いて、あなたの夢を追いかけ、あなたが本当に誰であるかを表現できるのです。

ただし、この周波数は自分が誰であるかということを尊重し、評価しないと無意味になってしまうかもしれません。他人の考えを心配しすぎたり、他人に嫉妬したり、他人と比較したりしすぎてしまうと、他人の小切手を書いて別の（エネルギーの）サインを偽造し

たいという誘惑が起こるでしょう。偽造のスキルが上手になったところで、常に調子が狂い、自分と調和せず、周りの人々や宇宙から切り離されるだけです。これから紹介する6つのプラクティスは、あなたが唯一無二の周波数の本質とつながり、ヴィシュッダチャクラの力を活性化する手助けとなるでしょう。

プラクティス：表現の７日間

１日目：祭壇作り

表現の祭壇はあなたがヴィシュッダチャクラの儀式をするために毎日来る場所です。この祭壇はあなたの中にあるものを引き出してくれます。さあ、クリエイティブになりましょう。そして色、質感、イメージ、記号、オブジェクト、言葉、音を通して自分を表現することを許可してください。あなたの祭壇のイメージがインスピレーションとして役立ち、唯一無二の自分を思い出させるきっかけとなります。

まずは必要なものを集めて、それから作り上げていきましょう。

祭壇に必要なもの

- 青いもの（布、ろうそく、水晶、紙）
- 空または音のエレメントを表すもの（シンギングボウル、チャイム、ラトル、ベル、またはお気に入りの曲を再生する）
- クリエイティブな表現のためのアイテム（日記、スケッチパッド、絵の具、楽器、ダンスシューズ）

祭壇のアイデア

- 燃やすもの：ホワイトセージ、パロサント、ピニョン、お香
- サラスヴァティーの肖像
- 文字か絵で表現された言葉またはアファメーション
- 天然石：アクアマリン、アパタイト、クリソコラ
- オイル：ラベンダー、スペアミント、サイプレス
- タロットカード：「風のエース」、「風の4」、「風のペイジ」、「火の7」

それぞれの天然石、オイル、タロットカードの意味については、巻末の一覧表をご参照ください。

内観ワーク

1. 空のエレメントとあなたの関係は何ですか？　自分に対して広い心を持つとは、どういう意味ですか？
どうすればあなたの体、あなたの心、あなたの人生にもっと多くのスペースを作ることができますか？

この広大さはどのようにあなたを支えますか？

もっとも重要なことですが、何のためにスペースを作るのですか？
2. 「ヴィシュッダ」の意味は、「毒を浄化すること」であることを思い出してください。あなたのシステムと環境にはどのような毒や毒性がありますか？　それをどのように浄化できますか？　あなたの体、思考、言葉、関係、食事、そして家の中まで確認してみましょう。
3. 健全なコミュニケーションをどのように定義しますか？　あなたは自分の真実と要求を自由かつ明確に伝えることができますか？
あなたが話した、または話せなかった言葉には、癒すべき誤ったコミュニケーションや誤解はありますか？

どのように声を誤って使いましたか？　あなたは自分の言葉や声の力と影響力に責任を持てますか？

2日目：マタンギ・ムドラー

今日、実践するムドラーは、マタンギ・ムドラーと呼ばれます。マタンギは、10人の偉大なるタントラ教の知恵の女神の1人です。彼女の名前は「思考」、「知識」、または「話し言葉」を表していて、喉の中心に宿っていると言われています。また、彼女は声の力と話し言葉を指すサンスクリット語「言葉（vac）」の力を象徴し、振動、思考、言葉、表現を浄化します。彼女のムドラーを実践することで、横断することが難しい頭から心臓にかけての経路をうまく通過できるようになります。彼女は意識的なコミュニケーション（話すことと聞くことの両方の組み合わせ）を解放させ、真実とインスピレーションの扉を開きます。

手順は次のとおりです。

1. 祭壇の前で、楽な姿勢で、背筋を伸ばして座ってください。骨盤を大地に根付かせましょう。
2. 両手を胸の前で合わせてアンジャリ（祈り）・ムドラーを作り、深呼吸を3回します。
3. 10本の指すべてを組み合わせます。
4. 中指を空に向けて伸ばします。中指はスロートチャクラの神聖なエレメントである空のエレメント（アーカーシャ）を表しています。また統合された自己、創造的な自由、表現を表しています。
5. 親指（火）と人差し指（風）をぴたりと合わせます。
6. みぞおちの前で形を作ります。心地よければ目を閉じてみてください。
7. ゆっくり、深く、「栄養を行き渡らせる呼吸」を5回します。みぞおちから心臓、喉、そして第3の目の中心にかけ、燃える美しい青い光を想像してみてください。これは真実の光であり、明晰さの光であり、あなたのシステムに存在するあらゆる毒性や嘘を浄化します。
8. ムドラーを維持し、両腕を頭上に伸ばします。再び骨盤を大地に根付かせ、背骨を伸ばして座ります。純粋な可能性とインスピレーションをもたらす宇宙空間まであなたを拡張する、この輝く気道に息を吹き込みます。
9. 顎を大きく開き、顔や首の筋肉を緩めます。耳が開き、喉の空間が広がるのを感じてください。
10. さらに5回、深呼吸をします。

11. 喉に光のような輝きを感じてください。
12. 完了したら、目を開けてムドラーを解放します。一度動きを止めて、スロートチャクラがどれほど開いて広くなっているかに注目してください。

このムドラーは、私が大人数のクラスを受け持ったり、プレゼンテーションをしたり、難しい会話をしたりする前に個人的に行っているムドラーです。特にストレスの多い状況では、ハートと思考を神と合致させるチューニング・フォークとして機能します。ハートと思考がうまく合致していると、私たちはより明確で、心から、確信を持って話すことができます。

内観ワーク

1. 声が止まり、言葉がわからなくなったとき、次のような文を書いてみましょう。「私が本当に言いたいのは……」などです。あなたの心の反対側に何かが出るまで、紙に何度も何度も書いてみてください。
2. あなたが話すことができなかった特定の状況について考えてください。沈黙はその状況を助けましたか、それとも事態を悪化させましたか？　沈黙を続けることでどのように感じましたか？　あなたは今、心の目を通してその瞬間に戻ることができますか？　悪い結果でなかった場合、あなたはどのような言葉を誰に向けて伝えますか？　しっかり耳を澄まして、書き残すことがないようにしてください。完了したら、深呼吸をして、自分が感じていることに気づきましょう。
3. 第5チャクラを通して、私たちは他者と対話できるだけでなく、自分自身と対話できるようになります。あなたの頭の中で繰り返し唱えられているマントラは何ですか？　それらは「私はとてもすばらしい」、「私は本質的に価値がある」、「私は力がみなぎっている」などと聞こえますか？　それとも「私はとても愚かだ」、「私は無価値だ」、「私は理想の仕事に就くべきではない」などと聞こえますか？　リストを作成するときは自分に正直になってください。それぞれの「ネガティブな」マントラの隣に、新しいポジティブな宣言を書きます。

この週、ネガティブなマントラを強化していることに気づいたときはいつでも、すぐにその考えを新しいポジティブな宣言に置き換えてください。その実践はあなたを強くします。あなたが強くなることを真実として受け取ってください。

3日目：呼吸――シムハサナ

私がヴィシュッダチャクラのために実践しているプラーナヤーマ呼吸法は私が大好きなプラーナヤーマの1つです。「シムハサナ」、つまりライオンの呼吸として知られています。ライオンの呼吸は、胸、肺、喉に溜まっている、または停滞しているエネルギーを取り除くのに役立ちます。そのエネルギーとはあなたの創造的な表現、話す能力、またはあなた自身の声の所有権を妨げているものすべてです。さらに顔、顎、首の筋肉を伸ばすことで閉じ込められた隠れた緊張やストレスを和らげることができます。

さあ、抑制を解き放つ準備は整っています。口を大きく開け、舌を広げ、目を上に向けて、雌ライオンのように大声で叫びましょう！

1. 楽な姿勢で座ってください。手は膝や太ももに乗せます。
2. 3回、深呼吸をします。鼻から吸い込み、鼻から吐き出してください。
3. 鼻から息を吸い込みます。息を吐き、口を開け、舌を伸ばし、眉の中心に向けて目を動かして、そして唸り声を上げます！
4. 繰り返します。鼻から吸い込みます。息を吐き、舌をできるだけ伸ばし、目をくるりと回し、声を出してください！
5. さらに3〜5回試してください。
6. 最後にもう1回行ってから、しばらく座って効果を感じてください。呼吸が自由をもたらし、あるがままの自分を表現する準備が整うでしょう。

意識すること

他にもシムハサナを楽しく実践する方法があります。雌ライオンであることを強く感じながら、正座をして息を吸い、テーブルトップポジションで息を吐きながら、唸り声を上げることです！

咳が出ても大丈夫です。あなたのシステムから過剰に溜まったものを取り払っているのです。

恐れずに音を出しましょう。その音は2つの意味であなたを解放します。1つ目は、あなたの体に溜まっているエネルギーを取り除いてくれます。そして2つ目は、あなたを家庭的な自己に順応することから解放してくれます。あなたが飲み込んできたすべての言葉、あなたの内側にあったすべてのもの。今こそそれらを外側に出すときです。自分の中の真の雌ライオンを顕在化させて、大声で叫ぶのです！

内観ワーク

1. あなたは人生の中でどのように、そして誰に対して真実を話していますか？　話していないとしたら、どのように？　誰に対してですか？　真実を話したり表現したりすると、どのように感じますか？
2. 私たちは皆、どこまでも自由に正直に、自分自身を制限することなく、本当の意味で表現できる場所を必要としているのです。私にとってその場所とは、日記のページとダンスフロアです。これは私が内側に抱えているすべてを解放し、より生き生きと生きるための方法です。あなたがもっとも好きな表現方法は何ですか？　あなたがもっとも生き生きと感じることは何ですか？
3. あなたが本当の自分でいることを妨げているものは何ですか？

4日目：ヴィシュッダの体の祈り

4日目は、スロートチャクラのための体の祈りです。このシャクティの礼拝は、体を動かすことや表現の新しい創造的な経路を開き、首、肩、さらには抑圧さえも解放し、自発的な脈動、または生命のダンスと呼ばれるサンスクリット語で「サハジャ」というものを生み出します。

推奨される実践方法：写真を参考に、次の動作を左右それぞれ1～3回ずつ繰り返します。また、www.chakrarituals.comでは、動画を見ることもできます。

立ち上がり、脚を腰幅に広げ、膝を柔らかくします。

1

息を吸いながら、頭を上げて喉を伸ばします。息を吐きながら、背骨をウェーブして下ろします。息を吸いながら、お腹を使ってロールアップで起き上がります。さらに3回繰り返しましょう。

2

右脚を後ろに下げて、ローランジのポーズ。

3

右膝をマットに下ろします。右手を右腰に。左腕を振り上げ、体を軸に円を描きます。

4

左手で仙骨を伸ばすように支え、右手で頭蓋底を支えて後ろに引きます。

5

両手を下ろし、両脚を後ろに下げてプランク（板のポーズ）。息を吐きながら、膝、胸、顎をマットに付けます。

6

コブラのポーズ。息を吸いながら、ゆっくりと起き上がり、息を吐きながら低い姿勢になり、胴体、両肩、頭、首を左右に揺らします。

7

チャイルドポーズになります。

8

ロールアップしてかかとに座り、背中の後ろで指でテントを作り、胸を持ち上げ、喉を伸ばして開きましょう。

9

膝立ちになり、左手で仙骨を伸ばすように支えます。右手で頭蓋底を支えて後ろに引きます。胸と喉をしっかり開くために体を反らします。

10

かかとに座り、胸の位置で合掌します。深く息を吸って吐き出しましょう。

11

両手でマットを押してダウンドッグのポーズ。

12

マットの前方に足を踏み出し、ロールアップで起き上がり、胸の前で合掌します。

今度は左脚を後ろに下げて、２番目から繰り返します。

内観ワーク

1．嘘をついたり、誹謗中傷したり、うわさ話をしたりすると、自分との共鳴がなくなり、エネルギーフィールドが傷つきます。あなたが言ったことや嘘をついたことを誰も知らなくても、あなたは常にその真実を知っているでしょう。次の週では、あなたが嘘をついたり「もう１つの事実」を話したりすることに注意を払いましょう（日記やスマートフォンに書き留めておいてもよいでしょう）。どんなに小さくても大きくても、すべての嘘を含めます。あなたがあなた自身につく嘘も含みます。週の終わりに、リストを確認して、あなたが嘘をつかなければならなかった真実の何が間違っていたかを自問してください。

2．あなたにとっての『Ernie's Big Mess』は何ですか？　あなたの創造的な表現や芸術性はいつどこで閉ざされましたか？　きっとあなたはこう言われたのかもしれません。「ダンサーとしての人生はあなたの人生ではない」、または「あなたの詩は十分ではなく、あなたの声は平凡で、誰もあなたの作品を買うことはないだろう」と。あなたはあなた自身の創造的な回復への道を始める、心の用意ができていますか？

3．サラスヴァティーは、芸術、創造性、学問、直感の女神です。あなたは彼女とどのように関係していますか？　あなたは人生のどんな場面で彼女の祝福とエンパワーメントを享受したいですか？

5日目：瞑想――ハム（HUM）の力

あなたの声の音は、心、体、そして魂を癒す薬です。今回の瞑想では、あなたの表現の中心に向かってチャクラの音を唱えることで、この薬の力を探究します。第１章から辿っていくと、各チャクラにはいわゆるビージャ・マントラ、つまり音が存在します。「ビージャ」はサンスクリット語で「種子」を意味し、種子の音はチャクラの完全な知性とエンパワーメントをもたらすと言われています。喉の種子の音であるハム（HAM）を唱えることで、チャクラをクリアにし、目覚めさせ、調整し、さらに声の力を解き放つ波動のヴォルテックス（渦）を作り出します。

音を出すには、以下の３つの方法で進めます。１．大声で、２．ささやき声で、３．心の中で静かに、です。音を出すときは力まずにできるだけ大きく、できるだけ長く振動させてください。そしてスロートチャクラ全体（首、肩、喉、顎、耳、口、舌）に浸透する振動にただ意識を集中してください。最終的には音の振動の広がりに溶け込むことができるでしょう。

すでにお伝えしたとおり、私がエネルギーと強さを身につけ、自分自身の声を取り戻せたのは、唱えたり音を出したりするプラクティスのおかげです。初めてこれに取り組むときは不快に感じたり、恥ずかしい気持ちになったりすることがあるかもしれません。私にも経験があるのでよくわかります。しかし、他の誰かがどう思うのかを心配する必要はありません。不快感と向き合い、自己の抑制をやめましょう。楽しんで、あなた自身の声の音にそっと耳を澄ましてください。実際にやってみると、あなたはさらに高次元の周波数で振動できるようになり、より真実を響かせやすくなります。

瞑想の手順は次のとおりです。

1．祭壇の前で楽な姿勢で、背筋を伸ばして座ってください。骨盤を大地に根付かせましょう。
2．深呼吸を3回行います。鼻から息を吸い込み、はっきりと音を立てながら口から息を吐き出しましょう。
3．大地のルートから喉に向かって息を吸い込み、ヴィシュッダチャクラを通して息を吐き出します。
4．表現の中心に向かって息を吸い込みます。「ハム」(hummmmmmm) と大きく音を出しながら息を吐き出します。喉の表面、裏面、側面を振動で満たし、内なる言葉や考えを浄化します。さらに6回繰り返します。
5．今度はささやき声で、7回繰り返します。
6．最後に、内側で音を響かせます。「ハム」の音を体と心の中で静かにあと7回振動させ、深く吸い込み、「hummmmmmm」と息を吐き出します。
7．音の広がりに溶け込みます。振動が落ち着くまで待ちます。次の5分間、穏やかな静寂の空間に身を浸してください。そしてそれを洗い流します。

8. 完了したら、もう一度大地のルートから喉の中心に向かって息を吹き込みます。そしてあなたのヴィシュッダチャクラを通して息を吐き出します。

内観ワーク

1. 少しだけ音の瞑想について考えてみましょう。大きな音で詠唱することは、ささやき声や心の中での詠唱と比べて、どのような違いがありましたか？　あなたはどちらが好きですか？　その音はあなたを喜ばせたり、興奮させたりしましたか？　あなたが感じたことを説明してみてください。
2. 今日、あなたがもっとも聞く必要があることは何ですか？　考えすぎず、最初に頭に浮かぶことを挙げてみましょう。もしかしたら、「私は今のままで十分です」「私ならできる」「愛しています」というメッセージかもしれません。それを受け取ったら、鏡に映る自分の目を見てください。自分へのメッセージを3回大きな声で繰り返します。自分自身の言葉の振動と共鳴をしっかり受け取ってください。
3. ギリシャの哲学者ゼノはこう言いました。私たちは耳が2つあるのに、口が1つしかないので、話す量の2倍の音を聞くことができるのだと。あなたはどれだけ相手の言葉に耳を傾けられますか？　他人の考えを、自分とは違っていても聞くことはできますか？　聞けないとしたら、それはどんな言葉ですか？

6日目：顕在化——内なるアーティストをデートに誘いましょう

アーティスト・デート（あなた自身の創造的な心を育むために特別に確保される、週2時間ほどの時間のこと）は創造的な自己を育むうえで不可欠なのだと、ジュリア・キャメロンは彼女の著書『ずっとやりたかったことを、やりなさい。』で言っています。キャメロンの本を初めて読んだとき、私は20代でした。当時、私は自分を創造的な人物とは思っていませんでしたし、ましてや自分をアーティストとは思っていませんでした。絵を描いたり、塗ったり、歌ったり、詩を書いたり、「アーティスト」という言葉を聞いて最初に思いつくことすべてができなかったからです。ところがジュリア・キャメロンが私に教えてくれた教訓の1つは、創造性とは何かをすることではなく、自分が誰であるかということでした。人はすべての話し言葉や物語、ダンスによって芸術性を創造しています。化粧をしたり、髪を整えたり、服を着たり、食事を準備したりするのはすべて、あなたがアーティストであるということなのです。あなた自身の創造的な目覚めを刺激するために、この週では自分の内なるアーティストをデートに誘います。

それはあなたの人生に「遊び」をもたらし、あなた自身のクリエイティブな人生を取り戻す手段です。例えば、少女の頃に好きだったことからデートのインスピレーションを得てみませんか？　色を塗ったり、絵を描いたり、歌ったり、踊ったり、着せ替えごっこをしたり、砦や城を建てたりするのが好きでしたか？　何年もの間、あなたが本当にやってみたいと友達に話してきたこと、やったことがないことは何ですか？

さあ、今こそその時です！

デートのガイドライン

1. この旅はとても個人的なものです。
2. ほとんど（またはまったく）お金を使いません。
3. 「To doリスト」を作成してはいけません。これはあなたの「遊び」の時間なのです！
4. 内なる抵抗によって「愚かでばかげている」という声が聞こえるかもしれませんが、その声を聞いてはいけません。耳を塞ぎ続けましょう。
5. 重要なのは、完璧を求めるのではなく「楽しい」と思うこと！　気軽に、初心者の気持ちになりましょう。

ジュリアは、アーティスト・デートには「あなたの創造性を解き放ち、直感を研ぎ澄まし、さらにはより良いセックスへと導く」（※1）力があると言っています。好きなだけ、クリエイティブになりましょう。ただし、これはあなたとあなたの内なるアーティストの間の個人的な遠征であることを忘れないでください。

私のお気に入りのアーティスト・デートは次のとおりです。

・ベリーダンス、ヒップホップ、フラフープ、ピラティス、サルサなど、自分の常識を超えた動きのレッスンを受講する。
・劇場に行って、演劇やダンスのパフォーマンスを見る。
・フィンガーペイント。
・美術館に行く。
・砂に絵を描く。
・歌のレッスンを受ける。
・楽器を買って演奏する。
・裸で1日過ごす。
・詩や歌を書く。

※1　David Marchese, "152 Minutes with the Chief Priestess of Creativity," The Cut, April 6, 2016, https://www.thecut.com/2016/04/julia-cameron-the-artists-way.html.

内観ワーク

1. あなたのアーティスト・デートについて書いてください。アーティスト・デートを計画したり、行ったりすることに抵抗はありましたか？　デートは楽しかったですか？　これはあなたの生活に毎週取り入れることのできる儀式ですか？
2. 続けてみたいアーティスト・デートを5つ取り上げて、リストを作成します。
3. あなたのギフトである、唯一無二の属性について少なくとも5つリストアップして載せましょう。

7日目：表現のチャクラから学んだこと

・あなたの言葉、あなたの声、あなたの真実が重要です！
・あなたの声を取り戻すための4つの方法は歌うこと、唱えること、踊ること、そしてよく耳を傾けることです。
・マントラは、大声で、ささやき声として、または心の中で静かに、どんな言語でも歌ったり話したりすることができます。
・創造性とはあなたが生まれながらにして持っているものです。初心者であっても大丈夫です。

・あなたの人生そのものが芸術作品なのです。
・あなたの内なるアーティストをときめかせてあげましょう。毎週〝彼女〟をデートに誘いましょう！
・世界はあなただけが持っている、唯一無二の薬を必要としています！

喉のヴィシュッダチャクラから第3の目のアージュニャーチャクラへ上るとき、あなたは神聖な5つのエレメントの顕在化された知恵と、最初の5つのチャクラの知性を持ち合わせることになります。ハートから思考への道が開けて、あなたは魔法と神秘の領域に入ることができます。遊びと夢への探究を深め、想像力と直感を目覚めさせる準備をしてください。

今日は、振り返りと休息の日です。このチャクラの章から、あなたが得たもっとも重要な学びは何だったか、少し時間をかけて振り返ってみてください。この章で1つだけ覚えておくことがあるとすれば、それは何でしょうか？　旅を続けるにあたって、覚えておきたいことを1つ、書き留めておきましょう。また、前日までのエクササイズやワーク、解説を復習する絶好の機会でもあります。

頭蓋骨の中に、
創造物の本質――うっとりとするような意識の光と、その光が持つ意識――
が揺らめき、混ざり合う場所があります。
女性性と男性性という一対の神聖な本質が、
その場所でお互いに遊ぶように混ざり合い、まぐわいます。
まぐわいから放たれる光は、すべての空間を照らします。
絶えず存在し続けるその光に、身も心も委ねましょう。
時や場所を問わず、揺るぎない喜びに
徐々に目覚めていくことでしょう。

――『The Radiance Sutras』：スートラ11

第8章

あなた自身が魔法の存在
第6チャクラ

「サードアイ（第3の目）」について聞いたことのある方も多いと思いますが、どうすれば活性化できるかを知っている方は、ほとんどいないのではないでしょうか。

6番目のチャクラであるアージュニャーチャクラは、私たちの直感を司る中枢であり、そこには、もっとも本質的な知恵が佇んでいます。

アージュニャーチャクラは、額の真ん中、眉間に存在します。

ここまでの旅で、私たちは物質的で形を持つ領域を超えて、精神性、魔法、神秘の領域へと足を踏み入れました。

悲しいことに、私たちの多くはこれらの領域に至る方法を忘れてしまっています。それどころか、精神的な領域があるということすらも信じられなくなってしまっています。

「空想、好奇心、彩り、そして想像上の友達などという世界は、子どもたちに任せておくべきだ」と、私たちは社会から言い聞かされてきます。そして「成長しなさい」「現実的な考え方を身につけなさい」「真面目になりなさい」「客観的な思考や、見たり触れたりできるものだけを信頼しなさい」といった教えを受けて育つのです。

アージュニャーの扉は、これまでとは違った現実を見るための招待状です。この新しい現実からインスピレーションを受け、私たちは再び夢を抱き、形に表し、新しく遊び心のある方法でイマジネーションを発揮できるようになるのです。

〝imagination〟という言葉を分解すると、〝magi〟という綴りが見つかります。これは魔術師（magician）のことです。

私たちが直感的な力に完全にアクセスできるようになると、魔法が火花を散らして発動するでしょう。この魔法によりパワーを受け取ると、自分自身の心の声に耳を傾け、本能を信頼し、夢見る人生を形にできるようになります。

アージュニャーチャクラの構造

アージュニャーチャクラのヤントラには、2枚の花びらを持つ蓮の花が描かれています。

花びらは、眉間で一体感に溶け込む、相反する2つの性質のダンスを表しています。

片方の花びらはシヴァと太陽の光を、もう片方の花びらはシャクティと月の光を表しています。

鮮やかな光が、各花びらから対の方向へと発せられます。

一方の花びらはその光を大地へ向かって発し、その通り道に存在する下部のチャクラを満たします。もう一方の花びらは頭頂部を通り、天に向かって輝きます(※1)。

蓮の花の内側には、シャクティの女性的・創造的エネルギーと、顕現の道を象徴する下向きの三角形が描かれています(第1チャクラ、第3チャクラ、第4チャクラ、第5チャクラのヤントラにもあったような形です)。

この三角形の中には、音の形をした創造物、偉大なプラナヴァ、オームがあります。

アージュニャーチャクラはインディゴの色を放ち、振動し、回転します。

※1　Cyndi Dale, Llewellyn's Complete Book of Chakras (Woodbury, MI: Llewellyn Publications, 2016), 4.

内なる光

伝統的に、神聖なエレメントは5つ(地、水、火、風、空)しかありません。第3の目(第6チャクラ)の次元では、

私たちがエレメントを超越した存在であることを、チャクラシステムが暗に示してくれています。まるでチャクラの旅における本章(第6チャクラの章)で、私たちが肉体を超越しているのに呼応するように。
作家でもありセラピストでもあり、そしてチャクラシステムにおける偉大な知恵の番人の1人でもあるアノデア・ジュディスは、別の視点を提供してくれています。『光』は第6チャクラのエレメントである」と言うのです。私はこの説について、次のように考えています。
「目は、外の世界と内側の世界を結ぶ窓です」
「これらの窓を通して外側や内側に物事を見られるの

は、『光』という恩恵があってこそなのです」

光とつながる方法

・毎日の光のリズムに従い、早起きして日の出を眺めてください。
・夕日が沈んだり、月が夜空に昇ったりするのを見上げてください。
・月明かりや星空の光に身を浸します。
・あまり深刻に考えず「明るく」いてください。
・暗闇と戯れます：手のひらを30秒間、激しくこすり合わせます（火熾しのムドラー）。それから両方の手を両目にかざし、暗闇の暖かさに両目を浸します。そして、深呼吸を数回繰り返してください。
・目を閉じて、簡単なヨーガのポーズを試してみてください。タダーサナ（山のポーズ）、戦士のポーズ2、女神のポーズ、もっとやれそうであれば、立木のポーズも。
・内なる空間、内なる意識の光を信頼してください。
・この章で伝える儀式を実践してください。

第1章にあったように、サトルボディには、アージュニャーの中心で溶け合う3つの主要なナーディー（光の川）があります。ピンガラー、イダー、スシュムナーです。

ピンガラーは右半身、男性性、そして太陽の光を、そしてイダーは体の左側、女性性、そして月の光を司ります。

光を放つエネルギーライン、または神のエネルギーラインであるスシュムナーは、骨盤の底（第1チャクラ）から頭頂部（第7チャクラ）まで、すべてのチャクラを通っています。

イダーとピンガラーはスシュムナーの周りを螺旋状に渦巻いて、体の下部にある各チャクラの上下で交差しています。

224ページの画像を参照してください。

これらの3つのナーディーが1つに溶け合うと、エンパワーメントの力を持つ神秘的な目が開き、私たち

チャクラ早見表

名前	アージュニャー	種子音	オーム（OM）
意味	展望、内なる輝き、無限の力	母音	ンー（NG）
体の部位	眉間	エネルギーの特質	直感、ビジョンを描く
エレメント	光	アファメーション	私は見つめます。 私はすばらしい未来を想像しています。 私は導かれています。 私こそが魔法の存在です。 私は自分という枠を超えてビジョンを拡大し続けます。 今日、私はバージョンアップしています。 最高次元の意識・導きに、私の命を委ねます。
色	インディゴ、または紫		
感覚	第六感		

関連する体の部位	額、目、脳、神経系
欠乏している場合の影響	想像力、創造性、インスピレーションの欠如 内なるガイドとのつながりが絶たれる 否定的に考えがち（実際に何が起こっているのかを、正確に捉えられなくなる） １つの考え方に執着し、既成概念にとらわれずに考えたり代替案を見つけたりすることができない 頭でっかちになり、深刻に考えすぎてしまう 自分の内側を見つめることができない 自分のビジョンや夢を表現するのが難しい
過剰な場合の影響	現実からかけ離れた被害妄想や、地に足をつけていない空想 悪夢を見る 自分にとってマイナスの記憶が蘇る 集中力が低下し、思考にもやがかかった状態になる
調和のとれた状態	物事の本質をはっきりと見抜ける クリエイティブな想像力 より多くの夢を見られる（眠っているときに見る夢と叶えたい夢の両方を指す） 考え方が柔軟になる ビジョンを形にすることができる 宇宙の魔法と神秘を信じている

のビジョンが拡大されて、目に映るものと映らないもの、つまり形のあるものとないものが、自らの内側と外側に見えます。

　これは一般的なビジョンではなく、私が「宇宙のビジョン」と呼んでいるものです。

　宇宙のビジョンを受け取れると、それまで感知できなかったものが見えるようになります。私たちの心はどこまでも広がり、不可能が可能になるのです。

まったく新しい言葉

　バーニングマンに初めて行ったのは２０１４年の夏でした。友達の大半がこのフェスに参加していましたが、薬物の過剰摂取や密売が横行していることで悪名高い「プラヤ（塩原）」への旅行は、ヨーガスタジオで責任ある立場に就いていた私には、決して許されることではありませんでした。

　しかし、そのときの私は仕事を辞めたばかりで、人生が大きく変化するタイミングでした。友人6人とネバダ州のブラックロックシティに向かうには、絶好の機会だったのです。

　何年もの間、さまざまなエピソードを聞いたり、写真を見たり、バーニングマンのドキュメンタリーを見たりもしていました。しかし、実際の体験は、それまでのイメージを遥かに超えるものでした。

　そこにいた最初の3日間は、「いったい、私はどこに迷い込んだの……!?」としか言えませんでした。

　ついに辿り着いたこのパラレルワールドがいったい何なのか、私には文字どおり理解することができませんでした。この世界のことを理解するには、意識の拡大が追いつかない状態でした。
「別の惑星、または映画のセットの中に迷い込んだのね！」もしくは「夢を見ているに違いないわ！」としか思えないくらいでした。

バーニングマンとは、地球上のどのコミュニティよりも意図的に、夢中で、魂を満たし、想像力を拡大してくれるコミュニティです。

9日間で約7万人が集まり、ブラックロックシティという名で知られる不毛のネバダ砂漠に、期間限定の大都市を建設します。

街は先史時代に湖の底だった場所に出現します。地面は土というより小麦粉のような質感です。この地面により、異世界のような雰囲気が際立ちます。――私たちがイメージする月の表面に似ています。

バーニングマンの精神は「本来の自分自身を表現する」「他人のことをアテにしない」「贈与経済（誰も支払われず、お金が交換されない経済の形。贈与経済の中では、形を問わず、あなたが人々に提供する贈り物こそが、あなたが持つ通貨として機能する）」「痕跡を残さない（街に持ち込んだものはすべて持ち帰る）」などからなる、10の原則に基づいています。

ゲートに到着した段階で、熱烈な歓迎を受けることでしょう。バーニングマンへの参加者たちからすると、プラヤは「本当の世界」であり、プラヤから離れた生活は「デフォルトの世界（本当の世界を感知する前の、いわば不完全な世界）」だからです。

この「本当の世界」というのは魔法の虹色の眼鏡をかけて見るような世界です。その世界では心の枠組みがなくなり、実現可能なビジョンが無限に広がっていきます。

アージュニャーチャクラで言えば「デフォルトの世界」は、両目に映る世界と言えます。

この世界において私たちは、欠点にばかり意識が向き、箱の外側、白か黒かの二元論的現実を超えた見方ができません。そのような、ジャッジしがちで、物事を条件付きで考えがちなマインドに、いとも容易く陥ってしまうのです。

この「デフォルトの現実」で私たちは、魔法なんてものは存在せず、信じるには根拠がなくてはならないという幻想を受け入れています。

痛み、批判、そして価値のないものであふれかえった世界に感じられることも少なくないでしょう。

一方、「本当の世界」は、両目と第3の目がすべて目覚めているときに感知できる世界です。彩り、可能性、空想、そして魔法に満ちた世界です。

3つの目はすべて、美・真実・愛・好奇心に、自然とフォーカスします。

バーニングマンや私たちの実生活において、次のことを意識して実践し続ければ、「本当の世界」への扉は開かれるでしょう。

- 無心にはしゃぐこと
- 夢を見ること
- 子どものような好奇心を胸にもう一度探究すること
- あらゆる創造物に畏敬の念を抱くこと

20フィートはある直立した男性器の像。これまで世界中で見てきた数々のすばらしい建造物に匹敵する、洗練された美しさを感じさせる寺院。そして車輪付きの巨大なラジカセ。バーニングマンで過ごした初日は、それらに圧倒され、思わず言葉に詰まるような体験でした。

「テープデッキ」からは私のお気に入りのDJであるマルケス・ワイアットの曲が流れ、周囲の人は音楽に身を任せて自由に踊っていました。

バーニングマンの魔法は、視野を広げるだけでは捉えきれません。「まさに創造物の一部である」というつながりの輪に加わることで、この魔法は初めて具現化されるのです。

つまり、夢を思い描くだけでなく、行動を起こす必要があります。

破壊と創造における役割を自分なりの形で担い、贈与経済という循環の輪に入っていくということを、それぞれのキャンプで責任を持って果たす必要があります。

私たちのキャンプはヨーガデッキを作り、コミュニティへの「ギフト」として1日2回ヨーガのクラスを提供しました。

バーニングマンは、言葉や写真、動画などで説明されても伝わるものではありません。現地で実際に参加し、直感・想像力・第六感などを通じて経験して初めて理解できる類のものなのです。アージュニャーの出入り口（「デフォルトの世界」と「本当の世界」をつなぐ扉）が開くと、バーニングマンで体感するような、無限の可能性と魔法の世界へと迎え入れられることでしょう。

目覚めた第3の目からの贈り物

直感は、私たちの人生における目標の達成をあらゆる段階でサポートしてくれます。内なるGPSとして機能する、頼もしい「ギフト」なのです。

この贈り物は、選ばれた少数の人々にだけ授けられた魔法の祝福ではありません。例外なくすべての人に与えられた恩恵なのです。

しかし、このプレゼントの箱を開けてその魔法にアクセスするためには、まず、その魔法と親密な関係を築く必要があるのです。

この非常に重要なステップを抜かしてしまうと、あなたの直感は存在していても、埋もれてしまっている状態のため、その力を完全に発揮することは叶いません。次のセクションでは、直感とは何か、どのような感覚のものなのか、そして直感の導きという「ギフト」とのつながりを構築し、深める手順を探究していきましょう。

私の師・メンターであるローリン・ローシュ博士によると、直感とは私たちのもっとも自然な状態であり、直感が降りてきているときや直感に従っているときというのは、遊んでいるときのような感覚になるといいます。博士はその感覚を、遊んでいる子犬が喜びはしゃいでいる状態と比較しています。

クスッと笑ったり、驚いたり、感動したりするときの状態を思い出してみてください。それこそが、直感が降りてきたときや直感に従っているときの感覚です。直感は、子犬のように、常にあなた自身の注意を引こうとしています。始めは鼻をこすり付ける小さな動作に始まり、舐め、吠え、やがては痺れを切らして飛びついてくるかもしれません。

直感における「メッセージを見落としてしまうか、もしくは気づくのに時間がかかりすぎて手遅れ」という状態は、子犬に例えると「子犬が注意を引いても応えず、気づいたときにはすでに、カーペットの上でおしっこを（あるいは、もしかするとウンチまで）してしまっている」という状態となります。

不要な後片付けの手間を回避し、直感と積極的につながり、深く親密な関係を築き始めるには、どうすればいいのでしょう？　それらを叶えてくれる、5つの方法を見ていきましょう。

まず前提として、直感にあてはまらないものについて簡単にお伝えしたいと思います。

恐れや不安、または強迫観念といったものを感じるとき、その感覚は直感ではありません。また、直感には、重い感じや疲れる感覚もなければ、ぐるぐると悩み続けるような感覚もありません。

このような感覚があるとき、心と体に負荷がかかりすぎているため、リセットが必要です。

この章の終わりに、負荷がかかりすぎた心身のリフレッシュを促進するリチュアル・プラクティスを紹介していますので、ご安心ください。

その場合、体の祈りから始めて、それから呼吸のエクササイズに移っていきましょう。

1．時間と空間を作る

直感との関係構築に必要なことは、人と信頼関係を築いていくときと何も変わりません。まず、自らの人生に、進んで時間と空間を確保する必要があります。

時間と空間は、親密な関係を育む（＝本当の意味で相手のことを知り、信頼で結ばれた心地よい関係を築いていく）上で重要な要素です。

自分自身の直感との関係を深めるには、毎日欠かさず瞑想を実践していくのが最適です。各セッションは、あなたの内なるガイドとの会話を楽しみ、心の内側でつながる時間、すなわちデートのようなものだと思ってください。

自覚の有無に関わらず、すでにあなたはこの6週間、内なる自分自身とデートを重ねてきているのです！

あなたはエンパワーメントの実践を行うために、毎日時間と空間を捻出してきました。

その努力が実り、あなたのエネルギーシステムは、内なるガイドと出会う準備が整っています。

章の後半にある瞑想は、次の次元へとあなたを導いてくれるでしょう。

2. 意識：注意を払い、耳を傾ける

内なるガイドにありのままの自分をさらけ出すことを約束し、ガイドがどんな方法であなたとコミュニケーションを取りたがっているかを学ぶときが来ました。

あなたの直感は、「体の感覚」を通じてあなたに話しかけてくるかもしれません。例えば、鳥肌、後頭部で跳ねている髪、直感的な「あっ……」「うわっ！」という感覚、これといった理由もなく始まる動悸などが挙げられます。

これは「クリアフィーリング（clear feeling）」として知られています。

あるいは、言葉、音、歌などの形で脳内へ直接語りかけてきたり、耳元でささやいてきたりするかもしれません。この音の力は、「クリアヒアリング（clear hearing）」として知られています。

この声は、ハイヤーセルフが知恵をもたらしてくれたり、頭をノックして「聞いて！」と訴えかけたりしているのです。

あるいは、直感はもっと目に見える形のコミュニケーションを選ぶかもしれません。絵を描いたり、心の目にショートムービーを映し出したりするかもしれません。このような形の直感は、「クリアシーイング（clear seeing）」として知られています。

注意を引くために、直感が嗅覚を駆使することもあるでしょう。突然、人、場所、または愛する人を彷彿とさせる香りや匂いがすることがあります。これは、「クリアスメリング（clear smelling）」として知られています。

最後に、突然の閃きで、ある事柄に対して「そういうことだったのか」という直感的な理解に至るかもしれません。根拠や道筋がわからないまま、直感的に理解できるのです。こちらは「クリアノウイング（clear knowing）」と呼ばれます。

私たちの直感は、話しかける方法を1つか2つほど持ち合わせていることがほとんどです。これらのメッセージははっきりダイレクトにやってくる場合もありますが、大半はシンボル・虫の知らせ・ささやき・感情など、キャッチしづらい形でやってきます。

このプレゼントを受け取り、耳を傾け、注意を払うかどうかは私たち次第なのです。

3. ゲームをする

感動や喜びの境地から直感にアプローチできれば、直感との関係構築もそれだけスムーズに進んでいきます。

試しに簡単なゲームを創ってみましょう。例えば電話が鳴ったら、画面を確認する前に、誰からの着信であるかを推測してみましょう。

友達に会いに行くときは、相手が何色の服を着ているのかを想像してみましょう。友人に連絡する前に、相手に意識を向け、彼らがどのように感じているかを推測してみましょう。

ぜひ、あなた独自の遊びを考えてみてください。

軽やかさ、遊び心、楽しさを忘れずに遊びましょう。

4. 占いツール

タロットカード、スピリチュアル関連の本、ルーン文字、ペンデュラム（振り子）など、思いついたものは何でも使用してみましょう。

毎朝、私は次の質問から1日を始めます。

「ベストを尽くし、順調な1日を過ごすために、今日どんなことを知る必要がありますか？」

次に、1～3枚のタロットカードを引く簡単なリーディングを通じて答えを受け取ります。タロット以外でも、お気に入りのツールであれば何を使っても大丈夫です。本を「無造作に」開き、そのページにどのようなアドバイスが記されているかを確認してもいいのです。この手法は「ビブリオマンシー（書物占い）」といいます。

私の場合、他に次のことも尋ねています。

「今日私が知っておくことで役立つものは何ですか？」

「今日はどんなことを意識して過ごすべきですか？」

「何に焦点を当てるべきですか？」

「誰も傷つけず、道徳と幸せを最大限両立させていくには、どのようなことが必要ですか？」

もちろん、オリジナルの質問を考えて自分自身に問いかけるのもいいでしょう。

5. 夢の世界

夢日記をつけてみてください。

これは、自分が夢を見ているとは思わない場合、または夢の内容を思い出すのに苦労している場合には、特に効果があります。非常に簡単で、3～5分あればできることです。

枕元に日記を置いておき、朝起きたらすぐに、（できれば）トイレに行く前にでも、覚えていることはすべて書き留めておきます。

そこにいた人々。あなたがいた場所。あなたがしていたこと。あなたが抱いた感情。

取り留めなく奇抜なものからごくありふれたものまで、ありとあらゆる詳細を綴っておきましょう。

夢日記を実践していくことで、意識の領域と無意識の領域の間に橋を架けることができます。その結果、内なるガイドとの関係性がより一層スムーズに深まっていきます。

夢日記をつけることがどう役に立つか、よりわかりやすい例を紹介しましょう。これは、私が指導している学生、サミーの話です。サミーは新しい恋人ができたばかりで、彼氏とは一見すばらしい関係にありましたが、ある問題を抱えていました。彼女は、拭い去ることのできない奇妙な感覚を抱いていたのです。

それが交際に対する恐れなのか、それとも直感が彼女に何かを伝えようとしているのか、彼女にはわかりませんでした。そこで、答えを読み解くために、夢の世界に頼ることにしました。

彼女が夢日記を実践し始めてから約2週間後、メッセージが届きました。

真夜中、これまでに見たことのないようなはっきりとした夢から目を覚ますと、彼女の心臓はバクバクと高鳴っていました。

夢の中で、彼女と彼女のパートナーはちょうど性行為をしていました。

彼女は起き上がって洗面所に行ってから、2人分の飲み水を用意しました。彼女が部屋へ戻ると、ニヤニヤしながら、誰かにメッセージを送っている彼がいました。

彼女の気持ちは瞬く間に沈みました。同時に、何週間も戦っていた不安感が蘇ってきたそうです。

サミーは彼に携帯電話を見てもいいかと尋ねましたが、メッセージを打つのに夢中なあまり、彼には彼女の声も耳に入ってこないようでした。

そこで彼女はもう一度尋ねました。

すると彼は「この携帯が見たいの？」と言って彼女をからかい始めました。「それともこっちの携帯？」と他の電話機をいくつも取り出し始めました。

人を小馬鹿にしたようなこの言動は、彼がすべての電話機を空中に投げ出すまでしばらく続きました。

彼は彼女の目を見て「ごめん」と謝罪しました。

サミーは、彼の投げた電話機が地面に落ちる前に目を覚ましました。

そして直感に背を向けました。

それなのに、一見順調に進んでいるように思えた現実世界の交際を前に盲目的になり、彼女はその夢をただの悪夢とみなしたのです。

ところが2日後、彼女には信じられないことだったでしょうが、見た夢とほとんど同じシナリオが現実で展開されたのです。今度は、彼女が悪夢から目覚めることはありませんでした。「実生活版」では携帯は1台しかなく、彼はそれを彼女の前にポイっと投げてきました。

何の説明もせずに彼は服を着て、投げた携帯を拾い、ドアから出て行くときに「ごめん」と、夢の中とまったく同じことを言ったのです。

サミーのように私たちの多くは、直感が降りてきているのに、信頼もしなければ耳を傾けることもしません。奇妙な感覚や鮮明な夢が何を示唆していたのか、サミーはすでに知っていたと思います。だから彼女は、その不快な感覚を払拭することができなかったのです。

否定的な考えに引きずられて、目の前で起こっていることを無視するのは簡単です。しかし、あなたがオープンマインドで会話をし、そして注意深く耳を傾けるたびに、あなたは内なるガイドとの関係を深め、自分自身の内側に埋もれている宝物を、もう少しだけ掘り起こせることでしょう。

アージュニャー・チャクラがくれたプレゼントの箱を開くときは、直感を信頼し、勇気を出して行動を起こしてみてください。

タントラには「シヴァなきシャクティは完全なる混沌である。同時にシャクティなきシヴァは亡骸（なきがら）に過ぎない」とあります。

対極の性質をもって補い合う関係にある力同士が１つに溶け合うことで、自分自身と統合し、全体性／一体感を味わうことができるのです。

この一体感のある場所の中で、私たちはより深い次元の理解と知識を授かり、また真の創造力と魔法が生まれます。

神秘的なアージュニャー・センターでは、ピンガラー・ナーディー（太陽のエネルギー経路）とイダー・ナーディーの月のエネルギー経路が１つに交わっています。この交わりは二元論的意識からの解放、すなわち私たちの２つの目だけで物事を見ることから、統合された第３の目ではっきりと理解することができる状態へのシフトを示しています。

第６チャクラを司る神・アルダナーリーシュヴァラは、二元論的観念から全体性・一体感へのパワフルな変容を表す、究極のシンボルです。

唯一無二の女神／神

ご存知のように、シャクティとはワイルドでダイナミック、そして創造的なパワー・至福の表れです。

シヴァは内側・外側それぞれに向けられた純粋な意識であり、存在の土台です。シャクティはそこから湧き上がってきます。

アルダナーリーシュヴァラは、私たちの思考や活動のベースとなってしまっている、典型的な二元論の逆をいく神様です。

この神様は両性具有の神――半分は女神で残り半分は神、半分は女性で残り半分は男性、シャクティとシヴァが１つになり、顕在化した存在です。

「二元性を超越した先にある全体性」とも言えます。

アルダナーリーシュヴァラには通常、４本の腕が描かれています。２本はシャクティの腕、もう２本はシヴァの腕です。

シャクティはアルダナーリーシュヴァラの体の左半身を構成し、月のエネルギーを司っています。このエネルギーは、直感・創造性・自発性・深みのある魂の栄養といった感覚の質を表しています。

また、心臓があるのも、シャクティが構成する左半身です。そして、彼女が司る月のエネルギーは、アルダナーリーシュヴァラの無条件の愛に語りかける存在でもあるのです。

彼女は片方の手に蓮の花を、もう片方の手に杖を持っています。

この蓮の花と杖は、純粋さ、美しさ、知識の象徴です。彼女は美しいサリーを纏い、黄金の装飾品を身につけています。

シヴァはアルダナーリーシュヴァラの右半身を構成し、太陽のエネルギーを司っています。太陽のエネルギーは、行動、論理、勇気、単純思考のエネルギーを保持しています。彼は片手にフォークの先のような形状の三叉の槍を持ち、もう片方の手で、恐れのないことを表すアバヤ・ムドラーを組んでいます。アバヤ・ムドラーとは、右手を上げて、手のひらを相手に向けるポーズです。これまでの章で見た、カーリーとラクシュミーもアバヤ・ムドラーを組んでいました。

三叉の槍は「思考／体／魂の統合」から「過去／現在／未来の統合」「イダー／ピンガラー／スシュムナーの統合」まで、多くの意味を内包するシンボルです。シヴァの髪はドレッドヘアにまとめられ、ヘビを巻き付け、動物の皮を身につけています。この左半身（シャクティ）と右半身（シヴァ）は、ただ１つの第３の目を共有しています。第３の目は、ジャッジ・制限的思考・分離的思考から解き放たれ、美・愛・真実・好奇心から物事を見つめられる目を表しています。

アルダナーリーシュヴァラは、私たちの中で対極をなすこの２つの存在（シヴァとシャクティ）が必要不可欠で、両者の間には一切の分離がないことを教えています。シャクティとシヴァは、お互いに切っても切れない存在なのです。

私たちの全細胞内で、彼らが一緒にダンスをしています。自分自身の中でこの対極的存在の統合を進めていくと、最終的に私たちは、自由を見出すことができます。

アルダナーリーシュヴァラとつながり、エンパワーメントを受けるために私が使用している簡単な祈り（マントラ）を紹介しましょう。

「私は、私という存在のすべてを称えます」

ぜひ、今すぐ唱えてみてください。

「私は、私という存在のすべてを称えます」

それから、少し時間を置きます。

深く息を吸ってから、吐ききりましょう。

両目を閉じて、第３の目で感じ取り、もう一度ゆっくりと繰り返します。

「私は、私という存在のすべてを称えます」

周波数を整え、湧き上がるものを感じてください。

この祈りをしたとき、次のどちらかが起こる可能性があります。

・あなたの意識があなたのことを、内なる自分自身へと導いてくれるかもしれません。これまで追い出したり、拒絶したり、否定したりして、敬意を払わないできた自分自身のもとへ連れて行ってくれるのです。

この意識は、あなたの中に存在した分離の意識からあなたを解放し、全体性（ホールネス）に戻してくれる（すなわち、自分自身を丸ごと受け入れられるようにしてくれる）導きの光です。

・恵み、平和、そして無条件の愛からなる神聖な光。その光からあふれ出てくる充足感や、どこまでも広がっていく感覚を経験するかもしれません。

神々しささえ感じさせるこの吉兆は、あなた本来の価値をくっきりと浮き彫りにしてくれるでしょう。

この感覚が自分という存在の隅々まで流れ込むとき、

この広々としたエネルギーに身を任せ、自分自身を休ませてあげてください。
そしてあなたが「あなた自身」を丸ごと称えるとき、
魔法がかかります！

二元論を超え、論理的思考だけに頼らず、直感と客観的な現実を統合し、第3の目を含むすべての目を通して物事を見つめることで、真の魔法がかかるのです。

その先に待つのは、さらに統合され、より深い次元の真実・平和・美しさ・活力へアクセスできるようになった自分自身です。

次のプラクティスは、魂に光を灯し、アージュニャーチャクラの力を最大限引き出す上で役に立つでしょう。

プラクティス：7日間の魔法

1日目：祭壇作り

第3の目の祭壇は、アージュニャーチャクラの儀式のために毎日来る場所です。魔法をかけ、美しさを呼び起こし、遊び心を呼び覚ますアイテムで、祭壇を埋め尽くしてください。

7色のメガネをかけることを恐れず、神聖なスペースを創造するときには想像をどこまでも広げていってください。楽しみながら行いましょう。きらきらした力が湧いてくるのは、自分自身を丸ごと称えられているときです。どうかそのことを忘れずに！

まずは、必要なものを集めるところから始めましょう。

祭壇に必要なもの

・紫色のもの（布、ろうそく、水晶、紙、口紅）
・キャンドル、ランプなど「光」を表すもの
・魔法の領域を表すアイテム（魔法の杖、水晶玉、タロットカード、お守りなど）

祭壇のアイデア

アージュニャーの出入り口では、地、水、火、風、空の5つのエレメントのサポートを感じ、心地よさを覚えるでしょう。各エレメントを表すアイテムを用意するのもいいでしょう。

次に各エレメントを表すアイテムの候補を紹介しま

すが、これらのアイテムだけに制限しなくて大丈夫です！

・地：植物、花、土、石
・水：水を入れた聖杯、バラの香水、エッセンシャルオイル、経血
・火：キャンドル
・風：焚くもの（ホワイトセージ、パロサント、ピニョン、お香など）、鳥の羽根
・空：シンギングボウル、チャイム、赤ちゃんをあやすガラガラ、ベルなど。インスピレーションが刺激される音楽を流すのもいいでしょう。
・光：鏡（神聖な存在であるあなたの姿を映し出すため）

その他のアイデア

・ドリームキャッチャー（北アメリカ先住民のお守り）
・夢日記
・勉強している（もしくはこれから勉強したい）スピリチュアルの叡智が詰まった本
・ビジョンボード
・天然石：ラブラドライト、ラピスラズリ、アズライト
・エッセンシャルオイル：マグノリア、コパイバ、クラリセージ
・タロットカード：「魔術師」、「女教皇」、「火の６」、「火の８」

それぞれの天然石、オイル、タロットカードの意味については、巻末の一覧表をご参照ください。

内観ワーク

1．ただただ夢中で楽しめることを10個挙げてください。
　これらのことを最後にしたのはいつですか？　その中から１つ選び、今週行いましょう。
2．想像力を働かせているときは、魔法を使っているときです。自分自身が魔法のことをどのように捉えているか、見つめてみましょう。そして、人生で起こったことの中で「魔法の仕業ではないか」と思うことを、５つ以上挙げてみましょう。
3．第３の目を開くことで見えるようになるものに、

恐れがありますか？　そうだとしたら、その恐れの原因や根本にあるものを内観していきましょう。

2日目：ムドラー――ジュニャーナ・ムドラー

アージュニャーチャクラのムドラーはジュニャーナ・ムドラーと呼ばれる、もっともよく知られているムドラーの一種です。私が大好きなムドラーの１つでもあります。

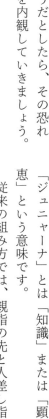

「ジュニャーナ」とは「知識」または「顕在化した知恵」という意味です。

従来の組み方では、親指の先と人差し指の先をくっつけ、残りの指はそっと伸ばします。その状態で、両手を太ももの上に下ろします。

人差し指は、個々の魂・人間の意識（「小さな自分自身」と言ってもいいでしょう）を表しています。親指は、普遍的な魂・宇宙意識（神聖なハイヤーセルフ）を表しています。この印を結ぶことにより、肉体を持った人間としてのあなたが、神聖な自分自身と統合されていくのです。

ここで実践するムドラーでは、この美しい教えと形を踏まえつつ、さらに一味違う次元の複雑な形で印を結んでいきます。まっすぐ伸ばしていた6本の指（両手の中指・薬指・小指）を、互いに包み込むように絡ませるのです。強力なエネルギーの渦を生み出してチャクラを回転させる、ピンガラー・ナーディーとイダー・ナーディーの交わりを象徴するムドラーです。

また、このムドラーは私たちの中にあるもの、特にシヴァ（男性性）とシャクティ（女性性）のエネルギー、そして第6チャクラを司る神であるアルダナーリーシュヴァラのエネルギーの統合を促します。

最初はその複雑さに、手指の体操でもしているような感覚を抱くかもしれません。ですが、実践し続けているうちに、ヨーガをしているときの体のように、手や指がよりしなやかになっていく実感があるはずです。

手順は次のとおりです。

1. 祭壇の前に、楽な姿勢で座ります。背筋を伸ばし、骨盤を大地に根付かせ、グラウンディングコードを垂らします。
2. 手にエネルギーを込めます。（43ページ参照）
3. 息を吸い、腕を頭上に伸ばし、右手首と左手首を交差させます。
4. 手首を交差させたまま、心臓のアナーハタチャクラの高さまで形を下げます。
5. 手の甲を合わせます。
6. 右手の小指を左手の小指に絡めます。
7. 右手の薬指を左手の薬指に絡めます。
8. 右手の中指を左手の中指に絡めます。
9. 両手とも人差し指と親指の先をくっつけて、ジュニャーナ・ムドラーの印を完成させます。
10. ぼんやりと前を見つめましょう。あるいは、目を瞑っても大丈夫です。その状態のまま、体の隅々まで栄養を行き渡らせるイメージで、10回以上深呼吸をします。
11. 準備ができたら、ムドラーを解きましょう。

左手首を右手首に交差させ、絡める指を入れ替えた状態で同じプラクティスをしてみたい人は、ぜひやってみてください。

これには、少し練習が必要かもしれません。

内観ワーク

1. 自分自身をまるごと称えることは、あなた自身と人生にとってどのような意味がありますか？
2. あなたには、支配的な一面がありますか？ 調和のとれた心の状態へと立ち戻るのに、アルダナーリーシュヴァラはどのようなサポートをしてくれますか？
3. どんなときに否定や幻想に巻き込まれますか？ 人生に起こっていることの中で、目を背けていることはありますか？

3日目：呼吸―ナーディー・ショーダナ

このプラーナヤーマを実践することでビジョンが確かなものとなり、安らぎを覚えるでしょう。

第3チャクラと第5チャクラの儀式で味わったカパラバティとシムハサナは体を温める呼吸でしたが、ナーディー・ショーダナは、神経系を落ち着かせて整える、クールダウンの働きがある呼吸です。体内に張り巡らされた微細なエネルギーの通り道（体内を流れる光の川）を浄化してくれます。

（「ナーディー」は「エネルギーの通り道」、「ショーダナ」は「浄化」という意味です）

左右の鼻孔から交互に呼吸する「片鼻呼吸法」として有名な、ナーディー・ショーダナ。この呼吸法は体内の太陽と月のエネルギー、交感神経系と副交感神経系、能動性と受容性のバランスを整えるのに役立つことから「太陽と月の呼吸」としても知られています。

私に関して言えば、ヨーガのポーズの終わり、シャバーサナ（屍のポーズ）の直前、瞑想の前、または夕暮れ時や黄昏時にナーディー・ショーダナを実践しています。個人的に、お気に入りの時間の1つです。

この呼吸法には、心を落ち着かせ、クリアにしてくれるヒーリング効果があります。

心身の調和がとれた状態・深く整った状態を取り戻したいときや、宇宙のビジョンを受け取りたいときに実践してみてください。

さあ、始めましょう。

1. 床の上に、楽な姿勢で座ります。
両手は膝または太ももに乗せます。
2. 深呼吸を3回行います。このときは、左右両方の鼻孔で呼吸して大丈夫です。
3. 右手でピースサインを作り、第3の目の中心であるアージュニャーチャクラの扉にそっと添えます。
4. 薬指の先を左の鼻孔に軽く付け、親指の先を右の鼻孔に軽く置きます。
5. 両方の鼻孔から息を吸って、息を止めます。次に、右の鼻孔をそっと押さえ、左の鼻孔から3つ数えながら息を吐きます。
6. そのまま息を止めます。左の鼻孔から3つ数えな

7. がら息を吸い、再び息を止めます。左の鼻孔をそっと押さえ、右の鼻孔から3つ数えながら息を吐きます。吐き切った状態で、息を止めます。
8. 右の鼻孔から3つ数えながら息を吸います。
9. 右の鼻孔をそっと押さえ、左の鼻孔から3つ数えながら息を吐きます。

息の通り道に意識を向けながら、このリズムを2〜3分間続けましょう。片方の鼻孔で息を吐いたら、もう片方の鼻孔でも同じことを繰り返していきます。

ナーディー・ショーダナの実践による、その他の恩恵

・ストレスと不安が解消する
・右脳と左脳のバランスが整う
・倦怠感から回復する

内観ワーク

1. あなたの直感は、どんな形で注意を引く傾向にありますか？内なるガイドから、どのような形でメッセージを受け取りますか？
2. ここ最近で、直感を信頼し、従ったときのことを思い浮かべてください。その結果、どのような展開になりましたか？
3. 何らかの理由で、直感を軽視・無視したときのことを思い返してみてください。その結果、どのようなことが起こりましたか？

4日目：アージュニャー・体の祈り

本章の冒頭で述べたことの繰り返しになりますが、チャクラの旅で第3の目が覚醒すると、肉体から解き放たれ、魂の世界へと足を踏み入れることになります。この体の祈りでは、肉体に触れることやポーズをとることを通じて、第6チャクラにアクセスすることができます。このときの境地は、言葉では言い表せません。

これはビジョンにおける核となるところです。一連の動きを、目を閉じて、遊ぶような気持ちで取り組むのもいいでしょう。

目を閉じた状態で行うのが難しい場合は、瞬き1回あたりの時間を長くしてみてください。

私たちが内なる目だけを頼りにすることで視点という心のレンズがどれだけ劇的に変化するか、注意してみてください。

安全を確保するために必ず、一連のやり方を覚え、動きを完全に再現できるようになった後にトライしてください。

推奨される実践方法：写真を参考に、次の動作を左右それぞれ1～3回ずつ繰り返します。また、www.chakrarituals.com では動画を見ることもできます。

立ち上がり、脚を腰幅に開き、合掌し、親指をアージュニャーの中心に軽く触れます。

1

息を吸いながら肘を大きく開き、胸を張ります。息を吐くときは合掌し、両手の親指で第3の目に触れます。これを3回繰り返します。

2

右腕を左腕の下から巻き付け、イーグルアーム（鷲のポーズ）をとります。さらに膝を曲げて、椅子のポーズをとります。お尻を支点に上半身を前に倒し、胸を太ももにくっつけます。

3

両手はポーズを解き、マットに下ろします。息を吸いながら、背筋を伸ばし、左脚を後方に持ち上げます。

4

息を吐きながら背中を丸め、伸ばしていた左脚の膝を曲げ、第3の目の中心に向けます。

5

左脚を再び後ろに下げて、ローランジのポーズ。

6

息を吸いながら、イーグルアーム（鷲のポーズ）で、ハイランジのポーズへ移行します。

7

合掌をして、両方の親指は第3の目の中心に軽く触れます。

8

息を吸いながら肘を大きく開き、胸を張ります。次に息を吐きながら、後ろに開いた肘を胸の前で合わせます。ここで手順7〜8を、3回繰り返します。

9

息を吸いながら手を下ろし、両脚を後ろへ伸ばし、ハイプランクのポーズ。

10

息を吐きながら腹部をマットにつけ、腕を伸ばし、第3の目をマットに向けます。

11

両脚と背筋を伸ばした状態で押し上げ、ダウンドッグのポーズ。

12

マットの前方に足を踏み出し、ロールアップで起き上がり、第3の目の前で合掌します。

今度は右半身と左半身の動きを入れ替えてやってみましょう。

内観ワーク

1．どのようなレンズ（感覚）を通して、世界を捉えていますか？（視覚？　聴覚？　あるいは嗅覚でしょうか？）
「デフォルトの目」と「本当の目」のどちらを通して世界を見ますか？

2．あなたの知覚に影響を与えているのは何でしょうか？

3．自分自身や世界に内在する美しさを見るには、多くの場合、目のトレーニングが必要です。あなたにとっての美しさとは何ですか？　今日見た中で、美しいと感じたものを5つ挙げてみましょう。

5日目：瞑想――すべてを知る、内なる賢明な女性

自分以上に、自分のことをよく知っている人はいません。自分にとって必要なことをいちばんわかっているのは、他ならぬ自分自身なのです。

誰しも自分自身の内側に、賢明な女性がいます。この女性は、さらなる深みと真実、癒し方、笑い方、愛し方、どうすれば無防備でいられるか、あるいはパワフルでいるにはどうすればいいかなど、あらゆることを知っています。また、周囲がどう思うかをまったく気にしない存在でもあります。

次の手順に従ってこの女性を視覚化することで、あなたは自分自身の内側、奥深くへ潜り、あなただからこそ贈ることのできる祝福と出会い、それを自分自身が受け取る旅へと誘われていくことでしょう。

自分の外側に答えを求めるのではなく、内側に注意を向けて、内なる賢明な女性に会いましょう。

1．楽な姿勢で座ります。

2．両手を、熱を帯びるまで激しくこすり合わせます。次に、両手で水をすくうカップのような形を作り、目の上に置き、両目を手のひらの熱と暗闇で覆います。
一度だけ、深呼吸をします。

3．両手を目から離しますが、目はそっと閉じたまま

4. に向けます。
第3の目が開いて崇高な光を放ち、目の前にあるスクリーンをはっきりと照らしているのを想像してください。

これは「チダーカーシャ」と呼ばれる空間です。無意識、意識、超意識（自分自身を超越した意識）が集合した空間です。夢、直感、想像力が「宇宙のビジョン」と遊ぶように交わる場所でもあります。

5. 地球上でもっとも好きな場所を思い浮かべてください。美しいビーチ、森、山の頂上、田舎でしょうか？　あるいは、自宅でしょうか？
いちばん大好きなその場所が目の前のスクリーンにくっきりと映し出されるのを見ながら、体中に栄養を行き渡らせるイメージで3回深呼吸をしてください。

6. 遠くに、美しい年上の女性がやってくるのが見えます。
その女性はどんなふうに近づいてきていますか？　歩きながらか、踊りながらか、自転車やサーフボードなどに乗ってくることもあるでしょう。あるいは車に乗っているでしょうか？　どんなイメージでも大丈夫です。

近づいてくるにつれて、服装やヘアスタイル、アクセサリーやメイクにも注意を向けてみましょう（アクセサリーやメイクをしていなくても大丈夫です）。

イメージとして映ったすべてを取り入れます。この光景に集中し、すべての感覚（聴覚、嗅覚、味覚、さらには触覚も）を働かせます。

7. 今、あなたはこの女性と向かい合って立っています。彼女の目を見ると、そこにはあなたの目が映っています。
彼女の笑顔を見ると、あなたの内側も笑顔になるでしょう。彼女が笑顔に映るのは、あなたも笑顔だからです。

彼女はあなたの背中に腕を回し、あふれんばかりの祝福に満ちた抱擁をしてくれます。

そして耳元で「あなたに会えるのを、待っていましたよ」とささやいてくれるでしょう。

8. ここからは、（自分自身でもある）賢明な年上の彼女から、答えを受け取る時間です。あなたが知りたいことや成長・癒しのサポートになること、優しい導きを必要とすることであれば、どんなことを聞いてもいいのです。触れてはいけないテーマ・質問はありません。心の奥へ奥へと意識を集中させ、問いを投げかけ、答えに耳を傾けましょう。

9. 完了したら、彼女に対して感謝の心を伝えましょう。今日姿を見せ、疑問に対して答えをくれたことに感謝し、呼ばれたい名前があるかどうかを尋ねます。

そして彼女の名前を聞きましょう。

10. さよならの前に、内なる賢明な女性はあなたにギフトをくれるでしょう。このギフトは、シンボル、色、単語、またはオブジェなど、さまざまな形をとります。

11. もう一度彼女に感謝を伝えると「必要なときは、いつでもここに戻ってきてね」と答えてくれるでしょう。

心の奥へ奥へと潜っていくと、内なるガイドが佇んでいます。目の前に続く道を（足元から、遠くの先まで）照らしてくれる意志と力を兼ね備えた、心強い味方がいるのです。

12. 意識を体に戻します。豊かさを感じながら深く息を吸ってください。口を開き、吸った息を吐き出します。次に、もう一度深呼吸をします。

13. 心の中で合掌をします。次に、合わせた手を第3の目に向け、すべてを知る、内なる賢明な女性に頭を下げ、感謝を込めてお別れの挨拶をします。

14. 完了したらすぐに、ノートを取り出して、次の内観ワークを実践してみましょう。

内観ワーク

1. 少し時間を取り、精神世界で体験してきたことを書き出します。

あなたの内なる賢明な女性は、どのような姿をしていましたか？

彼女に名前はありましたか？

彼女は、どんなメッセージをくれましたか？

見たもの、記憶にあるものすべてを、文字や絵に起こします。

2．私は初めてこのエクササイズをしたとき、内なる賢明な女性から、年代物の美しい手鏡をもらいました。

普通の鏡ではなく、真実と愛の目を通してしか見ることができない鏡だと言われました。

彼女はその鏡を「女神の鏡」と呼び、幻想を超えて、「周囲の人たちがあなたに見出しているすばらしい光を、あなた自身も認めるときが来ました」と言ってくれました（このとき私が泣いたのは、言うまでもありません）。

内なる賢明な女性があなたにくれたギフトは何でしたか？　このギフトは、オブジェ、色、言葉などさまざまな形をとります。

記憶する限りのことを書き留めておきましょう。

今日何も見えも聞こえもしなかったとしても、心配は無用です。

感度を磨くことで第3の目を開き、理屈を超えて内側を見つめ、そこに存在する知恵とつながれるように、1つ1つのエクササイズに取り組んでいきましょう。

このような経験が今までになかった場合、感性を目覚めさせるには時間が必要なことがあります。

3．どんな夢を、「所詮は叶わぬ夢」と片付けたり忘れたりしてきましたか？

子ども向けの本を書くこと？　アルバムをレコーディングすること？　ビヨンセとステージで踊ること？　世界中を旅すること？　外国語を話すこと？　共同体の中で生きること？　ガーデンを所有して、自給自足の生活を送ること？　自分のビジネスを始めること？　バーニングマンに行くこと？　あるいは、子を持ち母になることでしょうか？

これまで叶えずに温めてきた、夢という夢をリストにします。

夢を追いかけるのをやめたきっかけは何ですか？

今日、どんな夢を追い始める準備ができていますか？

6日目：顕在化―ビジョンボード

私自身、オリンピックに向けて高飛び込みのトレーニングに取り組んでいた若い頃から、視覚化のパワーを体感してきました。

技術を目に見える形に落とし込むということを、私たちは日々実践してきました。

コーチは私に、はしごを登り、高さ10メートルの飛び込み台の先に立ち、ダイビングする姿をイメージするように指示したものでした。

コーチは私たちがイメージしたダイビングについてフィードバックをすると、次のダイビングの準備をしてくれました。こういったトレーニングが実を結び、チームメイトでもあり親友でもあるローラ・ウィルキンソンが２０００年のシドニーオリンピックで金メダルの表彰台に立てたのです。

彼女はオリンピックのわずか数か月前に足を骨折しており、トレーニングの種類や量は大幅に制限されている状態でした。

同じ状況に身を置けば、ほとんどのアスリートがオリンピックを諦めたことでしょう。しかし、ローラは決して、オリンピックを諦めず、メンタルトレーニングを強化しました。そして、このオリンピックで金メダリストとなったのです！　10メートル高飛び込みにおいてアメリカ人女性が金メダルを獲得するのは、私が生まれてから初のことでした。

視覚化のテクニックが持つパワーを目の当たりにしながら練習をすべて終えた後、夢の実現に向かっていくメソッドとしてビジョンボードのことを初めて聞いたとき、それは私にとって奇跡を起こすものには少しも思えませんでした。ビジョンボードはどちらかといえば、ビジョンを具体的で美しい形へとブラッシュアップするのに役立ったように思います。そのとき完成させたビジョンボードは、その頃の私にとって、人生の青写真になりました。

私は第6チャクラのエクササイズでビジョンボードを作成するのが大好きです。ビジョンボードが夢やイメージを描く場所であり、物事の本質を見抜く閃きの降りてくる場所であり、そして顕現という魔法のプロセスが始まる場所でもあるからです。

洞察、イメージ、言葉、色、シンボルを、創造性を働かせてアートへと昇華させることによって、私たちは顕現と顕在化の流れに乗り始めます。

ビジョンを現実化させるための大きな一歩です。

毎日ビジョンを描くとき、私たちは自らの内側に広がる精神世界でそのビジョンを強化、調整します。

　早速ビジョンを描き、ボードを作成し始めましょう。

推奨される材料・道具

・好きなサイズの厚紙またはコルクボード
・はさみ
・スティックのり、テープ、ピン
・雑誌をとにかくたくさん
・ラメやシールなどキラキラしたもの、絵の具、マーカー
・ステッカー
・（ビジョンに関連する）絵や写真
　それ以外にも、楽しくてクリエイティビティが刺激されるものであればなんでもありです。

始める前に

　少し時間を取り、地面に足をつけた状態で目を閉じます。体中に栄養を行き渡らせるイメージで、一度深呼吸をします。

　今から1年後を想像してみます。何をしていますか？　どこに住んでいますか？　誰と一緒ですか？　何が見えますか？

　時間をかけ、できる限り細部まで描写します。

　五感を刺激して遊びましょう。

　どんな味を楽しみますか？　どんな匂いを味わいますか？　何を聞きますか？　何に触れますか？

　また、あなたの気持ちはいかがですか？　幸せですか？　悲しいですか？　ワクワクする？　気持ちが昂っていますか？　それとも落ち着いていますか？


　インスピレーションを与え、ビジョンを実現する旅における成長と変革をサポートしてくれる写真、言葉、色、シンボルなどを集め始めましょう。

　念願の仕事、家の新築、書き上げたばかりの本、オリンピックの表彰台の上に立つこと、理想のパートナーと一緒にいることなど、どんなことを思い描いてもいいのです。

　一通りの素材を集めたら、厚紙またはコルクボードなどにちりばめ、貼り付けていきます。

　写真は感情、記憶、美しさを呼び起こしてくれます。

呼び起こされたそれらの存在は、私たちに希望を与えてくれます。何より重要なのは、行動を起こすように私たちをインスパイアしてくれるということです！

追加のヒント

楽しくクリエイティビティを発揮しましょう！

私の師であるブレンダ・ローズの「間違えるはずがないんだから、正しくしようとするのをやめなさい！」というメッセージを、私からあなたにも贈ります。

モチベーションが上がり気分が良くなる素材（言葉、色、写真、絵、シンボルなど）の使用が不可欠です。

可能であれば、あなたが写った写真をビジョンボードに貼るのもおすすめです。

スケールが大きくて取り組みづらい場合は「プライベート」「仕事」など、人生における領域の1つだけに集中して作成しても大丈夫です。

ワイルドシスターたちと数人でビジョンボード作成会を開くのもいいでしょう。

スマートフォンでビジョンボードの写真を撮っておくことで、どこにいてもインスピレーションを受け取り続けることができます。

内観ワーク

1．魔法をかけるには、ビジョンボードの作成だけでは不十分です。行動を起こさない限り、ビジョンは永遠に夢のままです。

描いたビジョンや夢の実現に向けて、今月、今週、今日、今この瞬間、あなたはどのような行動を起こしますか？

2．（バーニングマンでプラヤに足を踏み入れたかどうかを問わず）虹色のレンズを持つ魔法の眼鏡をかけて、今地球上で何ができるかを、改めて思い描きます。

3．ポテンシャルを最大限発揮することで、どのような光景が見え、どのような感覚になるでしょうか。

7日目：エンパワーメントの神秘的な目から学んだこと

・3つの目すべてを開き、すべての目で物事を見るとき、あなたの目の前に「本当の世界」が姿を現すでしょう！

・子どものような好奇心を胸に抱きながら探究します。想像を超える領域で遊んだり、空想にふけったり、はしゃいだりする時間を作りましょう。
・直感というのは魔法の実践です。瞑想を日課として実践することが、直感をキャッチし、従う最良の方法です。
・直感はクリアフィーリング、クリアヒアリング、クリアシーイング、クリアスメリング、クリアノウイングという5つの方法のいずれかであなた自身に語りかけてくるでしょう。あなたの直感が好むコミュニケーションスタイルを知っておくと良いでしょう。
・あなたの中には、すべてを知る、内なる賢明な女性がいます。彼女に、あなたのメンター、ガイドになってもらいましょう。
・夢は神聖な「源」から来ます。夢に向かって進むとき、私たちは神に向かって動いていることになるのです（※2）。
・ビジョンは、顕現へのファーストステップにすぎません。夢を実現するためには、行動を起こすことが「必須」なのです！

※2　Julia Cameron, The Artist's Way (New York: J. P. Tarcher, 1992), 3.

あなたは想像力を伸ばし、直感と遊んで、ビジョンを描き、3つの目をすべて開き、「本当の世界」の美しさと真実を見てきました。

分離という幻想を超えて一体感、光り輝く純粋な状態へと溶け込んでいきました。

これで、チャクラの旅の最後の一歩を踏み出す準備が整いました。

自分の国において、女王の座に就く準備が整ったのです。

今日は、振り返りと休息の日です。このチャクラの章から、あなたが得たもっとも重要な学びは何だったか、少し時間をかけて振り返ってみてください。この章で1つだけ覚えておくことがあるとすれば、それは何でしょうか？　旅を続けるにあたって、覚えておきたいことを1つ、書き留めておきましょう。また、前日までのエクササイズやワーク、解説を復習する絶好の機会でもあります。

この宇宙全体が解放の道であり、
あなたの終わりのない戯曲のための広大な舞台です。
演じながら、意識をあらゆるところに同時に向けてください。
惑星、星、渦巻く銀河、素粒子のちり――
すべてがあなたの中で踊っています。
リズムの一部となり、
ビートとビートの間に降りていきます。
踊っているものと溶け込み、1つになります。

――『The Radiance Sutras』：スートラ33

第9章

クラウンジュエル
第7チャクラ

色とりどりのチャクラの旅の、最終目的地に到着しました。各チャクラの探究を通して、あなたは新しいエンパワーメント、洞察、そして理解を得ました。それぞれの貴重な叡智の宝石を発掘して磨き、より顕在化され、意識的に生きるようになりました。さあ、今こそ王位に就き、サハスラーラとして知られるクラウンジュエルを活性化するときです。

第7チャクラ、またはクラウンチャクラは、頭のてっぺんに咲く美しい蓮の花で表され、あなたを無限へとつないでいます。この宇宙で安心して生きることを願い、神と交流することに憧れる、私たちのもっとも深い望みがここにあります。神とは女神、イエス、仏陀、宇宙、高次元の意識、またはハイヤーセルフなど、あなた自身が神だと認識しているものを指します。蓮が花びらを広げて太陽からの栄養素を吸収するように、クラウンチャクラは天へと開き、恵みのアムリタ（霊薬）を吸い込み、私たちのスピリチュアルな力を目覚めさせます。蓮の根は地球にまで達し、この無限の神の叡智を、すべての細胞に注入します。

サハスラーラは私たちを自己満足から目覚めさせ、私たち自身の神性を思い出すことを手助けしてくれます。ありふれた日常に奇跡を見て、この人生というかけがえのない贈り物を祝福し、すべての生き物を貫く聖なるつながりの糸を体験できるように、と。クラウンは天と地、悟りと顕在化の調和を生み出し、小さな自己とハイヤーセルフ、個々の魂と宇宙の魂を融合させる力です。

クラウンジュエルが施され、全出力で点火されたので、戴冠の準備が今、整いました。

クラウンチャクラの構造

サハスラーラチャクラには、頭頂部とその真上の空間が含まれています。そこは魂が体に入る場所で、無限の、構造や形の枠外にあり、言語を超えている領域へとあなたをつなぐ開口部だと思ってください。したがって、チャクラの視覚的描写であるヤントラは、ここではるかに意味のある便利なツールになります。クラウンヤントラはさまざまな呼称がある、この上ない美しさの象徴です。ニルヴァーナ（超越）ヤントラ、ソーマ（神々の霊酒）ヤントラ、そして千の白い光の頭――それぞれが悟りの道の比喩です。ヤントラに集約された1つ1つの形や記号をよく見ると、クラウンジュエルの本質と叡智をより詩的に理解できます。

　ヤントラの中心には円があり、月光の完全性と発光を表しています。月は暗闇の中の光であり、私たちの陰、謎めいた部分、聖なる女性性、そして夢の世界を表し、私たちという存在の深さを示しています。満月の周りには、1008枚の花びらを持つ蓮の花があります。これは無限を表すヨーガ哲学の数字であり、より高次元の意識に花を咲かせるきっかけになります。蓮の花は大宇宙と小宇宙の象徴であり、宇宙の神性と人類の神性を表現しているのです。蓮の後ろから四方八方に出ているのは、太陽の輝きによって生み出された金色のきらめく光輪（ハロ）です。

　クラウンチャクラは、エレメント、感覚、さらには種子音を超越しています。虹のすべての色相を含む色が白であることから、白く明るい光として、あるいは黄金のオーラを含むすみれ色で、伝統的に描かれています。

チャクラ早見表

名前	サハスラーラ	種子音	種子音を超越
意味	千枚の花びらをつけた蓮	母音	イー（EE）
体の部位	頭のてっぺん、または頭頂部の少し上	エネルギーの特質	宇宙意識 超越 スピリチュアリティの座
エレメント	エレメントを超越	アファメーション	私はわかっています。 私はすべての存在と１つです。 神性は私の中にあります。 私はいつでも、あらゆる知恵を入手できます。 私はすべてのものの源に属しています。 私は自由です！ あなたに感謝します。
色	白、紫、金、または虹色		
感覚	感覚を超越		

関連する体の部位	頭頂部、頭蓋骨、脳神経、神経系
欠乏している場合の影響	精神的にひねくれた考え 精神性や宗教への恐れ 物質界との過剰な識別 自己と魂から切り離される 他人からの分離感
過剰な場合の影響	過度に知的／「頭の中で」生きている状態 肉体からの分離 スピリチュアルエリート主義（私のヨーガはあなたのヨーガよりも優れている、というような考え） 狂信的に信心深い、あるいはスピリチュアルに狂信する スピリチュアル・バイパス
調和のとれた状態	精神的知性 内なる平和と感謝を体験している 人生を贈り物として見ることができる より高次のパワーとつながっている すべての生き物と相互につながっていると感じる すべてのものに神を見る 顕在化された知恵

頭頂に置かれた、もっとも美しい王冠（クラウン）を想像してみてください。ゴールドがまぶしく、赤、オレンジ、黄色、緑、青、紫、白の7つの鮮やかな宝石が、虹色に輝いています。これは普通の王冠ではありません。あなたを神の周波数に調節する、アンテナとして機能します。ここであなたは、太陽が昇り、月が沈み、星が輝くことを可能にする、宇宙を動かしている神の意識が、あなたを通して流れているエネルギーと同じだということを理解するのです。女王として、天の叡智を地球にもたらし、精神世界と物理世界の両方を統合することがあなたの務めです。次の4つの方法を使って、それを行います。

1. スピリチュアル・バイパスを見極める

ヨーガの旅を始めた頃、私は1人の先生に恋をしました。それは好意的に見られないかもしれませんが、いつも起こることです。彼はとてもスピリチュアルな人で、私が今まで見たことがないあらゆる種類のワイルドな儀式を行っていました。インド人のグル（導師）を持ち、電話占いで占星術師としても活動していました。

彼が開いてくれたこのまったく新しい世界に、私は完全に魅了され、夢中になりました。実際にはそうでないときも、私にはすべてが「愛と光」だったのです。そして、愛と光であると感じたもののカテゴリーに当てはまらないものがあり、それについて質問したときには、「あなたが霊的に十分に進化していれば、理解できるでしょう」と言われました。この道に入って間もなく、経験が少ない探究者であった私は、それが真実だと信じていたのです。

ヨーガの道を歩み始めて20年以上経つ今だからこそ、言えることがあります。それは、こうしたコミュニティは「愛と光」を過度に強調しすぎていて、それが破滅へ向かう原因だということです。あなたは今、少し混乱して、こう考えているかもしれません。「待って。悟りへの道は、愛の目を通して世界を見て、神の光に導かれることじゃなかったの？」と。

現にそれは真実なのですが、自分の行動に責任を持たず、逃避することが目的である場合の「愛と光」という言葉の使用は、虚偽または表面的なものであり、真実ではありません。来るべき場所に現れない、自分自身のより深い仕事をしない、または自分の陰を見ないことがそれに当たります。陰は、暗闇の中に隠し続けている、あなたの一部分です。これはあなたのもっとも深い恐れ、無防備さ、怒り、未解決の直面していないトラウマ、または核となる条件づけかもしれません。それは同時に、あなたがいかに偉大であるかも表しています。

1980年代に、仏教の教師であり心理療法士であるジョン・ウェルウッドは、この自己回避プロセスを「スピリチュアル・バイパス」と名付けました。彼はスピリチュアル・バイパスを、「スピリチュアルな考えや実践を利用して、痛みを伴う感情に対し責任を取ること、未解決の感情的な問題や心理的な傷に直面するのを避けること」（※1）と定義しました。自分の陰と痛みに背を向けると、他人からは宇宙と「一体となって」いるように見えるかもしれませんが、実際にはさらに分断され、感覚が麻痺し、切り離されてしまうのです。

ロバート・オーガスタス・マスターズは、スピリチュアル・バイパスは一種の鎮痛薬で、その場から立ち去りたいときに役立つと言っています（※2）。クラウンチャクラとチャクラシステム全体の目標は、完全な顕在化、全体性、統合、自由を実現することです。「あなたが霊的に十分に進化していれば、理解できるでしょう」という見せかけの言葉に隠れていては、それは不可能なのです。精神的な分離は、それでも分離なのです。

チャクラシステムの最愛の花、蓮を思い出してください。蓮は、私たちの顕在化と悟りへの旅の象徴であり、泥の中で成長し、その根は地球の奥深くにあります。泥は、陰と傷、私たちが意識していたりしていなかったりする箇所を表し、そこを気にかけ、栄養を与え、癒す必要があることを示しているのです。蓮はそこから光の方向へと芽吹き、花が開きます。泥の中を迂回したり回避したりすることはありません。泥の中を通り抜けて、成長するのです。私たちも、同じようにしなければならないのです。あなたのクラウンから受ける恩恵は、本来の活力、「誠実さ、深さ、そして愛です。すべてが尊重され、最大限に生きる、真実の人生です」（※3）。

※1　Robert Augustus Masters, Spiritual Bypassing (Berkeley, CA: North Atlantic Books, 2010).
※2　Masters, "Spiritual Bypassing: Avoidance in Holy Drag," http://www.robertaugustusmasters.com/spiritual-bypassing/
※3　Ibid.

2. 天与の原理としての感謝

これまでの人生で、あなたが口にした唯一の祈りが「ありがとう」であるなら、それで十分でしょう。

——マイスター・エックハルト

世界的な研究者であるロバート・エモンズによると、感謝の気持ちとは「人生に対して感じる感嘆とありがたみ」（※4）であり、インド人のグルであるスワミ・ラーマは、感謝とは「人生と恋に落ちる」ことを意味すると付け加えています。こういった視点は、どちらもサハスラーラチャクラに属しています。これは感謝が、私たちを自己満足と権利から解放し、人生のギフトに目覚めさせてくれることを示しています。自分の心と調和し、平凡な日常の中に奇跡を見ることができるようにしているのです。

感謝は神の蜜、至福の秘薬であるソーマとして考えることができます。人生に感謝し、それを味わい表現するとき、私たちは変容します。蓮の無限の花びらが広がり、神より授かりし甘美に浸ります。頭頂部から浸透し、すべてのチャクラ、つまり私たちの存在全体を満たし、栄養を与えます。

私にとって感謝のソーマは神の任官式であり、ありがたい気持ちを味わっているとき、私は神とつながり、満たされているとわかるのです。これが、私が感謝を天与の原理と呼ぶ理由です。

感謝が肉体的、心理的、社会的なレベルで私たちを変えることは、科学的に証明されています。免疫システムを強化し、血圧を下げ、前向きな気持ちになるようにし、より心の優しい、社交的な人間になるよう促してくれます。そうすることで、人間関係が良くなり、長生きできるようになり、全体的な満足感が高まるのです。これらすべてが、私たちを健康にするだけでなく、幸せにします（※5）。

感謝は私たちに、人生の良い点に意識を向け、うまくいっていることや受け取っている祝福を、大小を問わず見るように求めています。感謝の気持ちを肯定や小さな祝祭として捉え、敬意を払うこともできるのです。そう思えれば思えるほど、よりポジティブで良いものを引き寄せ、さらに人生をありがたく感じることでしょう。

今、私はあなたに、人生の課題や困難、苦労を、無視することを勧めているのではありません。それでは単に、スピリチュアル・バイパスを別の形で行うことになってしまいます。私が提案しているのは、人生に起きる良いことを等しく重要視することであり、これは暗い時代においてはとくにそう言えます。そしてそれらを、神聖な希望の種として認識してほしいのです。

人生を当たり前のことだと思ったり、奇跡を一瞬にして逃したり、否定的な考え方やあり方の餌食になったりするのは簡単です。そうなると、クラウンチャクラの花びらが崩壊して閉じ、神の恵みへのアクセスが制限されます。だからこそ、感謝をすることは信じられないほど強力で、役に立つのです。

幸いなことに、実際にはクラウンの開口部は閉じるのと同じくらい楽に開くことができ、わずか60秒で事足ります。試しにやってみましょう。良いタイミングで、目を閉じてください。自分の感覚に意識を合わせ、呼吸の周期的なリズムに耳を傾け、空気が出入りするときの胸の動きを感じ、心の中に入り込んでいきましょう。

次に、今あなたが感謝していることを1つ、思い浮かべてください。恋人の笑顔や窓の外から見える景色、朝食に食べたチョコレートクロワッサンかもしれません。あるいは、あなたのためにドアを開けてくれた見知らぬ人、たまたま空いていた理想的な駐車スペース、またはほかの、今日のあなたという存在をはっきりと感じた出来事かもしれません。

このギフトの完全な感覚を深く掘り下げることを自分に許可するとき、あなたは自分自身よりも大きな力と一体化し、天へと開かれます。

この原理に忠実でいると、生きていることがどんなにすばらしい奇跡であるかを容易に思い出すことができます。人生は祝われるべきものであり、今朝目が覚め、肺に呼吸するだけの空気があるという事実は、祝福し、感謝をするのに十分です。どんな課題に直面しようとも、どんな障害が道の途中にあろうとも、命とともに神の恵みも、あなたの血管の中を巡っているのです。

※4　R. A. Emmons and C. M. Shelton, "Gratitude and the Science of Positive Psychology," in Handbook of Positive Psychology, ed. C. R. Snyder and Shane J. Lopez (New York: Oxford University Press, 2002), 460.

※5　Robert Emmons, "Why Gratitude Is Good," Greater Good Magazine, November 16, 2010, https://greatergood.berkeley.edu/article/item/why_gratitude_is_good

3. 自分自身のグルになる

何年もの間、私は治療を受ける代わりに、ヒーラーやエネルギーワーカー、超能力者、占星術師やグルを選んでいました。技術的には何の問題もないのですが、あなたが自分よりも彼らの意見を信頼し、力を明け渡してしまうと話は違ってきます。数年の間、定期的にヒーリングセッションをお願いしていた、1人のすばらしいヒーラーでありエネルギーワーカーがいました。彼女のワークがとても深く、核心を突くものであると思っていた私は、彼女のセッションを何人もの親しい友人にプレゼントすることで、同じ深い癒しと知恵を体験できるようにしました。40歳の誕生日には、これからの新しい10年と最高の誕生日を迎えるために、自分自身にセッションを贈りました。それは重要なことだと感じたのです。

セッションが始まると、彼女は私に「新しい彼はどんな人か」と尋ねました。私は訝しく思いながら、「そんな人はいません」と答えました。すると彼女は、

「いいえ、いますよ。あなたの空間に男性がいるのを感じます」と言ったのです。彼女は続けて、その人物を詳細に説明しました。「身長は１８０センチ、混血で黒い目、長くて波打った髪」。もちろん耳に心地よかったのですが、それでも「知りません」と伝えました。そんな男性に会ったことがないと、断言できたからです。それから彼女は、こう続けました。「まあ、彼が来るから、準備をしておきなさい。実際に出会うとき、彼こそが運命の人となるでしょう」。この女性とは長いこと一緒に仕事をしていましたが、彼女が誰か特定の人物について、この類の詳細な情報をくれたことは一度もなかったので、興味をそそられました。

数日後、私はベニスでヨーガのクラスを教えていました。そこで、彼女が説明していたとおりの男性が、部屋に入ってきたのです！　私は平静を装い、クラスをそのまま進めるよう努めました。レッスンが終わった後、何人かの生徒と話すために私はその場に留まり、彼は帰ったのだと思っていました。しかし部屋を出ると、彼がドアの外で、私を待っていたのです。彼は自己紹介をし、レッスンに感謝し、お昼ごはんに誘ってくれました。私は迷わず「ぜひ！」と答えました（これは、私の性格からするとあり得ないことです）。しかし、昼食をとるとすぐに、何かがおかしいことに気づきました。何かが正しくないのです。２人の会話から彼の口説き文句まで、私たちのつながりは見当違いで、間違ったところにあり、奇妙に感じました。それでも、ヒーラーからの前兆があったので、すべてを見過ごしてしまったのです。彼が完璧で、問題があるのは私のほうなのだ、と自分に言い聞かせ、また私は愛することを恐れ、自分から遮断していたこともあり、次のデートの誘いも受け入れました。

数日後、彼と歩いているときに、あの前兆を示してくれたヒーラーに出くわしました。彼女は私を抱きしめ、「この人よ！」とささやきました。それこそが、彼について語りかけてくる自分の本能を完全に無視するために、私が必要としていた確証でした。

そして数週間後、真実が明らかになりました。この男は私の王子様でも何でもなく、ただの女好きのストーカーで、思いやりのない最低の人間だったのです。

私の体と魂は、最初からこの真実について警告していました。しかし私は、ヒーラーの言葉と推察を自分自身よりも信頼したので、その警告をなかったことにしたのです。私は彼女を、自分よりもスピリチュアルで説得力があり、この道に精通していて、つながっていると考えたのです！　彼女は、ある意味では正しかったのです。というのも彼は、しばらく前から私の「エネルギー空間」にいたのですから。数週間前から私をオンラインでストーキングしていて、漫画のような「完璧な」出会いを演出できるように計画していたのです！　そしてそれは、確かにうまくいきました。だから私が内なる知恵であるクラウンジュエルの声を聞き入れ、導きに従い、魂とのつながりを信頼していれば、私は自分自身を傷つけたり、苦しませたりせずに済んだでしょう。

ここで伝えたいことは、あなたが自分自身のグルに、ガイドに、なることの重要性です。これは教師やヒーラーが、あなたの旅路を手助けできないということではありません。ただ、彼らが私たちよりも、私たちの旅の次のステップをよく知っていることはないのです。自分を信頼してください。だからこそ、クラウンチャクラとのつながりを磨くことが非常に大切なのです。

そうすれば、誰かのアドバイスがあったとしても、直感が赤い旗を上げて警報音を鳴らしたときに、耳を傾けることができます。操縦席に座っているのは、あなたなのです。たとえアドバイスしてくれたその人がどれほど聡明で賢く、霊的に進化していたとしても、自分の本能を無視して、ほかの誰かにあなたの力と信頼を盲目的に明け渡すのはもうやめましょう。

4. 今いる場所で役目を果たす

あなたは神が流れるパイプであり、天と地をつないでいます。ヨーガの実践が、このパイプを流れるすべてのエネルギーを保持できるように、あなたの器を強化してくれると私自身の経験から証言できます。あなたが愛の器となり、今いる場所で奉仕することができるようにしてくれるのです。

教師という役割を引き受けることは、私が今まで直面したことの中でもっとも難しく、それでいて最高の決断の1つでした。それは私がかなり長い間抵抗していたことであり、だからこそヨーガの世界に入った最初の頃は、ビジネス面で関わっていたのです。ほかの先生の仕事を管理したり、スタジオの運営やリトリートビジネスを行ったりしていました。

そんなある日、先生の1人が私のデスクにやって来て、顔を突き出し、「君はこの机の後ろで、必死に隠れている。何をそんなに恐れているんだ⁉」と言ったのです。彼の言葉は核心を突いており、その瞬間、私は自分が隠れていることに気がつきました。机の裏に隠れていたのは、それが安全だと思ったからです。やり方も、それが得意なこともわかっていたので、理にかなっています。一方、ヨーガを教えることは、安全からほど遠いことでした。ヨーガの実践が自分の殻を破り、体、心、魂、そして女性らしさへと私をつないでくれたのは確かです。それは同時に、自分自身の弱さをさらされているような気持ちにもさせました。ヨーガが私の人生を完全に変えていることはわかっていましたが、「いったい誰と分かち合えばいいのか？」と感じました。カリフォルニア州ベニスに住み、世界でもっとも影響力のあるヨーガスタジオの1つを指揮し、西洋でヨーガを形作った多くの教師を管理していたのですから尚更です。

しかし、あの日、すべてが変わりました。講師がクラスに現れず、50名の生徒がスタジオに放置されることになってしまったのです。そのとき、私には2つの選択肢がありました。無料券を配って全員を家に送り返すか、机の後ろから出て自分でクラスを教えるか、です。デスクにただ座り、鏡の中の自分を見つめ、恐怖に固まりながら、生徒を送り返すことを真剣に考えていたのを覚えています。私の頭の声が変化したのは、そのときでした。「ヨーガの実践が本当に人のためになり、人を助けるものであるならば、誰かと分かち合わないわけにはいかないのではないか？」と。そこで私は立ち上がり、ヨーガパンツを穿き、自分がいた場所から抜け出せるように祈りの言葉を口にし、クラスに入って自分の役目を果たしました。その日から、私の人生は永遠に変わったのです。

ほかの人の利益のために動き、愛の器となる方法はたくさんあります。そして多くの場合、そのチャンスは、まだ準備ができていないと感じるときにやって来

ます。そこで、その役目を引き受けることを選ぶとき、あなたは輝くことを選んだことになるのです。あなたは今、どこで奉仕するよう求められていますか？　そして、あなたはどのように愛の器となり、自分の家族や所属しているコミュニティ、あるいは世界全体に貢献できますか？

ヨーガでは、この奉仕をセヴァと呼びます。セヴァは献身、無私の奉仕、そして愛の実践です。奉仕することは、私たちが立ち上がってより大きな力と一致し、完全な女神として存在し、表に立つことを学ぶ方法なのです！

女神ガーヤトリーに会う

私がクラウンチャクラの女神として指名する神は、普遍的な神の母であり、ヴェーダの母であるガーヤトリーとして知られています。ヴェーダはすべてのヨーガの宗教文献の中でもっとも古く、その成立は紀元前1500年にまでさかのぼります。ガーヤトリーの名前は「神話」、「賛美歌」、または「知恵の歌」を意味し、彼女はあなたがすでに会った3人の女神――ラクシュミー（第2チャクラ）、ドゥルガー（第3チャクラ）、サラスヴァティー（第5チャクラ）が統合した力を表しています（※6）。彼女は通常5つの頭で描かれ、すべてのヨーガの祈りの中でもっとも神聖で古い、ガーヤトリー・マントラの生きた顕現です。

ガーヤトリーは、すべてを網羅する女神です。地球と空、7つのチャクラすべて、内側に宿る光の力、そして頭上から私たちを照らす神の光を顕在化しています。彼女はチャクラシステムのシンボルである、美しい蓮の上に座っています。ガーヤトリーがあなたの頭上の王冠から開花し、蓮の茎がチャクラの1つ1つを通って成長し、地面にまで到達し、そこで力強く根を下ろしているのを想像してください。こうして、彼女は天と地をつないでいるのです。5つの顔は、私たちを構成する5つのエレメント（地、水、火、風、空）を、私たちがこの世界を感じるときに使う五感を、5つのヴァーユ（プラーナの動き）を、そして5つのコーシャ（魂の鞘、または層）を表しています。これらの層は、私たちが1つのものではなく、物質的でエネルギーにあふれ、感情的で、叡智に満ち、至福の、肉体を持ち合わせていることを気づかせてくれます。ガーヤトリーは時に10本の手で描かれ、その手でさまざまな守護と祝福のムドラーをしたり、スピリチュアルな武器を持ったりしています。

私はヒンドゥー教のすべての女神に親しみを感じていますが、その中でもガーヤトリーはとくに、心の中の特別な場所にいます。私が20年以上前にヨーガの旅を始めたときに最初に学んだのが彼女のマントラであり、それ以来、彼女はほぼ毎日私と一緒にいるからです。彼女のマントラを自然に唱えることは、私の日常生活の一部になりました。ガーヤトリーは私の道だけでなく、心も照らしてくれたのです。彼女は、私という存在の中の光は同じ宇宙の源から来ていて、太陽や月、そして頭上の星の光と同じ力を持っていることを見せてくれ、教えてくれました。このようにして、彼女は私たちをもっとも深い眠りから目覚めさせ、自分が本当は何者であるのかを思い出すサポートをしてくれるのです。

ガーヤトリーが咲いている蓮の上に座って、5つの顔から光を放ち、あなたの目の前に座っているところを思い描いてください。彼女はあなたと同じように、5つのエレメントと7つのチャクラすべてが調和し、形を成し、顕在化した姿なのです。彼女の光という不老不死の霊薬を、吸い込んでは吐き出します。天与の知恵、強さ、そして愛を吸い込み、吐き出しましょう。ガーヤトリーがあなたを、優雅な光の流れに浸すのを許可してください。彼女の光は、太陽と月、そして空にきらめくすべての星の力と輝きを、組み合わせたものとしてイメージすることができます。

「ソーマ・シャクティ」というのは何年も前に、師のローリン・ローシュから受け取ったマントラです。このマントラを口にしたり繰り返したりするのも良いでしょう。声に出して、あるいは心の中で言葉を繰り返し、あふれる悟りで自分を満たし、この光と知恵をどのようにして世界と分かち合えばいいか、その方法を示すようガーヤトリーにお願いしてみましょう。そして、どのように感じるかを観察してください。

この週の瞑想では、女神ガーヤトリーとの関係を深め、彼女のマントラを学び、唱えます。

※6　Drik Panchang, "Goddess Gayatri," https://www.drikpanchang.com/hindu-goddesses/gayatri/goddess-gayatri.html

プラクティス：神性の7日間

1日目：祭壇作り

クラウンの祭壇を作るにあたって、この空間に生命を与えるために最高の自己へと導かれる準備をしましょう。あなたの師、教祖、ガイドの写真だけでなく、神のシンボルやキャンドル、ランプのような光るものを用意します。すべて白色で統一するか、さまざまな色を組み合わせてチャクラのレインボーを表現するのか選んでください。あなたの選択に間違いはありません。あなたの祭壇は神や祈り、自由があなたにとってどんな意味があるのかを視覚的に表現したものです。クラウンが呼び起こす感覚に従い、あなたの魂に栄養を与え、自分自身を神と一体化させます。

まずは必要なものから揃えて、作っていきましょう。

祭壇に必要なもの

・白色、金色、または紫色のもの（布、水晶、紙、花）

・あなた自身の唯一無二の神を表すもの
・キャンドル

祭壇のアイデア

・あなたがつながりを感じる師、家族、聖人、教祖、神、女神の写真
・燃やすもの：ホワイトセージ、パロサント、お香
・あなたの神性を映し出す鏡
・ガーヤトリーの肖像
・薔薇、グラジオラス、デルフィニウムなどの白い花または紫色の花
・蓮の花（写真、キャンドルホルダー、宝石など）
・マーラー／数珠
・エンジェルカード
・天然石：セレナイト、アメジスト、クリアクォーツ
・オイル：メリッサ、フランキンセンス、ローマンカモミール
・タロットカード：「審判」、「太陽」

それぞれの天然石、オイル、タロットカードの意味については、巻末の一覧表をご参照ください。

内観ワーク

これらの文章を完成させましょう。

1. ＿＿＿＿＿＿＿＿に深く感謝します。
2. 今日は＿＿＿＿＿＿＿＿を祝福します。
3. 私自身と世界へのギフトは＿＿＿＿＿＿＿＿です。
4. 私は降伏を＿＿＿＿＿＿＿＿と感じます。
5. 私は＿＿＿＿＿＿＿＿という形でより高次の領域からガイドされます。

2日目：パドマ・ムドラー

私たちが今日実践するムドラーはパドマ・ムドラーと呼ばれ、「パドマ」はサンスクリット語で「蓮」を意味します。これまで学んできたように、蓮の花はチャクラシステムの最愛の花です。それは美しさ、神性、愛、神聖な女性性であると同時に、私たちがポテンシャルを最大限に開花させるため地から空へと渡らなければならない7色の道の象徴です。蓮の花は泥水に深

く根を下ろしていますが、暗闇から抜け出し成長すると光に向かって花を咲かせます。それと同じことが私たちにも当てはまります。内なる光と闇を尊重し、スピリチュアル・バイパスに抵抗し、私たちの内なる深さを恐れず、私たち自身の濁った水を導き、暗闇から抜け出して光の輝きへと広がっていくのです。

手順は次のとおりです。

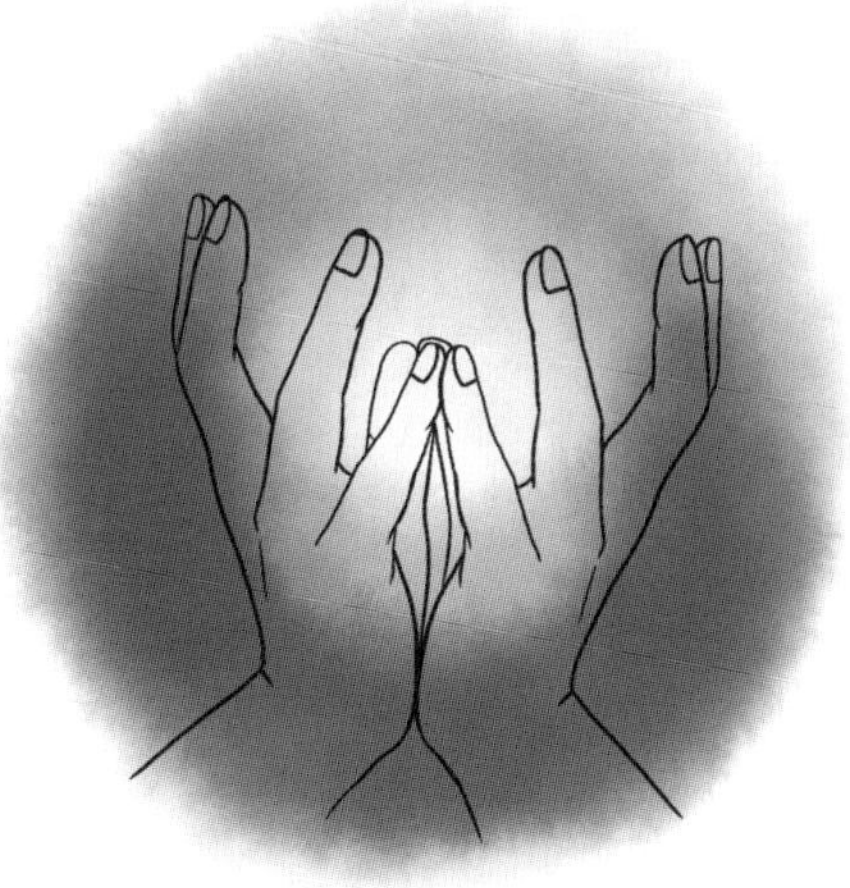

1. 祭壇の前で、楽な姿勢で座るのか、または立ちながら行うのでも大丈夫です。好きなほうを選びましょう。背筋を伸ばして、骨盤を大地に根付かせます。
2. 手にエネルギーを込めます。(43ページ参照)
3. 心臓の位置で(祈るように)手のひらを合わせ、アンジャリ・ムドラーを組みます。
4. 鼻から吸い込み、口から吐き出しながら、栄養を行き渡らせるイメージで3回深呼吸をします。体の前後に息を吹き込み、360度広がっていくのを感じてください。体の後ろ側は見えないもの、影、そして隠されたすべてのものを示唆します。
5. 両手の付け根と親指、小指をそれぞれぴたりと合わせます。手のひらを開き、蓮の花の花びらが優しく開くように他の6本の指を開きましょう。
6. 両手で作った花をそっと見つめます。
7. ゆっくりと5回深呼吸します。
8. 大地にしっかりと根付き、クラウンが天に届くのを感じて、その全体の形を頭上に持ち上げます。神聖な光を吸収しながら、蓮の花の花びらが1008枚広がっていくのを想像してください。

9. 最低5回、ゆっくりと深呼吸します。女神のネクターである神聖な光があふれ出して、頭上のクラウンに流れ込み、蓮の花の茎に浸透して、第3の目、喉、心臓、みぞおち、仙骨の中心部、骨盤の底を浸していきます。その光は、神から与えられたあなたへのギフトです。
10. 完了したら、両手を離して両腕を大きく開いてムドラーを解放します。手のひらを下に向けて、両手をゆっくり下ろして膝の上に置きます。

さらに深めよう

ムドラー・サーキットを実践します。心臓の位置で祈りのムドラーを組み、両手を開いてロータス・ムドラーの花を咲かせます。それを頭上に置き、両腕を大きく開き、手のひらを下に向け、両手を膝の上に優しく戻します。魂の旅を称えるように、このダンスをさらに3～5回繰り返して、あなたの内側とあなたの周りの空間を祝福してください。

内観ワーク

1. 神性、神、女神、ハイヤーセルフ、意識、源とどんな関係を築いていますか？　その関係はあなたが信頼し、頼りにできる関係ですか？
2. この関係は、7週間の旅を通してどのように進化しましたか？
3. 自分の陰を抱きしめ、受け入れるとはあなたにとってどのような意味ですか？

3日目：呼吸──目覚めの呼吸

クラウンチャクラのためのプラーナヤーマのテクニックは、あなたのセントラルチャンネルを経て、地と空を双方向につなげる橋渡しとなります。このテクニックは、意識的な呼吸とシンプルな腕の動きの組み合わせです。チャクラシステム全体を称える、小さくて献身的な体の祈りと考えてください。腕を動かしながら息を吸い込むことは、解放、自律、自由を意味するムクティの道の象徴です。また腕を動かしながら息を吐くことは、楽しさ、顕現、顕在化を意味するブクティの道の象徴です。私はこれを「目覚めの呼吸」と呼んでいます。それでは実際にやってみましょう。

手順は次のとおりです。

1. 楽な姿勢で座り、骨盤を大地に根付かせます。根が地面へと伸び、背骨が伸びていくのを感じてください。
2. 右手のひらで左手の甲を支えながら、手を膝の上に置きます。
3. 栄養を行き渡らせるイメージで、鼻から大きく息を吸います。息を吐き出しながら、口からため息をつきます。
4. 骨盤の底の感覚に気づいていきましょう。息を吸い込んだら、ゆっくりと手のひらを合わせて祈りのムドラーを行います。頭上のクラウンを通って親指の裏でそれぞれのチャクラを優しくなぞりながら、セントラルチャンネルの経路を辿ります。
5. クラウンに到達したらしばらく息を止め、両腕を伸ばしきります。天の方向に視線を向けながら、あなたのハートを空へと持ち上げてください。そしてふうっと息を吐く前に、天のエネルギーがすべてそこにあるのを想像しましょう。
6. 息を吐き出しながら、両手の中指同士をそっと触れさせます。手のひらを下に向けた状態で、巨大なコーヒープレスのようにゆっくりと手を押し下げ、目覚めた意識を天から体中のチャクラへと運びます。最後のひと呼吸で手のひらを膝の上に戻します。
7. さらに6回、呼吸の流れを続けます。
8. この流れの中で、あなたの根が大地にしっかりと根付いているのを感じながら、あなたの存在の大きな広がりを感じてください。空に到達するときは、大地の支えを思い出してください。また地上に降りるときは、空の広大さを思い出してください。呼吸をするたびあなたはますます自由になり、大地に根ざし、喜びに満ちあふれます。あなたは体という器を通して神のギフトを授かり、地に天を創造することができるのです。

注意点

ゆっくりと深く呼吸をしてください。

すべてのプラーナヤーマはリラックスして行いましょう。

呼吸と体の動きを一致させることに集中してくださ

い。

目覚めの呼吸は立ちながら行うこともできます。詳しくは体の祈りのセクションをご参照ください。

内観ワーク

1．あなたにとって「自由」とはどのような意味ですか？
2．自由への道のりで、どのような制限や制約を乗り越え、超越できましたか？
3．あなたのワイルドウーマンの体や思考、心、そして魂は、何から解放されたいと願っていますか？リストを作成し、各項目で真の自由とはどのような意味なのか説明してみましょう。

4日目：サハスラーラの体の祈り

クラウンチャクラで行う体の祈りは、これまでの旅の中でも象徴的なジェスチャーです。あなたの継続的な意識の目覚めを支え、その意識をあなたの体に戻すのを手助けします。この最後の祈りがあなたにとってどんな意味があるにせよ、最高の自己への贈り物となります。この体と生命への献身を祝福し感謝を込めて、それぞれの動きと呼吸を行ってください。

さあ、体を尊重しながらベストを尽くして楽しみましょう。

推奨される実践方法：写真を参考に、次の動作を左右それぞれ1〜3回ずつ繰り返します。www.chakrarituals.comでは、動画を見ることもできます。

立ち上がり、両脚を腰幅に広げます。膝を柔らかくして心臓の位置でロータス・ムドラーを行います。

1

息を吸いながら、ロータス・ムドラーを組み、両腕を上げます。次に息を吐きながら、両手をコーヒープレスのように押し下げます。さらに3回繰り返しましょう。

2

息を吐きながら、お尻を頂点にして体を前に倒します。

3

左脚を後ろに下げます。息を吐きながら起き上がりハイランジのポーズ。両腕を大きく開きましょう。

4

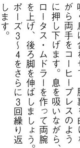

吐く息に合わせて、膝裏を曲げながら両手をコーヒープレスのように押し下げます。息を吸いながら、ロータス・ムドラーを作って両腕を上げ、後ろ脚を伸ばしましょう。ポーズ3〜4をさらに3回繰り返します。

5

息を吐きながら両手と両膝を下ろします。次に息を吸いながら、テーブルのポーズ。

6

息を吐きながら、お尻を後ろに下げてチャイルドポーズ。

7

指を組み合わせ、頭上のクラウンを地面に置き、つま先を立てます。

8

両脚をまっすぐ伸ばしながら、前腕と肘を押し下げ、お尻を頭より高く持ち上げます。膝をゆっくり下ろし（ステップ7のポーズに戻り）、両脚を3回まっすぐ伸ばします。

9

膝をゆっくり下ろし、吸う息に合わせてロータス・ムドラーを作り、両腕を上げます。花が咲くように両腕を大きく伸ばしてください。

10

吐く息に合わせて、かかとの上に座りながら両手をコーヒープレスのように押し下げましょう。

11

息を吐きながら、ダウンドッグ（そしてマットの前方へ足を踏み出します）。

12

息を吸いながら、両腕を伸ばして大きく開き、吐きながら両手でロータス・ムドラーを組みます。

今度は右脚を後ろに下げて、3番目から繰り返します。

内観ワーク

1. あなたが信仰する神聖なる源（ディバインソース）や魂、女神、神への手紙を書きましょう。ペンを紙に置き、現在のあなたの悩みや困難についてすべて伝えてください。あなたのハートが口を開くとそれらがあふれ出します。答えが欲しい質問は何でもしてください。
2. 完了したら、目を閉じ、栄養を行き渡らせるイメージで3回深呼吸をして、日記の新しいページを開きます。想像力に導かれながら、内なる声に耳を傾け、神聖なるものから自分自身への返事を書きましょう。

5日目：瞑想――照らし出す！

小さな孤児アニーと有名な合唱曲『明日になれば太陽は昇る（The Sun Will Come Out Tomorrow）』が生まれる前から、ガーヤトリー・マントラは存在しました。ガーヤトリーは神聖なる光へのパワーと祈りのことで、深い眠りと無知から私たちを目覚めさせ、活性化させるエネルギーです。また暗い夜にも光を当て、太陽とともに私たちが再び目覚め、輝くための突破口となるエネルギーでもあります。ガーヤトリー・マントラは、宇宙の母であるガーヤトリー・デヴィーの音が顕在化したものです。いくつかの神聖な音節には、ヨーガの文献の中でも最古であるヴェーダのすべての知恵と知識が備わっていて、ガーヤトリーのマントラが全能であるのはそのためです。

何年にもわたって私はガーヤトリー・マントラについての多くの解釈を聞いてきました。その中でも私のお気に入りのフレーズをいくつかご紹介します。ぜひ時間をかけてそれぞれのフレーズを読んでみてください。読むときはゆっくりと、呼吸とともにその言葉を体の中に迎え入れたり送り出したりしましょう。それらの共鳴を感じ、あなたの内側で何が目覚めるのか観察するのです。

「宇宙、地球、太陽、月、そして星の数々。私はすべての天体に求めます。私を導き、道を示し、私が何者なのかを思い出すことをサポートしてください」

——これは私が大好きなフレーズです。

「ああ、神性なる光の女神よ。あなたのすべての祝福をお与えください。そして、愛の道を照らし、そして真実に生きるため私を目覚めさせてください」

——ダフネ・ツェ

「永遠、地球、空気、天国。それは栄光ある、太陽の輝きだ。どうか私たちがその光の輝きを享受できますように。そして太陽が私たちの思考を鼓舞しますように」

——ダグラス・ブルックス（※7）

※7　Rajanaka, https://rajanaka.com

これから私たちはクラウンチャクラの瞑想プラクティスで、ガーヤトリー・マントラを暗唱／詠唱することで、この神聖な知性や光と一体化します。マントラを詠唱するのは怖いですか？　心配しないでください。ベストを尽くして、心から誠意を持って詠唱しましょう。

瞑想の手順は次のとおりです。

1. 祭壇の前に、楽な姿勢で座ります。骨盤を大地に根付かせて、背筋を伸ばします。大地と空へのつながりを感じてください。
2. 深呼吸を3回します。鼻から息を吸い、口から吐き出しましょう。
3. 次のマントラを心を込めて唱えましょう。
om bhur bhuvah svah（オーム ブール ブヴァハ スワハ）
tat savitur varenyam（タット サヴィトゥル ヴァレーニャン）
bhargo devasya dhimahi（バルゴー デーヴァシャ ディーマヒ）
dhiyo yo nah prachodayat（ディヨー ヨー ナハ プラチョーダヤート）
4. さらに11回、マントラを暗唱します。クラウンチャクラを通して輝く神の光を想像してください。スピリチュアルな知性を目覚めさせ、ビジョンを明るく照らし、声に力を与えて、ハートを開花させ、パワーに火を灯し、子宮を栄養で満たし、そして大地への道筋を照らします。

5. 心を込めて唱え続けましょう。「Om bhur bhuvah svah、tat savitur varenyam、bhargo devasya dhimahi、dhiyo yo nah prachodayat」

6. マントラを12回唱えたらそれを溶け込ませ、音の振動の中で静かに座ります。あなたの神性、パワー、光り輝く能力を思い出して、口角を優しく上げてください。そしてあなたという生命のすべてを祝福してください。あなたという存在の中の喜び、感謝、輝きを感じるのです。どうか、この偉大なる黄金のオーラがあなたの思考を照らし、たとえ曇りの日でも太陽が輝き続け、あなたの光が決して隠れることがないように！　さあ、照らし出すのです。あなたこそ、輝く女神なのです！

内観ワーク

1. ガーヤトリーと彼女のマントラはあなたに何を訴えかけましたか？　彼女のマントラを唱えてどうでしたか？　あなたは内側でどのように感じましたか？

2. あなたにとって悟りとは何ですか？　自分自身で定義してみましょう。

3. どうしたら、神聖なる源や魂を自分自身の中に通過させることができますか？

6日目：顕在化──感謝の散歩

クラウンチャクラを顕在化させるプラクティスは、ライフ・コノサー（Life Connoisseur）になるというコンセプトを紹介したタル・ベン・シャハーによるポジティブ心理学のクラスに触発されたものです。コノサー（Connoisseur）の定義は、「多くの知識を持ち、より良いものを高く評価し、人生を最大限に楽しむ人」のこと。そして、ライフ・コノサーになるための鍵は、人生の一瞬一瞬や、経験の数々を堪能することです。自分自身の人生を生きましょう。もっとスローになって、スマートフォンを置いて、マルチタスクを行わないように。思う存分、わがままになっていいのです。そうすることで、あなたは自分の中のさまざまな感覚を解放でき、荘厳なものに対して畏敬の念を抱き、感謝の気持ちを持てるようになるのです。私にとってライフ・コノサーになることは、人生に恋をして（スワミ・ラーマが感謝についてどのように定義したのかを思い出してください）、スピリチュアルな存在でありながら人間であることの意味を完全に理解し、体験することです。もちろん、何かのコノサーになるには練習が必要です。シンプルでありながら美しい方法で練習し、「感謝の散歩」によって人生を目覚めさせるのです。ご想像のとおり、感謝の散歩とは、散歩に出かけることです。このプラクティスは、できれば1人で行うことをお勧めします。電子機器は家に置いていきましょう。そしてあなたのすべての感覚に参加してもらい、それらに感謝を伝えるのです。目を開けると、色、形、質感、影などあなたを取り囲むものがよく見えてきます。周囲に耳を澄まし、全身で世界を探索していくとさまざまな味や匂いが少しずつわかってきます。

　私はコロナウイルス感染症の隔離中にこのプラクティスを始めました。当初、私は孤独を感じ、うんざりし、怒りを感じていたものです。書くことや創造すること、何かとのつながりを感じることが困難になっていましたが、このプラクティスは私にとって効果的でした。私は直感的な人間で、運動と自然の力を理解していますし、そんな私にとって感謝をしながら歩くという発想は魅力的だったのです。毎日午後にこの散歩を行い、一歩ずつ歩きながら周りの美しいものを見ることに集中しました。いつも幸せだったり、散歩がスキップになったりするわけではありませんでしたが、ある日それまで気づかなかった発見がありました。野生のジャスミンの成長、太陽がガラスの建物に反射して街に金色のオーラを投げかける様子、路地に隠れた活気に満ちたグラフィティアートの作品、隣の家から漂うコーヒーの香り、私の周りを羽ばたく蝶……。散歩しながらすてきなものと出会い、調和するたびに、少しずつストレスが緩和されていくのを感じたのです。おかげで私は多くの恩恵を受け取りましたし、その分多くを与えようと考えるようになりました。ポジティブな経験を味わうにつれて、より多くの愛、意味、創造性を人生に呼び戻すことができたのです。私は本質的に解き放たれ、神の恵みとのつながりと調和しました。

　この週のあなたへの招待状の内容は、少なくとも1

回は感謝の散歩に出かけることです。スケジュールに予定を入れましょう。少なくとも15分かけて、ゆっくりと匂いを嗅ぎ、味わい、人生に恋をして、神聖な光を迎え入れましょう。

内観ワーク

1. 最初の感謝の散歩でどのようなことを経験しましたか？　今まで気づかなかった発見がありましたか？
2. これまでの散歩や、これまで行ってきた感謝についてのプラクティスとは何が違いましたか？
3. 女神、宇宙、神聖なる源、あるいはあなたが信じるより高次元の力に、最後の誠実な感謝の手紙を書いてください。それらが人生にもたらしたすべてに感謝するのです。すべての喜び、すべての愛、そしてすべての祝福に！

7日目：クラウンジュエルから学んだこと

・レインボーパスを辿ると、私たちは解放や自由を表すムクティ、そして顕在化や楽しみ、顕現を表すブクティへと至ります。
・神と一体化しましょう。あなたは偉大なる神話の一部です。あなたは神話のすべてにつながっています！
・勇気を持って、自分自身の陰に向き合いましょう。
・感謝とは、人生に恋をすることです。
・あなたの悟りを、あなたの外側に出さないでください。
・あらゆる場所で、すべての存在に恩恵をもたらす奉仕の器となりましょう。
・あなたは女王であり、輝くために存在します！

今日は、振り返りと休息の日です。このチャクラの章から、あなたが得たもっとも重要な学びは何だったか、少し時間をかけて振り返ってみてください。この章で1つだけ覚えておくことがあるとすれば、それは何でしょうか？　旅を続けるにあたって、覚えておきたいことを1つ、書き留めておきましょう。また、前日までのエクササイズやワーク、解説を復習する絶好の機会でもあります。

あなたはワイルドウーマンです！

おめでとうございます。あなたは王座に就きました！　あるがままの自分を取り戻し、自らに対するさらなる深い愛を見つけ、多くの女神たちとつながり、すべてのものに流れる無限の神の源との間に途切れることのないつながりを感じました。それぞれのチャクラと、儀式（リチュアル）や体の祈りを学ぶことで、あなたは自らの活力を再燃させ、全体性（ホールネス）に戻ってきました。たとえ迷子になることがあったとしても、今のあなたは目覚めたワイルドウーマンの道を知っています。あなたは完全に力を得て、輝くことを恐れず、本当の自分が絶えず拡大していく充足感にあふれています。

あなたは大地と空につながっています。あなたは内なる自分に誘導されて、神のギフトを大地に降ろす準備ができているし、その能力があるし、そうしようとしています。あなたは神の恵みの器です。神が大地から空へと移動するときの仲介役です。

この偉業、この献身を称えるために少しだけ時間を取ってみてください！　手を心臓の上に当てて、深く息を吸い込み、栄養を行き渡らせるように呼吸をし、自分自身に対する心からの感謝を感じてください。ワイルドウーマンを目覚めさせるこの旅に現れて勇敢に進み続けてくれた、あなた自身に感謝を伝えてください。決して簡単なワークではなかったでしょう。ワイルドシスター、私はあなたに敬意を表します。自分自身に感謝を伝え、「愛している」と言い聞かせてください。

［名前］＿＿＿＿＿＿＿＿＿＿、ありがとうございます。

愛しています！

ささやき、歌い、大声で叫びましょう！

あなたが感じるすべてを許可しましょう。そして、最後のワークとして、以下の空欄を埋めましょう。

私が未来に持っていきたいものは＿＿＿＿です。

私は、＿＿＿＿にもっとも感謝しています。

神の光とは＿＿＿＿です。

私は女神が＿＿＿＿している姿が見えます。

私は＿＿＿＿を思い描くことができます。

私は今＿＿＿＿を創造することを選択します。

私は自らの声の力を＿＿＿＿に使います。

私の心には＿＿＿＿する余裕があります。

私の愛は＿＿＿＿を知っています。

私の力の炎が＿＿＿＿に火をつけました。

エンパワーメントによって＿＿＿＿
が可能になりました。

聖なる水は私に＿＿＿＿を教えてくれました。

私の体は＿＿＿＿です。

顕在化のギフトは＿＿＿＿です。

私は＿＿＿＿を恐れていません。

私の中の小さなわたしは＿＿＿＿を知っています。

私は今＿＿＿＿を覚えており、
＿＿＿＿を決して忘れないことを誓います。

私のワイルドウーマンは＿＿＿＿を教えてくれます。

私というワイルドウーマンが世界に提供すべき魔法は＿＿＿＿です。

あらゆる女性に私が望むことは＿＿＿＿です。

私は、＿＿＿＿です。

これはワイルドウーマンとしての誓いであり、内なる力に対する自分との聖なる約束です。よく見る場所に貼って、声に出して読みましょう。そして、あなたが取り戻し、目覚め、コミットしているすべてのことを思い出してください。

それを仲間のワイルドシスターズと共有したいと感じたら、そうしてください――あなたは、彼女たちに目覚めのインスピレーションを授けることができるということに気づいていないだけなのです。もちろん、流れに身を任せ、意識が進化していくにつれて、書く内容を変えていっても大丈夫です。このワイルドウーマンとしての誓いを使って、自ら歩んできた旅、目覚めたすべてを思い出し、人生の指針となるビジョンやインスピレーションとしてください。

この本の最初にもお伝えしましたが、あなたの中には、ダイナミックなパワーと光という輝く7つの宝石が埋もれていて、発掘されようとしています。しかし、それらにアクセスするには、特別なスピリチュアルマップが必要です。そして今、私たちがこの旅を終えるとき、あなたは叡智の宝石を発掘しただけでなく、それぞれの宝石に力を吹き込みました。これで、このマップに永久にアクセスすることができます。

私たち1人ひとりが内なるワイルドウーマンを癒し、目覚めさせるよう働きかけていくことは、他のワイルドウーマンを癒し、目覚めさせることでもあります。私はすべての女性たちのために祈っています。あなたが完全な存在であると知ること、あなたには価値があると知ること、そして私たち全員——すべての女性——がお互いを高め合い続けることを。

あなたが自らの光を覚えていられますように。自分自身の力を覚えていられますように。この王冠を身に着けるために生まれたことを、いつも覚えていられますように！

愛を込めて、

クリスティ

本書の活用法

7週間の旅を終え、それぞれのチャクラの叡智とエンパワーメントの基本を理解した後は、直感的に、あるいは自分に合った方法で復習をすることができます。毎月、毎週、または毎日、「今日は何が必要ですか？」と問いかけて確認してみてください。その声は自信、勇気、大地とのつながり、愛、クリアな洞察、自らの声の力、直感的な導きによるものですか？　チューニングして答えを聞いてみてください。

また、ワイルドウーマンの道を歩み続けながら、「女神のどんな資質やどんなところを顕在化したいですか？」と尋ねることもできます。例えば、カーリーの恐れを知らないところ、ラクシュミーの豊かさ、ドゥルガーの強さ、ガーヤトリーの輝きなどでしょうか？

その答えに従って、チャクラや儀式のプラクティスに取り組み、体、心、ハート、魂が必要としている滋養とサポートを供給しましょう。数週間かけて1つのチャクラや1つのプラクティスを選択するのでもいいし、毎日異なるチャクラやプラクティスに取り組むことを選択しても構いません。いずれにせよ、自らのシャクティのエクスタシーを存分に楽しんでください。

また、chakrarituals.com の音声および動画コンテンツに無料でアクセスできることも覚えておいてください。

チャクラと天然石

第3チャクラ	第2チャクラ	第1チャクラ
これらの天然石は力を与え、自信と勇気を授け、個人の力とつながる手助けをします。 **タイガーアイ**は勇気を授け、自信を取り戻させてくれます。 **シトリン**は顕在化と富を創造する力を高めます。 **パイライト**はポジティブなエネルギーを引き寄せ、私たちの可能性を最大限に引き出します。	これらの天然石は創造性を刺激し、全身のエネルギーの自由な流れを促し、感情のバランスを取ることをサポートします。 **カーネリアン**は、全身のエネルギーの自由な流れを促進します。 **オレンジカルサイト**は、創造力とポジティブな洞察力を刺激します。 **サンストーン**は、私たちが自分の喜びと情熱につながるようサポートします。	これらの天然石は体のエネルギーを大地に根付かせ、すべてのエネルギーシステムの土台を回復し、すべてのチャクラのバランスを整えます。 **ガーネット**は、すべてのエネルギーシステムの土台を再建します。 **ヘマタイト**は、私たちのエネルギーを大地に根付かせ、安定感を促します。 **ブラックトルマリン**は私たちのエネルギーを保護し、ネガティブな波動を取り除きます。

第7チャクラ	第6チャクラ	第5チャクラ	第4チャクラ
これらの天然石は魂と宇宙の知識とのつながりを強化し、新しい情報を受け取るためのエネルギーを開きます。また、魂の目覚めを促しながら、すべてのチャクラの調和をサポートします。 **セレナイト**は、第6・第7チャクラをつなぎ、詰まりを解消し、浄化することによって両方のチャクラのポジティブなエネルギーを増幅させます。 **アメジスト**は思考を落ち着かせ、安らぎをもたらし、意識の拡大を可能にします。 **クリアクォーツ**は7つのチャクラすべてを含む、エネルギーフィールド全体のバランスを整えます。それは私たちを、宇宙の源のエネルギーへと直接つなぐのに役立ちます。	これらの天然石は内なる知恵を刺激し、サポートします。 生まれながらにして備わっている直感を、宇宙のスピリチュアルな知識と結びつけます。 **ラブラドライト**は精神を安定させ、内なる知識と普遍的な知恵の間のつながりを強めてくれます。 **ラピスラズリ**は私たち自らの直感、知恵、真実、そして魂の進化を促進してくれます。 **アズライト**は条件反射で繰り返してしまうパターンを解消し、本質を見抜く心の目を養ってくれます。	これらの天然石は心を中心としたコミュニケーションを促し、情報を聞き、話し、受け取るのに役立ちます。 **アクアマリン**は、自分自身や他者、そしてスピリチュアルな存在との明確なコミュニケーションを促します。 **アパタイト**は、心臓と喉の間の架け橋となり、感情的な表現を促します。 **クリソコラ**は、特にグループ内でのアイデアや情報の共有を容易にします。	これらの天然石はハートを解放し、ハートの広がりを妨げるエネルギーを取り除き、無条件の愛を促します。 **ローズクォーツ**は、自分自身や他者への無条件の愛を促します。 **モルガナイト**は、エゴを溶かし、心をオープンにします。 **アベンチュリン**は、心からネガティブな感情を取り除き、心の拡張を促します。

右記は、占星術とウェルネスブランドで知られるSpirit Daughter の創立者、ジル・ウィンタースティーンが開発した、最高の人生を送る手助けをしてくれる天然石です。ジルはインスタグラム（@spiritdaughter）を通じて、100万人以上のフォロワーに感動的なメッセージを届けています。

チャクラとエッセンシャルオイル

ソーラープレクサス	セイクラル	ルート
人差し指でみぞおちに1滴のオイルを垂らします。 数秒間、軽く押さえてください。 **ベルガモット**はありのままの自分を受け入れる手助けをしてくれます。 **メラルーカ**はエネルギーの境界を再び確立し、自分とのつながりを保つことができるようにします。 **ジンジャー**は私たちの本来の力を思い出させてくれます。 **アファメーション**：私のパワーは、本当の自分自身の中にあります。	人差し指で、おへその2〜3センチ下にオイルを1滴垂らします。 軽く押さえてください。 **ワイルドオレンジ**は、生活のあらゆる分野で、私たちを豊かさに結びつけてくれます。 **ジャスミン**は、私たちが自分の情熱や欲望と、調和のとれた関係を確立するのをサポートしてくれます。 **ネロリ**は、自分自身や他の人との有意義なつながりを尊重するのに役立ちます。 **アファメーション**：私が望むものは、すべて簡単に私の元にやって来ます。	足の裏に、オイルを1滴垂らします。数秒間、軽く押さえてください。 **ベチバー**は、私たちを「今この瞬間」につないでくれます。 **ブラックスプルース**は、エネルギーを安定させ、バランスが取れた調和の感覚をもたらしてくれます。 **カシア**は、温かい心地よさと自信を与えてくれます。キャリアオイルで希釈してください。 **アファメーション**：私は母なる大地と深くつながり、支えられています。

クラウン	サードアイ	スロート	ハート
人差し指にオイルを１滴垂らし、頭頂部に置きます。 数秒間、軽く押さえてください。 **メリッサ**は、光をもたらします。瞑想の直前、またはより高い視点に自分自身を置きたいときに使用してください。 **フランキンセンス**は、あなたが何者であるか、という真実に目覚めさせます。 **ローマンカモミール**は私たちを魂の目的と再びつないでくれます。 **アファメーション**：私は軽く、すべてのものの源に属しています。	人差し指にオイルを１滴垂らします。 第３の目／眉間をそっと押さえてください。 **マグノリア**は私たちを私たちの思いやりを引き出し、物事をより明確に捉える手助けをします。 **コパイバ**は心をよりクリアにし、洞察力を高めます。 **クラリセージ**は、可能性というビジョンを拡大するサポートをします。 **アファメーション**：私のビジョンは明確であり、私は次に何をすべきかを常に理解しています。	人差し指にオイルを１滴垂らし、喉／頸切痕に数秒間そっと押さえます。 **ラベンダー**は、私たちがより簡単に、正直に自分自身を表現するのを手助けします。 **スペアミント**は、私たちが自信を持って明確に話すのを助けます。 **サイプレス**は、停滞を解放し、私たちの思考や感情が楽に流れるように促します。 **アファメーション**：私の声は世界の癒しの薬です。	ハートの空間にオイルを１滴垂らします。 **ゼラニウム**は、愛と人生を信じる力に再び結びつけます。 **ヘリクリサム**は、ハートの感情的な痛みを癒します。 **イランイラン**は、内なる子どもと神秘的な感性とのつながりを回復させます。 **アファメーション**：私は安全で愛されています。私は存在すべき場所にいます。

体の部位によっては、エッセンシャルオイルを安全に使用できない場合もあります。肌に塗る前には必ず原料を確認してください。柑橘系のオイルは感光性があるため、ベルガモットやワイルドオレンジを使用した際には直射日光に当たらないようにしてください。

すべてのオイルは、必要に応じてキャリアオイルで希釈できます。

右記のエッセンシャルオイルは、母であり、研究者であり、ポッドキャスト Practice You のホストであり、ベストセラー作家であり、教師でもあるエレナ・ブラウワーが考案したものです。エレナのエッセンシャルオイルに関する研究は、elenabrower.com、ヨーガと瞑想の実践は glo.com でご覧いただけます。

チャクラとタロット

	カード	意味	アファメーション
第1チャクラ	愚者 (The Fool)	新しい世界があなたを歓迎します。	私は家にいます。
	女帝 (The Empress)	創造、魔法の顕現、聖なる顕在化。	私は地球上に顕在化したパワフルな創造主です。
	地のエース (Ace of Earth)	あなたの体と惑星はあなたの家です。	私は生きている幸運に恵まれています！
	地の10 (Ten of Earth)	家族の伝統は、癒しと成長のためのあなたの土台です。 豊かさ。	私は大地の最初のレッスンに支えられており、私を支えるものなら何でも作ることができます。 私は豊かさに支えられています。

	カード	意味	アファメーション
第2チャクラ	節制 (The Temperance)	あなたの感情的な傷に敬意を払うことは、輝かしい未来への入り口となります。	私は穏やかで、それがすべてです。
	月 (The Moon)	先祖の知恵の聖なる流れ。	私は私を通して生きる、神聖な血筋の一部です。
	水の6 (Six of Water)	感情的な癒しには、十分な時間と余白、サポートが必要です。 周りに助けを求め、心を開いて受け取ってください。	私は自分の癒しのプロセスと、それがもたらすすべての喜びに専念しています。
	火のエース (Ace of Fire)	あなたの性的な発火と癒しは、あなたの内にあります。	私は健康で力を与えられた性的存在であり、自由に表現する欲望と才能があります。

第3チャクラ	カード	意味	アファメーション
	力 (The Strength)	心のこもった、本物の、そして誰にも遠慮のない人生を生きます！	私は真実が存在する体と魂の中心にいます。
	隠者 (The Hermit)	外側の変容を維持するために、まず内側の光に目を向けます。	魂がより深い癒しを得るために、私は内に籠ることを光栄に思います。
	塔 (The Tower)	真実を主張するために、制限、期待、義務を手放します！	私は真の価値を明らかにするために、すべてを手放します。
	火の3 (Three of Fire)	高く上るために、自らの力に対する恐れを捨てます！	終わりがわからなくても、私は最高の旅に専念しています。

第4チャクラ	カード	意味	アファメーション
	教皇 (The Hierophant)	深いセルフケア。自分の知恵、怪我、そして癒しに責任を持ち、先生や療法士に助けを求めてください。	私は知恵を持ち、癒しへの責任があります。
	恋人 (The Lovers)	あなたの選択で、自ら調和をとり、個々の道を称えるエネルギーを見つけるのです。	私はパワフルで賢明であり、自分自身で選択します。
	世界 (The World)	再会したソウルメイトは抱き合います。そこには愛に根ざし、調和のとれた、互いに恩恵をもたらす基盤があります。	私は完全であり、愛に基づいたパートナーシップを選びます。
	水の7 (Seven of Water)	無防備であるためには手厚いセルフケアと気づきが必要です。これらのスキルを習得して価値のあるパートナーになりましょう。	私には思いやりと名誉をもって自分自身を共有し、癒す責任があります。

	カード	意味	アファメーション
第5チャクラ	風のエース (Ace of Air)	あなたの思考、表現、そしてインスピレーションのプロセスの明確化。	私は新しい方法で見たり考えたりすることに意識を向けます。
	風の4 (Four of Air)	神の力を手に入れる権利を得るために、先入観のある規定されたパターンを手放します。	私は新鮮な気持ちで、神のインスピレーションと癒しを受け入れます。
	風のペイジ (Page of Air)	新しい精神的プロセスを根付かせます。何かを経験し、表現するときは、自分自身がビギナーになることを許してください。	私は自分の考えやストーリーを新しい力強い方法で表現できるようになります。
	火の7 (Seven of Fire)	あなたの内なる不安は、不快だけれども価値のある浄化プロセスとして役立ちます。	私は勇敢で強い存在です。私は自分より大きな利益のために存在を続けられます。

	カード	意味	アファメーション
第6チャクラ	魔術師 (The Magician)	神から与えられたあなたのギフトを発揮してください。	ギフトに磨きをかけます。それらを周囲と分かち合い、さらに力をつけます。
	女教皇 (The High Priestess)	たとえ世界が魔法の存在を否定しようとしても、あなたの本質は、自分自身の魔法が強力なものであることをわかっています。 『人生は魔法だ』と思い出すことに、意識を向けてください！	私は魔法の存在です。
	火の6 (Six of Fire)	内なるガイドに焦点を合わせ、聖なる道へと続く次の一歩を照らしてください。	私は導かれています。

	火の8 (Eight of Fire)	ひたむきに実践することで、(神性が忘れられた成れの果ての状態である)ジャッジと混乱をものともせず、満ち足りた気持ちと至福の感覚を育むために、あなたの内なる火は煌々と燃え続けます。	私は内なるガイドとつながっています。

	カード	意味	アファメーション
第7チャクラ	審判 (The Judgement)	ありふれた日常を解放し、神の恵みを受け入れてください。 それは私たちに、永遠の再生をもたらします。	私は自由です。
	太陽 (The Sun)	課題に満ち、不完全に見える地上の旅を手放します。 すべてが完璧であり、すべてが神のギフトであることがわかっています。 人間であることの特権を、感謝し祝福します。	私は自分の人生に感謝し、祝福しています。

上記は、ブレンダ・ローズが考案したものです。彼女は鋭い洞察力を携えたサイキックの才能を持ち、思いやりにあふれ、癒しを与えてくれる存在でもあります。ブレンダ・ローズはタロットを「最初の真実の愛」として、「Beauty of the Tarot」を制作し、このカードを使って世界中で指導を行い、内なる新しいアイデアや新しい場所の探索を誘い、魂の喜びを輝かせる道を照らしました。彼女の活動については、Brenda-Rose.com、および Instagram の @TheRealBrendaRose でもご覧になれます。

チャクラ確認シート			
名前：ムーラダーラ **意味**：すべてのものを育てる根 **体の部位**：骨盤の根底、会陰 **エレメント**：地 **色**：赤 **感覚**：嗅覚 **種子音**：ラム（LAM） **母音**：アー（UH） **関連する体の部位**：歯、骨、とくに脊椎、脊椎の基部、脚、足首、足、免疫系 **調和のとれた状態**：地に足のついた、安定している、存在感がある、生存のニーズに対応できる、自分の体を家のように感じられる、自分の肌を心地よく感じる、生き生きとし健康、手放すこともリラックスすることもできる。 **アファメーション**：私は安心、安全です。 私は自分の体に安心しています。 私はここに属しています。 大地は私を支え、栄養を与えてくれます。	**名前**：スヴァディシュターナ **意味**：私の愛おしい場所 **体の部位**：仙骨の中心 **エレメント**：水 **色**：オレンジ **感覚**：味覚 **種子音**：ヴァム（VAM） **母音**：ウー（OO） **関連する体の部位**：お尻、仙骨、下腹部、腰、性器、内股、膝、大腸、膀胱、腎臓、尿路、生殖器系全体 **調和のとれた状態**：感情的知性がある、瑞々しい、甘美を味わう、神聖なセクシュアリティ、流れに乗る能力、滑らかで優雅な動き、人生がカラフルで活気に満ちていて、意味があり、楽しい。 **アファメーション**：私は感じます。 私は私の体が快楽で満たされるのを許可します。 私の感情の流れを尊重します。 私は性的な力と触れ合い、調和しています。	**名前**：マニプーラ **意味**：宝石の街 **体の部位**：みぞおち **エレメント**：火 **色**：ゴールデンイエロー **感覚**：視覚 **種子音**：ラム（RAM） **母音**：オー（OH） **関連する体の部位**：消化器官、膵臓、副腎、肝臓、コア **調和のとれた状態**：自信があり、やる気があり、中心につながり、目的に沿っており、勇気があり、リスクを冒すことができ、遊び心があり、輝いていて、自分の夢にイエスと言います。 **アファメーション**：力が私に宿っています。 「イエス」と言えます！ 私は今、自分のパワーを取り戻します。 私は立派です。	**名前**：アナーハタ **意味**：打たれない、打ち負かされない、壊れない **体の部位**：胸部の中心 **エレメント**：風 **色**：緑 **感覚**：触覚 **種子音**：ヤム（YAM） **母音**：アー（AH） **関連する体の部位**：心臓、肺、胸部、乳房、肩、腕、手、背中の中央から上部、循環器系、呼吸器系、リンパ系、胸腺 **調和のとれた状態**：自己への根本的な愛、自己受容、思いやりがある、自他への親密さ、程よい境界線、共感、人生の恋人。 **アファメーション**：私は愛します。 私は愛です（アハム・プレマ）。 私は愛にふさわしい存在です。 私は自分自身を完全に愛し、受け入れます。 私はこの身を愛の道に捧げます。

チャクラ確認シート		
名前：ヴィシュッダ **意味**：純粋、自己表現 **体の部位**：喉 **エレメント**：空、音 **色**：青 **感覚**：聴覚 **種子音**：ハム（HAM） **母音**：アイ（AI） **関連する体の部位**： 喉、声帯、頸椎、耳、顎、舌、気管、口蓋から肺の上部まで、甲状腺 **調和のとれた状態**： 心から話す、聞き上手、正直、真実、信頼できる、良いリズムやペース、タイミング、 唯一無二であることを受け入れ、祝福する。 **アファメーション**： 私は話します。 私は唯一無二です。 私は生き生きと唯一無二で力強い声を出します。 私の言葉は偉大です。	**名前**：アージュニャー **意味**：中枢、内なる光、無限のパワー **体の部位**：眉間 **エレメント**：光 **色**：インディゴ **感覚**：第六感 **種子音**：オーム（OM） **母音**：ンー（NG） **関連する体の部位**：額、目、脳、神経系 **調和のとれた状態**： 研ぎ澄まされた直感、明確な洞察、クリエイティブな想像力、優れた記憶力、ビジョンや夢を表現できる。 **アファメーション**： 私は見つめます。 私は魔法です！ 私は想像しています。 今日、私は可能性の視野を広げます。	**名前**：サハスラーラ **意味**：千枚の花びらを持つ蓮 **体の部位**：頭頂部 **エレメント**：エレメントを超越 **色**：白、紫、金、または虹色 **感覚**：感覚を超越 **種子音**：種子音を超越 **母音**：イー（EE） **関連する体の部位**：頭頂部、頭蓋骨、脳神経、神経系 **調和のとれた状態**：内なる平和と感謝を体験している、人生をギフトとして受け取ることができる、より高次のパワーとつながっている、すべての生き物と相互につながっていると感じる。 **アファメーション**：私はわかっています。 神性が私を通して流れます。 私は自由です！ 私はすべての存在と1つです。

愛の追記

このセクションは、少しばかり感傷的になるとお伝えしておかねばなりません。というのも、私には感謝し、尊敬する多くの方々がいるからです。彼らの愛とサポートなしでは、読者の皆さんに今この本をお届けすることはできなかったでしょう。

まずは、母なるインドとその文化、儀式、祈り、聖なる言語、そして「ヨーガ」というあらゆる古代の知恵、そしてこれらの実践を創造した聖なる土地に生きていたすべての人々に敬意を表します。また、すべての指導者、そしてこうした方々の指導者についても尊敬の念に堪えません。こうした方たちがいなければ、チャクラシステムがもたらす〝真の変容〟というギフトにアクセスすることはできなかったからです。

ローリン・ローシュ：ローリン、あなたがいなければ、この本はなかったでしょう！　あなたとあなたが私のためにしてくれたこと、私の人生にもたらしてくれたすべてのことに対して、言葉にできないほど感謝しています。あなたは、私が経験したことのなかったやり方で、教えを伝え、メンターとして私を導き、寛大さを示してくれました。あなたの教えは、私が教え子たちに対して、どのように在りたいか、どのように尽くしたいのかという基準になりました。あなたを師、メンター、友人と呼べること、どんな形であれ、あなたの取り組みをつないでいけることは本当に名誉なことです。あなたが教えてくれたすべて、そして今も私に指導を続けてくれていることに感謝申し上げます。

私の著作権代理人であるガレス・エサースカイと、Carol Mann Agencyのチームの皆さん：『チャクラ・リチュアルズ』がまだビジョンでしかなかったときから、私や『チャクラ・リチュアルズ』のワイルドなビジョンを信じてくれて、「イエス」と言ってくれてありがとう！　辛抱強くいてくれたこと、最後まで諦めないでいてくれたこと、すばらしく完璧なタイミングで激励の言葉をくれたこと、そして、あなた方の専門知識と知恵に感謝します！

ダニエラ・ラップ：初めて電話で話したときから、あなたやセイント・マーティンズ・プレス社とお仕事ができることを心から望んでいました。あなたと一緒にこの本の制作に取り組むことは私の夢にほかなりません。夢が叶って、心からうれしいです。このすばらしい機会、そして私が自分自身を信じられなくなっていたときにも、私を信じて信頼してくれてありがとう！

フミ・ジェームズ：このように現代的な独自の方法で女神たちの力を引き出せた人は、宇宙全体を見回しても他には誰もいないでしょう。このようなやり方を見たことがある人は誰もいません！　あなたの才能、創造性、すばらしいスキルには驚かされます。あなたと一緒に働くことは本当に喜びであり名誉でした。この先も感謝が消えることはありません。そして、これはまだほんの始まりにすぎません！

ショーン・コーン：私はあなたが思っている以上にあなたを愛し尊敬しています。これまでも、私が大きな挑戦をしようとしていたときには、あなたがいてくれました。今回も例外ではありません！　心から気遣ってくれて、支えてくれて、会いに来てくれてありがとう。そして、私の壮大な問いかけに「イエス」と言って、最初の読者になってくれたことに心から感謝します！

ジャスティン・マイケル・ウィリアムズ：1つ1つの励ましの言葉、全面的な信頼、私のために書いてくれた簡潔で美しいメモ、すべての厳しい叱責に感謝します！　何よりも、私がこの本の著者になれると思えたのは、あなたの手助けがあったからです。ありがとうございます。

私の最初の読者である、セレステ・ボリン、リア・アルペリン、ピーター・ジョンストン：忙しい中、時間を割いて私の原稿を読んでくれてありがとう。あなた方1人1人が、貴重で有意義なフィードバックをくれました。それらのフィードバック、そしてあなた方自身は、私にとってかけがえのない宝物です。

ローラ・アマッツォーネ：女神についての知識の多くは、あなたから学んだことです。Exhale Center for Sacred Movementで過ごした数えきれないほどの時間、礼拝、ヒーリングセッション、そしてあなたの家で行った話し合いを含め、私たちがともに過ごしたすべての時間に心から感謝しています。そして、ネパール、ドゥルガーフェスティバル、アンナプルナの頂上へ向かった人生の旅にも。アンナプルナ、万歳！

アノデア・ジュディス：あなたが成し遂げてきたことは、際限ないインスピレーションを与えてくれました。何十年にもわたる研究、本の執筆、教え、そして私たちが愛するチャクラシステムへの深い献身と尽力に感謝いたします。あなたは私を含む世界中の何百万もの人々にレインボーパスを開いてくれました。

エレナ・ブロワー、ジル・ウィンタースティーン、ブレンダ・ローズ：そのすばらしい才能と知恵、そして美しいエッセンシャルオイル、天然石、タロットチャートの創造を通して、私の読者にギフトをくれたことに感謝します！　あなた方1人ひとりに心から感謝と愛を伝えたいです。

J・Q・ウィリアムズ：あなたの才能、魔法、乙女座の精神に感謝します！　その美しい目、忍耐強さ、思慮深さ、そして「体の祈り」の写真をとても優雅に、生き生きとしたものにしてくれたことに感謝いたします！

アンディ・ペティット：私が初めての本を書くにあたって、とても寛大にサポートしてくれてありがとう。あなたは、はじめから私のそばにいてくれた守護天使のような存在でした。その揺るがない忍耐、叡智、専門的な知識に感謝します。それらはこの本に深く織り込まれています。私の最初の編集者となってくれたことに心から感謝します。

世界中にいる私のワイルドシスターたち：イン・イ

ン、リサ・ジョンストン、ダフネ・ツェ、エリーゼ・ジョアン、リリー・チャン、ショシャンナ・カタナー、トニ・ベルギンス、ディアブラ・ケリー、ミラナ・スノー、サマンサ・メーラ、ブレンダ・クルジュ、アレクシア・カトラー、ガビー・アスクワンデン、ニコ・グレイ、ペギー・サントサ、ギンナ・クリステンセン、ベティナ・イダー、ベロニカ・バルカラ、リズ・キャリー。

あなた方1人ひとりは、まさに顕在化した女神です。私が光を見失っていたとき、私の光でいてくれてありがとう。力となり、インスピレーションの源、愛、笑い、サポートをくれてありがとう。あなたたちは、真の姉妹関係を教えてくれました。勇敢に自らの仕事を行い、魔法を世界にもたらし、世界中のすべての女性の台頭をサポートしてくれてありがとう！　私はあなたたちを愛し、尊敬しています！

リア・アルペリン、ジョン・ニッカーソン、ケネン・ニッカーソン：この本を書いていたときに逃げ場をくれてありがとう！　激動の時期に私の人生にもたらしてくれたすべての愛と笑いに感謝します。そしてもちろん、Hazelというギフトに感謝します！　Hazel、あなたがくれた永遠の光とインスピレーションと見識に感謝します。あなたはこの本を書くのに間違いなくぴったりの場所でした。

カミール・モーリン、アノデア・ジュディス、マリアン・ウィリアムソン、ブレンダ・ローズ、ショーン・コーン、サイアンナ・シャーマン、シバ・レー、トニー・ベルギンズ、サリー・ケンプトン、アニー・カーペンター、マティ・エズラティ、エリザベス・ハーフパップ、そして私の母と父、マリル・クリステンセンとハル・クリステンセンに感謝します。

女神、スピリット、私のエンジェル、ガイド、そしてこの本に生命を吹き込んでくれた私よりも大きな力に感謝します！　私を通して『チャクラ・リチュアルズ』を生んでくれてありがとう。

そして、この本を読んでいるすべてのワイルドウーマンに感謝します。愛を込めて！

巻末資料

・本書に関するコンテンツに無料でアクセスできます。
(chakrarituals.com)

・チャクラリチュアル・クリスタルキット
(chakrarituals.com/ritualkits and spiritdaughter.com)

・イベント、リトリート、講師育成、講演会の依頼や提携について
(cristichristensen.com)

・読者の皆さんのことをぜひ知りたいです。SNSで話しかけてくださいね。
(@cristi_christensen)

・さらに深く体得したい方のために、オンライン版チャクラリチュアル講師育成講座を作成しました！
(cristichristensen.com)

・次のようなオンラインコースも用意しています。
自信・パワー&「イエス」と言う！
(cristichristensen.com)
コア&カーディオ (cristichristensen.com)
チャクラのつながりを目覚めさせる (udaya.com)
ソウル・ファイアー・エレメンタル・アクティベーション (tintyoga.com)
生き生きとしたスリルを味わう―チャクラ瞑想
(yogawakeup.com)
エレメンタル・ソル・フロー (omstars.com)

・キラナ・ヨーガ・スクール――パートナーのイン・インとともにアジアで立ち上げた国際的なヨーガスクール。200／500時間のヨーガ・ティーチャー・トレーニング (KiranaYogaSchool.com)

・瞑想を教えるための資格を取得する

ローリン・ローシュとカミール・モーリン主宰のラディアンス・スートラ・メディテーション・ティーチャー・トレーニング
(MeditationTT.com)

・さらなる女神のリソース

〈書籍〉

ジュリア・キャメロン『ずっとやりたかったことを、やりなさい。』(サンマーク出版)

Sally Kempton: Awakening Shakti, Sounds True, 2013

Laura Amazzone :Goddess Durga and Sacred Female Power, Hamilton Books, 2010. lauraamazzone.com.

カミール・モーリン『女性のための瞑想―12のシークレット』(UNIO)

Maya Tiwari: Woman's Power to Heal Through Inner Medicine

クラリッサ・ピンコラ・エステス『狼と駈ける女たち』(新潮社)

Rufus Camphausen :The Yoni: Sacred Symbol of Female Creative Power, Inner Traditions, 1996.

Louise Hay: You Can Heal Your Life, Hay House Inc., 1984.

ヨーガ

シバ・レー(www.pranaflow.love)

シアナ・シャーマン(Rasa Yoga & Mythic Yoga Flow)(siannasherman.com)

シャクティ・アカデミー　女性のエンパワーメントとヨーガの講師養成スクール(shakti-academy.com)

ダンス

JourneyDance™(journeydance.com)

音楽

ダフネ・ツェの音楽(daphnetse.com)

瞑想

〈ヨーガ・ウェイクアップ〉マインドフルネス目覚ましアプリ YogaWakeUp(iOSおよびAndroid、

yogawakeup.com で利用可能）では、ボーナスコンテンツのオーディオを聞くことができます。

魔法、タロット、直感的な知恵を授かりたい
（@TheRealBrendaRose、Brenda-Rose.com）

占星術、天然石、儀式について
（@ SpiritDaughter、spiritdaughter.com）

ジュエリー
（Ananda Soul Creations Jewelry:anandasoul.com）

イベント
バーニングマン（https://burningman.org）

その他のすばらしいチャクラに関する本と参考資料

Tias Littleの講義「The Anatomy of the Chakras」

Caroline Myss: Anatomy of the Spirit, New York: Harmony Books, 1996

AmbikaWauters: Chakras and their Archetypes, The Crossing Press, 1997

Dr. Susan Shumsky:Color Your Chakras: An Interactive Way to Understand the Energy Centers in the Body

Anodea Judith: Eastern Body, Western Mind, Celestial Arts, 2004

Cyndi Dale: Llewellyn's Complete Book of Chakras, Llewellyn Publications, 2016

■著者プロフィール

クリスティ・クリステンセン

この惑星を改革するというミッションを持って活動する有名ヨーガインストラクターでフィットネス専門家。怪我によってオリンピックの金メダルを目指す道を断念し、人々の癒しをサポートする道に専念するようになる。現在は20か国以上で、ヨーガ、ダンス、ライブミュージック、瞑想を組み合わせた独自のワークショップを主催している。20年以上にわたり教え子たちの人生を変化させてきた経験を活かし、今では女性たちの目覚めと解放を呼びかける世界的な影響力を持つ存在となった。『チャクラ・リチュアルズ』は彼女の最初の著書である。

■訳者プロフィール

田元明日菜（たもと　あすな）

福岡県出身。早稲田大学大学院文学研究科修了。訳書に『タオ・オブ・サウンド』（ヒカルランド）、『コロナとワクチン 歴史上最大の嘘と詐欺①～⑤』（ヒカルランド）、『つのぶねのぼうけん』（化学同人）、『すてきで偉大な女性たちが世界を変えた』（化学同人）、共訳書に『ノー・ディレクション・ホーム：ボブ・ディランの日々と音楽』（ポプラ社）などがある。

チャクラ・リチュアルズ
〝ほんとうのわたし〟で生きるための7つのチャクラ【実践】ワークブック

第一刷　2022年6月30日

著者　クリスティ・クリステンセン
訳者　田元明日菜

発行人　石井健資
発行所　株式会社ヒカルランド
〒162-0821　東京都新宿区津久戸町3-11　TH1ビル6F
電話　03-6265-0852　ファックス　03-6265-0853
http://www.hikaruland.co.jp　info@hikaruland.co.jp
振替　00180-8-496587

本文・カバー・製本　中央精版印刷株式会社
DTP　株式会社キャップス
編集担当　伊藤愛子

ISBN978-4-86742-137-6

★《AWG》癒しと回復「血液ハピハピ」の周波数

**生命の基板にして英知の起源でもあるソマチッドがよろこびはじける周波数を
カラダに入れることで、あなたの免疫力回復のプロセスが超加速します！**

世界12カ国で特許、厚生労働省認可！　日米の医師＆科学者が25年の歳月をかけて、ありとあらゆる疾患に効果がある周波数を特定、治療用に開発された段階的波動発生装置です！ 神楽坂ヒカルランドみらくるでは、まずはあなたのカラダの全体環境を整えること！　ここに特化・集中した《多機能対応メニュー》を用意しました。

A．血液ハピハピ＆毒素バイバイコース
（AWG コード003・204）　60分／8,000円
B．免疫 POWER UP　バリバリコース
（AWG コード012・305）　60分／8,000円
C．血液ハピハピ&毒素バイバイ+免疫 POWER UP
バリバリコース　120分／16,000円
D．水素吸入器「ハイドロブレス」併用コース
60分／12,000円

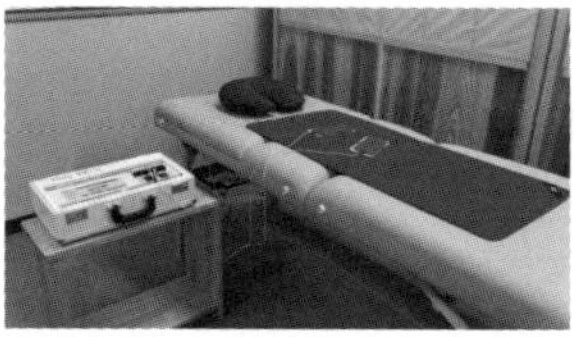

※180分／24,000円のコースもあります。
※妊娠中・ペースメーカーご使用の方にはご案内できません。

E．脳力解放「ブレインオン」併用コース　60分／12,000円
F．AWG プレミアムコース　9回／55,000円　60分／8,000円×9回
※その都度のお支払いもできます。

AWGプレミアムメニュー

1つのコースを一日1コースずつ、9回通っていただき、順番に受けることで身体全体を整えるコースです。2週間～1か月に一度、通っていただくことをおすすめします。

①血液ハピハピ＆毒素バイバイコース　②免疫 POWER UP バリバリコース
③お腹元気コース　④身体中サラサラコース
⑤毒素やっつけコース　⑥老廃物サヨナラコース

★音響チェア《羊水の響き》

**脊髄に羊水の音を響かせて、アンチエイジング！
基礎体温1℃アップで体調不良を吹き飛ばす！
細胞を活性化し、血管の若返りをはかりましょう！**

特許1000以上、天才・西堀貞夫氏がその発明人生の中で最も心血を注ぎ込んでいるのがこの音響チェア。その夢は世界中のシアターにこの椅子を設置して、エンターテインメントの中であらゆる病い／不調を一掃すること。椅子に内蔵されたストロー状のファイバーが、羊水の中で胎児が音を聞くのと同じ状態をつくりだすのです！　西堀貞夫氏の特製 CD による羊水体験をどうぞお楽しみください。

A．自然音 A コース　60分／10,000円
B．自然音 B コース　60分／10,000円
C．自然音 A＋自然音 B　120分／20,000円

★植物の高波動エネルギー《ブルーライト》

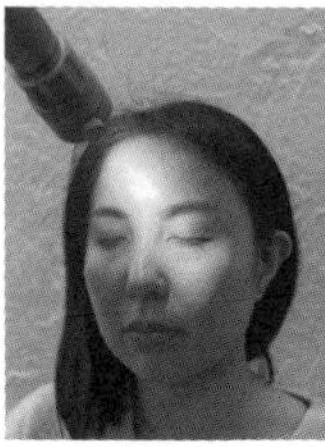

高波動の植物の抽出液を通したライトを頭頂部などに照射。抽出液は13種類、身体に良いもの、感情面に良いもの、若返り、美顔……など用途に合わせてお選びいただけます。より健康になりたい方、心身の周波数や振動数を上げたい方にピッタリ！

A．健康コース　7か所　10～15分／3,000円
B．メンタルコース　7か所　10～15分／3,000円
C．フルセッション（健康＋メンタルコース）　15～20分／5,000円
D．ナノライト（ブルーライト）使い放題コース　30分／10,000円

★ソマチッド《見てみたい》コース

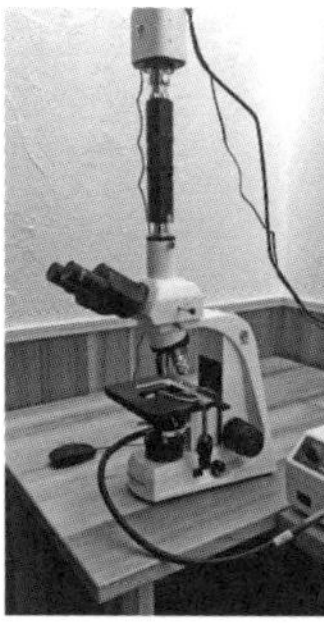

あなたの中で天の川のごとく光り輝く「ソマチッド」を暗視野顕微鏡を使って最高クオリティの画像で見ることができます。自分という生命体の神秘をぜひ一度見てみましょう！

A．ワンみらくる　1回／1,500円（5,000円以上の波動機器セラピーをご利用の方のみ）
B．ツーみらくる（ソマチッドの様子を、施術前後で比較できます）2回／3,000円（5,000円以上の波動機器セラピーをご利用の方のみ）
C．とにかくソマチッド　1回／3,000円（ソマチッド観察のみ、波動機器セラピーなし）

★脳活性《ブレインオン》

聞き流すだけで脳の活動が活性化し、あらゆる脳トラブルの予防・回避が期待できます。集中力アップやストレス解消、リラックス効果も抜群。緊張した脳がほぐれる感覚があるので、AWGとの併用もおすすめです！

30分／2,000円

神楽坂ヒカルランド　みらくる　Shopping & Healing
〒162-0805　東京都新宿区矢来町111番地
地下鉄東西線神楽坂駅２番出口より徒歩２分
TEL：03-5579-8948　メール：info@hikarulandmarket.com

営業時間11：00～18：00（１時間の施術は最終受付17：00、２時間の施術は最終受付16：00。イベント開催時など、営業時間が変更になる場合があります。）
※Healingメニューは予約制。事前のお申込みが必要となります。
ホームページ：http://kagurazakamiracle.com/

神楽坂 ヒカルランド みらくる Shopping & Healing

★量子スキャン＆量子セラピー《メタトロン》

**あなたのカラダの中をDNAレベルまで調査スキャニングできる
量子エントロピー理論で作られた最先端の治療器！**

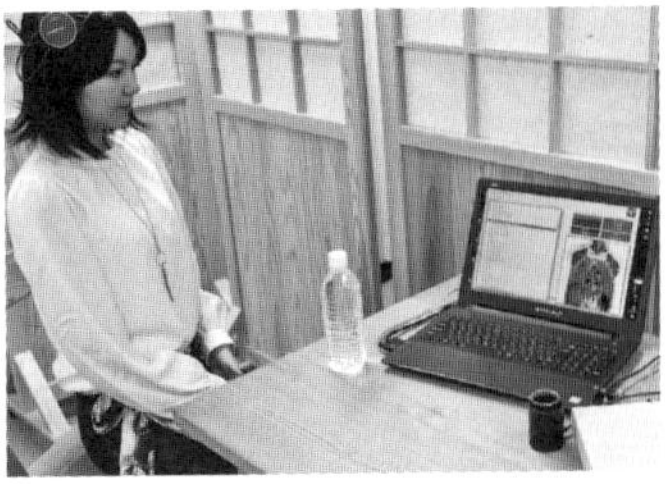

筋肉、骨格、内臓、血液、細胞、染色体など——あなたの優良部位、不調部位がパソコン画面にカラーで６段階表示され、ひと目でわかります。セラピー波動を不調部位にかけることで、その場での修復が可能！　宇宙飛行士のためにロシアで開発されたこのメタトロンは、すでに日本でも進歩的な医師80人以上が診断と治癒のために導入しています。
A.B.ともに「セラピー」「あなたに合う／合わない食べ物・鉱石アドバイス」「あなただけの波動転写水」付き。

A.「量子スキャンコース」　60分／10,000円
あなたのカラダをスキャンして今の健康状態をバッチリ６段階表示。気になる数か所へのミニ量子セラピー付き。
B.「量子セラピーコース」　120分／20,000円
あなたのカラダをスキャン後、全自動で全身の量子セラピーを行います。60分コースと違い、のんびりとリクライニングチェアで寝たまま行います。眠ってしまってもセラピーは行われます。
《オプション》＋20分／＋10,000円（キントン水8,900円含む）
「あなただけの波動転写水」をキントン水（30本／箱）でつくります。

★脳活性《ブレイン・パワー・トレーナー》

脳力UP＆脳活性、視力向上にと定番のブレイン・パワー・トレーナーに、新メニュー、スピリチュアル能力開発コース「0.5Hz」が登場！　0.5Hzは、熟睡もしくは昏睡状態のときにしか出ないδ（デルタ）波の領域です。「高次元へアクセスできる」「松果体が進化、活性に適している」などと言われています。

Aのみ　15分／3,000円　　B〜F　30分／3,000円
AWG、羊水、メタトロンのいずれか（5,000円以上）と同じ日に受ける場合は、2,000円

A.「0.5Hz」スピリチュアル能力開発コース
B.「6Hz」ひらめき、自然治癒力アップコース
C.「8Hz」地球と同化し、幸福感にひたるコース
D.「10Hz」ストレス解消コース
E.「13Hz」集中力アップコース
F.「151Hz」目の疲れスッキリコース

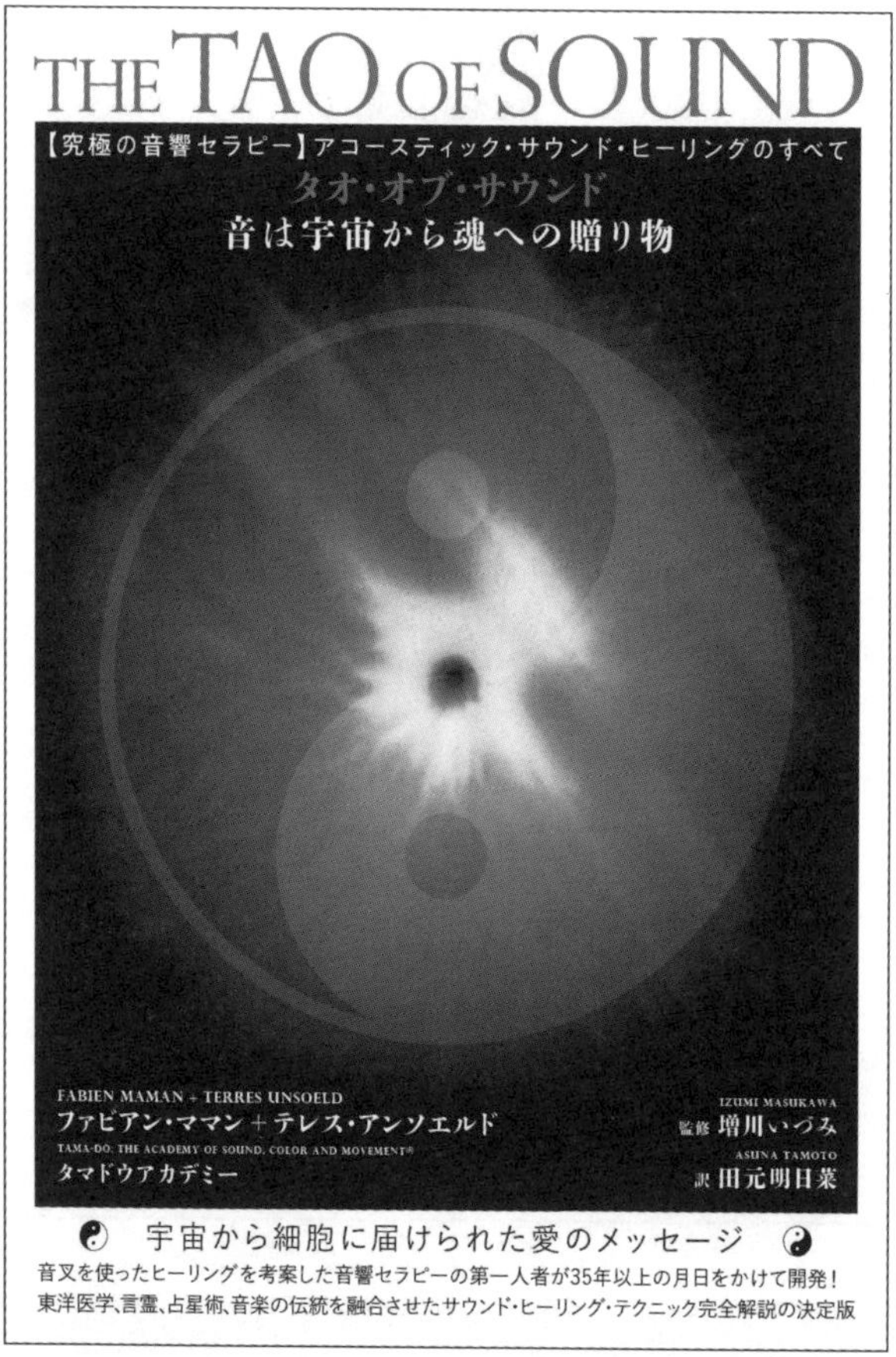

タオ・オブ・サウンド
著者：ファビアン・ママン／テレス・アンソエルド／タマドウアカデミー
監修：増川いづみ
訳者：田元明日菜
A5ソフト　本体8,000円+税